विद्या विंदु सिंह
की
लोकप्रिय कहानियाँ

विद्या विंदु सिंह की लोकप्रिय कहानियाँ

विद्या विंदु सिंह

प्रभात पेपरबैक्स
www.prabhatbooks.com

प्रकाशक

प्रभात पेपरबैक्स

4/19 आसफ अली रोड, नई दिल्ली-110002

फोन : 23289555 • 23289666 • 23289777 ❖ फैक्स : 23253233

इ-मेल : prabhatbooks@gmail.com ❖ वेब ठिकाना : www.prabhatbooks.com

संस्करण

प्रथम, 2017

मूल्य

एक सौ पचहत्तर रुपए

अ.मा.पु.स. 978-93-5266-300-2

मुद्रक

आर-टेक ऑफसेट प्रिंटर्स, दिल्ली

VIDHYA VINDU SINGH KI LOKPRIYA KAHANIYAN

Published by **PRABHAT PAPERBACKS**
4/19 Asaf Ali Road, New Delhi-110002

ISBN 978-93-5266-300-2

₹175.00

रचना का दर्द और रचने का संतोष

कहानियाँ लिखते समय मन का अवसाद, जो अपने पात्रों के दुःख से मन में उग आता है, वह धुलने लगता है। ज्यों-ज्यों कहानी आगे बढ़ती है, हम अपने पात्रों से एकात्म होते जाते हैं। आज नारी-विमर्श के नाम पर सरकारी और गैर-सरकारी तमाम संगठनों के द्वारा तरह-तरह के प्रश्न उठाए जा रहे हैं, समाधान और सुझाव दिए जा रहे हैं, कानून बन रहे हैं, क्रियान्वयन भी हो रहा है, किंतु नारी-जीवन आज भी प्रश्नों के घेरे में है। प्रश्नों का यह घेरा केवल कानून बनने से नहीं टूटेगा, इसके लिए जन-जन की सहभागिता और सक्रियता जरूरी है। स्वयं नारी को अपनी स्थिति, समस्या और समाधान की तलाश में आगे बढ़ना होगा, अपनी शक्ति और सामर्थ्य पहचानकर अपनी राह बनानी होगी, तभी सामाजिक समरसता के साथ वह स्वाभिमान का जीवन जीने के लिए स्वयं को तैयार कर सकेगी।

मेरी कहानियों के पात्र तमाम विसंगतियों के बीच संघर्षपूर्वक जूझते हुए अपनी यात्रा करते हैं और अपनी उपस्थिति दर्ज कराते हैं। यह सपना मेरा ही नहीं, हर संवेदनशील साहित्यकार का होता है कि मानवता का सुफल समाज को मिले। आज के टूटते परिवार, असुरक्षित बचपन और असुरक्षित वृद्धावस्था का संकट सभी के समक्ष स्पष्ट है। हर व्यक्ति अपने और अपने परिवार के असुरक्षित भविष्य के लिए चिंतित है। इन्हीं परिस्थितियों की उपज हैं ये कहानियाँ, जिन्हें अभिव्यक्ति देकर मुझे सृजन का संतोष मिलता रहा है। ये कहानियाँ अभिव्यक्ति की छटपटाहट से मुझे मुक्त करती रही हैं।

'एडियही काकी' कहानी में एड्स की बीमारी और उसके प्रति फैली भ्रांति की शिकार नायिका का धैर्य और साहस सभी को अभिभूत करता है। 'युद्ध विराम' में अपनी ही संतानों के बीच में भेदभाव का दंश बच्चों पर किस प्रकार मनोवैज्ञानिक प्रभाव छोड़ता है, इसका चित्र है। 'चीनी बाबा' मेरे बचपन की स्मृति से निकले

हैं। 'मंदिर को छावा' में हास्य-व्यंग्य के माध्यम से दर्द की अभिव्यक्ति है। 'तख्ता' कहानी वरिष्ठ नागरिकों का साथ देने के बहाने अपना स्वार्थ साधने की कहानी है और थके हुए तन-मन को यह बोध दिलाती है कि छुआछूत और जाति-पाँति का भेदभाव करने की मानसिकता मानवीय संवेदना से हार जाती है। 'घरबैठी' कहानी विवाह संस्था की उस स्वस्थ परंपरा को दिखाती है, जिसमें विधवा पुनर्विवाह को समाज स्वीकृति और सम्मान देता था। आज 'लिव इन रिलेशन' में व्यक्तिगत इच्छा-अनिच्छा है और समाज इसे स्वीकृति देने में हिचक रहा है, क्योंकि यह व्यक्तिगत सुखों के लिए है। पहले यह लोकहित के लिए होता था। 'बेटियों की माँ' में बेटियों को जन्म देने के कारण पति द्वारा छोड़ दी गई स्त्री का आत्मसम्मान और साहस है। 'वी.आई.पी. ट्रीटमेंट' उस नारी की व्यथा-कथा है, जिसने अपने सारे सुखों का त्याग, जिसके लिए किया, उसी के एक वाक्य से उसका मन आहत हो उठता है। 'बेवा' कहानी में एक विधवा स्त्री के अपने ही पाले हुए परिवार द्वारा अपमानित करने और घर से बेघर होने की पीड़ा है। 'पिंडाइन अइया' भी मेरे गाँव की बचपन की स्मृति की यथार्थ पात्र हैं, जिसमें एक स्वाभिमानी स्त्री परिवार के छल से टूटती नहीं बल्कि अपने अस्तित्व को अड़ियल रुख दे देती है। 'हड़ताल' में गाँव छोड़कर शहर में नौकरी करने आए युवक के मानसिक द्वंद्व, अभाव और गाँव के अपने ही परिवार से अपनत्व के बजाय उपेक्षा मिलती है तथा महसूस कराया जाता है कि गाँव में तुम्हारा कुछ नहीं है। अपने ही परिवार की हड़पास से उसका मन टूट जाता है।

'शमा' में मुस्लिम परिवार की एक कन्या की दुःखद दास्ताँ है, जिसके यहाँ एक भाई के इंतजार में कई बहनें जन्म ले लेती हैं और भाई के सुखद भविष्य के लिए एक तीन पत्नियों के पति के यहाँ चौथी पत्नी बनाकर भेज दी जाती है। परिवार के छल की शिकार होकर भी वह साहस के साथ अपनी बच्ची का पालन-पोषण करती है और उसी भाई द्वारा त्यागी हुई अपनी वृद्धा माँ का सहारा बनती है। 'वैतरनी' और 'काशीवास' में विधवा स्त्री के साथ परिवार का स्वार्थ और छल है, तिरस्कार है तथा इन सबसे जूझते हुए स्वाभिमान के साथ अपने जीवन की दिशा निर्धारित करने की सफल कोशिश है। 'पत्थर' में एक लड़की के मन का दर्द है, जो भाइयों द्वारा उपेक्षित अपने माता-पिता की देखभाल के लिए विवाह नहीं करती, मकान बनवाती है और उसपर लगे पत्थर पर उसका नाम देखकर माँ एतराज करती है कि लोग कहेंगे कि बेटी के घर में रह रहे हैं। 'पुरस्कार' एक गरीब बाल्टी बनाने वाले की पीड़ा बाँचती है, जो अपने संकोच और भलमनसाहत के कारण ठगा जाता

है। 'भूले फिरे भँवर' में प्रशासनिक अधिकारी की संवेदनशील पत्नी का अफसरी अनुशासन और दिखावे की जिंदगी में दम घुटता हुआ अनुभव है।

बनदेई एक फेंक दी गई कन्या शिशु को पालने और उसकी जिंदगी सँवारनेवाली माँ और नानी बनी दो स्त्रियों की संघर्ष गाथा है। वे हारती नहीं, बल्कि समाज के सामने साहस के साथ अड़ी रहती हैं। वे अपनी बेटी को इस योग्य बनाती है कि संसार उसका स्वागत करे, उसका अनुकरण करे। 'सुमिरन बहू' एक सेवा परायण नारी के धीरज की कहानी है। वह परंपरा की हँसली को ह्रदय पर धारण करना चाहती है, पर उस परंपरा में लोभ की सेंध लग जाती है। सिंदूर के प्रति जुड़ी भारतीय नारी की आस्था को आधुनिक संस्कृति मजाक बना देती है।

कहानियों के पात्र प्रायः मेरे देखे हुए हैं, उनकी व्यथा-कथा की मैं द्रष्टा हूँ, साक्षी भी रही हूँ और वे मेरे मन को मथते रहे हैं। उनका दर्द मंथन के बाद एक ऐसा अमृत-नवनीत निकालता है, जो सूखते जा रहे संबंधों के बीच स्निग्धता बाँटता है। अस्तु, ये कहानियाँ जिनकी हैं, जिनके लिए हैं, उन्हीं को अर्पित करते हुए मैं संतोष का अनुभव कर रही हूँ।

—विद्या विंदु सिंह

अनुक्रम

एडियही काकी

"एडियही काकी निकल पड़ी हैं, हमें देर हो रही है।" कहते हुए बच्चे जल्दी-जल्दी बस्ता उठाकर चलने लगे।

मुझे उनका संबोधन अनोखा लगा और मैंने देखा, खेत की पतली मेंड़ से साइकिल चलाती, सीधे पल्ले की साड़ी पहने, सिर ढके एक बहू जा रही है तो भाई से पूछ लिया, "कौन है यह?' इतने सबेरे-सबेरे कहाँ जा रही है? और बच्चे उसे क्या कह रहे हैं? क्या बच्चे उसके पास जा रहे हैं, वह इनकी अध्यापिका है?"

भाई ने दुःखी स्वर में उत्तर दिया, "लंबरदार काका की बहू विमला है, अपने दुर्भाग्य से जूझ रही है। गाँव के कुछ लोगों ने उसे यह नाम दिया तो बच्चे भी सुनकर सीख गए। मना करने पर भी बच्चों की जुबान पर यह नाम चढ़ गया है। यह एड्स की मरीज है। यह अध्यापिका नहीं है। बच्चे इसके समय की पाबंदी जानते हैं, इसलिए अपने स्कूल जाने का समय इससे जोड़ते हैं।"

पास में बैठे सभी लोगों ने उसके साहस और धैर्य के बारे में जो भी बताया, वह सचमुच सराहनीय था। उसके पति की एड्स की बीमारी के कारण मृत्यु हो चुकी थी और वह स्वयं एड्स की बीमारी से जूझ रही थी। उसकी करुण कहानी सुनकर दुःख हुआ।

विमला का पति अहमदाबाद में नौकरी कर रहा था। वहाँ उसे एड्स की बीमारी हुई। उसने अपनी बीमारी के बारे में किसी को भी नहीं बताया और चुपचाप दवाइयाँ खाता रहा, जिसने जो दवा बताई, वह खाता रहा, और अंतिम समय आ गया तो अस्पताल में भरती हुआ।

विमला गाँव में ही रहकर खेती-बारी सँभाल रही थी और अपने दो बच्चों को पढ़ा रही थी। बीमार श्वसुर और बूढ़ी सास की सेवा करनेवाला भी कोई

नहीं था। इसलिए वह पति के पास नहीं रह पाती थी। कभी गई भी तो दो-चार दिन के लिए।

पति पिछली बार घर आया तो उसे कमजोर देखकर उसने पूछा भी कि आपको क्या तकलीफ है। उसने अपनी बीमारी के बारे में सही जानकारी नहीं दी। विमला ने गाँव के वैद्यजी को दिखाने की बात कही तो वह वहाँ जाने को तैयार नहीं हुआ।

विमला के सद्व्यवहार का पूरा गाँव कायल था। वैद्यजी से विमला ने अपनी परेशानी बताई कि राजेंद्र यहाँ आने को तैयार नहीं है तो वैद्यजी बोले, 'बहू तू परेशान न हो, घर जा, मैं अभी आ रहा हूँ।'

वैद्यजी स्वयं आ गए तो राजेंद्र को मजबूर होकर वैद्यजी को दिखाना ही पड़ा।

वह सोच रहा था कि गाँव के वैद्यजी तो इस बीमारी का नाम भी नहीं जानते होंगे, वे क्या समझ पाएँगे।

उसने वैद्यजी को नाड़ी दिखाई। नाड़ी देखते ही वैद्यजी के चेहरे पर चिंता की रेखाएँ खिंच गईं। उन्होंने राजेंद्र से प्रश्न पूछने शुरू किए, जिसमें उसकी सारी तकलीफ और लक्षण के बारे में ही अधिकांश प्रश्न थे। राजेंद्र चकित था, यह सब केवल नाड़ी देखकर कैसे जान गए वैद्य काका?

वैद्यजी ने विमला को पानी लाने को भेज दिया और राजेंद्र से अकेले में पूछा, 'कैसे हुआ तुम्हें यह रोग? कब पता चला इस रोग का? क्या दवा खा रहे हो?'

राजेंद्र जवाब देने में हिचक रहा था। ऊपर से विमला भी आती हुई दिखी। वैद्य काका ने कहा, 'तुम मेरे घर चलो। वहाँ मेरा एक मरीज इंतजार कर रहा होगा। उसे देखकर तब तुम्हें देखूँगा।'

राजेंद्र समझ गया कि वैद्य काका उससे एकांत में बात करना चाह रहे हैं। वह उनके पीछे जाने को मजबूर हो गया।

वैद्य काका ने आवाज दी, 'बहू! मैं राजेंद्र को साथ ले जा रहा हूँ, वहाँ इत्मीनान से देखूँगा। तुम चिंता मत करना। मैं वापस साथ लेकर आऊँगा, तब तक मेरे लिए मट्ठा मथकर रखना, आकर पीऊँगा।'

वैद्य काका ने राजेंद्र को एकांत में बैठाकर पूरी बात जानने के लिए तरह-तरह के प्रश्न किए। राजेंद्र बगलें झाँकते हुए उन्हें आधा सही, आधा गलत उत्तर देता रहा। पर वैद्य काका की अनुभवी आँखों ने सब भाँप लिया था।

उन्होंने सीधे प्रश्न किया, 'देखो राजेंद्र, इस बीमारी का सबसे बड़ा कारण होता है, किसी ऐसे मरीज से शारीरिक संबंध। सच-सच बताओ, तुम्हारा किसी से ऐसा संबंध रहा?'

राजेंद्र अपनी बीमारी और ग्लानि से घुल रहा था, वह रो पड़ा, 'हाँ काका! मुझसे भूल हो गई। पर अब पछताने से क्या होगा। मैं धोखा खा गया, अपने दोस्तों की बातों में आकर। काका, मेरी पत्नी को पता चलेगा तो वह मुझे माफ नहीं करेगी। मेरी गलती और बीमारी की खबर से तो वह टूट ही जाएगी।'

वैद्य काका ने धीरज देते हुए कहा, 'मैं उसे नहीं बताऊँगा। पर तुम सावधान रहना, तुम्हारे संसर्ग से विमला में यह बीमारी न लगे, इसका प्रयास करना।'

अब तो राजेंद्र फूट-फूटकर रो पड़ा, 'यह गलती भी मुझसे हो गई काका, अब मैं क्या करूँ?'

वैद्यजी ने कुछ आयुर्वेदिक दवाइयाँ उसे खाने के लिए दीं और उससे अधिक हिदायतें दीं, उसके खान-पान और रहन-सहन के बारे में। उसकी नौकरी किस प्रकार की है और उसकी क्या दिनचर्या है, इसके बारे में भी पूछा।

वह एक फैक्टरी में काम करता था, जिसमें रासायनिक खाद आदि का प्रदूषण उसके स्वास्थ्य को हानि पहुँचा रहा था, किंतु यह सब जानते हुए भी वह नौकरी नहीं छोड़ सकता था, क्योंकि लंबी बेरोजगारी के बाद उसे यह नौकरी मिली थी।

हर नवयुवक की तरह उसके भी ऊँचे सपने थे, ऐशो-आराम की जिंदगी जीने के। गाँव में इतनी खेती-बारी थी कि मेहनत करके वह उससे भी अच्छी कमाई कर सकता था, किंतु ग्रेजुएट होने के बाद उसे खेती-किसानी का काम करने में संकोच होने लगा था। विमला के लाख मना करने के बावजूद वह शहर चला गया। विमला अपने वृद्ध सास-श्वसुर की सेवा में रत थी और साथ ही खेती-बारी का काम भी अधिया पर देकर करा रही थी।

वैद्य के यहाँ से राजेंद्र लौटा तो विमला ने जानना चाहा कि वैद्यजी से क्या बात हुई और क्या दवा दी? राजेंद्र ने झुंझलाकर उत्तर दिया, 'दवा दिए हैं और नौकरी छोड़कर घर बैठने को कह रहे हैं। दर-दर की ठोकरें खाने के बाद इतनी मुश्किल से तो नौकरी मिली है। उनके कहने भर से कैसे छोड़ दूँ? मैं तो कहता हूँ कि खेती-बारी बेचकर तुम भी साथ चलो। शहर में मकान ले लेंगे और ठाठ से रहेंगे। वहाँ बड़े-बड़े अस्पताल भी हैं। बच्चों को अच्छे स्कूल में पढ़ाएँगे। इनके अच्छे भविष्य के लिए भी शहर में रहना जरूरी है।'

विमला सुनती रही और उसकी बात पूरी होने पर बोली, 'और अम्माँ-बाबूजी यह सब बेचने को और शहर जाने को तैयार न हुए तो क्या करोगे?'

वह बोला, 'उन्हें मनाने की जिम्मेदारी तुम्हारी है। तुम तो उनकी लाडली बहू हो। तुम्हारी बात वे नहीं टालेंगे।'

विमला रात भर सो नहीं सकी। एक ओर बीमार पति के स्वास्थ्य की चिंता थी तो दूसरी ओर वृद्ध सास-श्वसुर की इच्छा के विरुद्ध पति का समर्थन करना उसके लिए कठिन था। वह जानती थी कि माँ-बाबूजी पुरखों की विरासत को बेचकर शहर जाने को तैयार नहीं होंगे। फिर भी उसने निश्चय किया कि पूरी बात माँजी को बताना जरूरी है।

भोर में उठते ही वह अपने गृहस्थी के कार्य में रोज की तरह जुट गई। झाड़ू-बुहारी करके, बासन माँजकर रख दिए। स्वयं स्नान किया और पानी भरकर माँजी के स्नान के लिए रख आई, उनके पहनने के कपड़े स्नानघर में रखकर पूजाघर की सफाई की और पूजा के लिए फूल, जल, धूप-दीप, नैवेद्य सब थाली में सजाकर रख दिए। यह उसका रोज का नियम था।

माँजी पूजा से उठतीं, तब तक उनके लिए चाय तैयार हो जाती थी। बाबूजी देर में उठते और नहाते थे। अस्थमा के रोगी थे। उनके लिए गाय का ताजा दूध और च्यवनप्राश माँजी की चाय के साथ ही बाबूजी को भी दे देती थी।

आज उसकी सूजी हुई आँखें और चिंतित चेहरा देखकर माँजी ने पूछा, 'क्या बात है बहू, राजेंद्र की तबीयत कैसी है? कल वैद्यजी को दिखाने गया था, उन्होंने क्या कहा?'

उत्तर देते हुए विमला का गला रुँध गया। माँजी को उसने सारी बातें धीरे-धीरे बता दीं। बाबूजी कुछ ऊँचा सुनते थे, यह अच्छा ही रहा। क्योंकि उन्हें क्रोध जल्दी आ जाता था और क्रोध आते ही उनकी साँस अधिक फूलने लगती थी। वह तो वैद्यजी की दवा का प्रभाव और खान-पान में परहेज के कारण स्वस्थ चल रहे थे। गाँव की आबो-हवा के कारण भी दमा पर नियंत्रण रहता था।

विमला को मन-ही-मन क्षोभ खाए जा रहा था कि जिस शहर में अपना स्वास्थ्य खराब कर चुके हैं, उसी में सबको ले जाने की जिद कर रहे हैं। कैसे इन्हें समझाया जाए? जल्दी किसी की न सुनते हैं, न मानते हैं। उसने माँजी से कहा, 'आप ही उन्हें समझाइए।' माँजी ने सहमति में सिर हिलाते हुए उसे सांत्वना दी।

राजेंद्र तैयार होकर आ चुका था। विमला ने चुपचाप उसके सामने नाश्ता रख दिया। वह कनखियों से माँ, बाबूजी और विमला की ओर देखकर यह भाँपने की कोशिश कर रहा था कि विमला ने बात छेड़ी है कि नहीं। सभी लोग चुप थे, वातावरण बोझिल हो गया था। बाबूजी शांतिपूर्वक अखबार पढ़ रहे थे। ऐसा लग रहा था कि वे इन सभी बातों से अनभिज्ञ हों। राजेंद्र ने राहत की साँस ली। उसे अभी भी बाबूजी से कोई बात करने में भी डर लगता था। माँ के चेहरे पर

उसे चिंता के बादल घिरे दिखाई दे रहे थे।

वह नाश्ता करके अपनी कोठरी में आकर लेट गया। विमला पानी और शहद लेकर आई और बोली, 'वैद्य काका ने दवा भेजी है, खा लीजिए।'

राजेंद्र उठकर बैठ गया और बोला, 'क्या हुआ? तुमने माँ से बात की कि नहीं?'

विमला कुछ उत्तर दे, उसके पहले ही माँजी कमरे में आ गईं। राजेंद्र ने अपने बिस्तर पर माँ के बैठने की जगह बनाते हुए उन्हें अपने पास बैठा लिया। माँ ने पूछा, 'वैद्यजी ने क्या बताया? खाने-पीने में कुछ परहेज भी बताया होगा? कुछ दिन लगकर उनकी दवा कर लो। छुट्टी बढ़ाने की अरजी भेंज दो। गाँव की आबो-हवा और घर के खान-पान से तुम्हें आराम मिलेगा।'

राजेंद्र ने कहा, 'अम्माँ, वहाँ के डॉक्टर की दवा चल रही है। बीच में दूसरी दवा खाने से नुकसान हो सकता है। अम्माँ, बाबूजी को भी शहर ले जाकर डॉक्टर को दिखाना ठीक रहेगा।' कहकर उसने चोर निगाहों से विमला की ओर देखा।

माँजी ने आह भरकर कहा, 'बेटा, तुम्हारे पिताजी ठीक हैं। शहर के डॉक्टर को दिखाया था, पर उनकी दवा से उतना लाभ नहीं हुआ, जितना वैद्यजी की दवा से और बेटा विमला ने बताया कि तुम गाँव छोड़कर शहर में बसना चाहते हो तो जैसा तुम चाहो करो, लेकिन मैं और तुम्हारे पिताजी गाँव नहीं छोड़ेंगे। वैसे मुझे तो लग रहा है, तुम्हें भी शहर रास नहीं आ रहा है। तुम पहले अपनी सेहत सुधार लो, उसके बाद जो चाहो करना।'

लेकिन राजेंद्र नहीं माना था और शहर लौट गया था। वहाँ जब तबीयत अधिक बिगड़ी तो कंपनीवालों ने उसे अस्पताल में दाखिल करा दिया।

राजेंद्र के चले जाने पर विमला परेशान हो उठी। यहाँ परिवार को किसके भरोसे छोड़कर जाए और न जाए तो राजेंद्र की चिंता उसे खाए जा रही थी।

माँजी ने एक सप्ताह बीतते ही उससे कहा, 'बहू, तू राजेंद्र के पास चली जा। यहाँ मैं किसी तरह निभा लूँगी। मुझे भी राजेंद्र की बहुत चिंता हो रही है।'

विमला ने पटीदारी की एक देवरानी से माँजी की मदद करने का अनुरोध किया। उसने कहा, 'दीदी! आप चिंता न करिए, निश्चिंत होकर जाइए, मैं सब सँभाल लूँगी।'

विमला ने जाने की तैयारी की। दस दिन बाद का टिकट मिला। यहाँ सब व्यवस्था करके वह अहमदाबाद पहुँची। कमरे पर पहुँचने पर पता चला कि राजेंद्र अस्पताल में है। कंपनीवालों ने विमला को अस्पताल में पहुँचा दिया। वह जी-

जान से राजेंद्र की सेवा में जुट गई।

डॉक्टर दवाइयाँ बदलते जा रहे थे, पर कोई भी दवा असर नहीं कर रही थी। राजेंद्र की हालत दिन-पर-दिन बिगड़ती जा रही थी।

आठवें दिन डॉक्टर ने विमला को अलग से बुलाकर कहा, 'आप के साथ कोई और आया है?' उसने 'नहीं' में सिर हिला दिया और पूछा, 'क्या बात है डॉक्टर साहब! आप मुझे सच-सच बताइए, इन्हें क्या हुआ है और इनकी हालत क्यों नहीं सुधर रही है?'

डॉक्टर ने उसे समझाते हुए कहा, 'आपके पति को एड्स नामक बीमारी हो गई है। जो काफी बढ़ चुकी है। अब इसका इलाज बहुत मुश्किल है। आप चाहें तो इन्हें घर ले जा सकती हैं। कुछ कहा नहीं जा सकता कि इनका जीवन कितने दिन चलेगा।'

विमला को लगा कि उसके पैर के नीचे की धरती घूम रही है, उसकी आँखों के आगे अँधेरा छा गया। वह गिरने को थी, तभी एक नर्स ने उसे सँभाल लिया। उसे बिस्तर पर लिटा दिया गया। उसके रक्तचाप की जाँच हुई तो वह काफी बढ़ गया था। उसे देखकर डॉक्टर ने बताया कि वह माँ बननेवाली है।

विमला को होश आया तो उसने स्वयं को अस्पताल के बिस्तर पर पड़ा पाया। वह झटके से उठ बैठी, 'मुझे क्या हो गया था? मेरे पति कहाँ हैं, मुझे उनके पास ले चलिए।'

राजेंद्र ने उसे नर्स के सहारे आते देखा तो घबरा गया, 'विमला! तुम्हें क्या हो गया?'

डॉक्टर ने उत्तर दिया, 'आपकी पत्नी माँ बननेवाली है। इनका रक्तचाप भी बढ़ा हुआ है। इनकी देखभाल के लिए परिवार के किसी व्यक्ति को बुला लीजिए। आप भी अब घर जा सकते हैं।'

विमला अवसन्न सी राजेंद्र को देख रही थी और राजेंद्र उसे।

विमला को राजेंद्र के जीवन की चिंता थी तो राजेंद्र को वैद्य काका की बात चिंतित कर रही थी। उन्होंने कहा था, अपनी पत्नी को अपने संसर्ग से बचाना। पत्नी के साथ उसके गर्भ में पलनेवाले बच्चे के लिए भी उसका मन हाहाकार कर उठा, 'मैंने यह क्या कर दिया? अपने ही हाथों अपना सर्वनाश कर लिया।' गाँव में रहनेवाले अपने दोनों बच्चों और माता-पिता के चेहरे भी उसके सामने घूम गए, वह हताश और लुटा सा बैठ गया।

विमला ने पति को साथ लेकर घर लौटने की तैयारी की। कंपनीवालों ने

उसकी व्यवस्था कर दी। उनके साथ एक सहयोगी को भेजा और बकाया वेतन के साथ एक महीने का अग्रिम भी दे दिया।

विमला ने भरे मन से सबसे विदा ली।

गाँव पहुँची तो सास-ससुर से डॉक्टरों द्वारा जवाब देनेवाली बात नहीं बताई। जानती थी कि सुनकर वे भी हताश होकर बीमार पड़ जाएँगे, लेकिन वैद्यजी को उसने पूरी बात बता दी।

वैद्यजी ने कहा, 'बेटी! मैं इतना आश्वासन दे सकता हूँ कि इनका कष्ट कुछ कम हो जाएगा और जीवन की अवधि कुछ और लंबी हो जाएगी, लेकिन रोग इतना बढ़ गया है कि बचा पाना मुश्किल है। वैसे भगवान् पर भरोसा रखो, उसकी कृपा हो तो सबकुछ संभव है।'

राजेंद्र ने स्वयं अनुभव किया कि वैद्यजी की दवा से उसकी पीड़ा कम हुई है। विमला की सेवा और गाँव की आबो-हवा, बच्चों और परिवार का साथ—सबकुछ उसे आराम दे रहे थे।

राजेंद्र साल भर तक जीवित रहा।

इस बीच विमला ने एक कन्या को जन्म दिया। वैद्यजी की ओषधि से जच्चा-बच्चा दोनों के जीवन की रक्षा हुई थी।

राजेंद्र की मृत्यु के बाद विमला ने बहुत धैर्य और बहादुरी के साथ परिवार की जिम्मेदारी उठाई। बूढ़े सास-ससुर की सेवा, बच्चों का पालन-पोषण, पढ़ाई, खेती का सारा कार्य वह अकेले सँभाल रही है।

साथ ही एक अस्पताल में नित्य जाकर एड्स के प्रति लोगों को जागरूक करने का जिम्मा भी इसने उठाया है। बच्चों को स्कूल भेजकर स्वयं वहीं जा रही है।

विमला के प्रति पूरे गाँव की संवेदना और सद्भावना है, लेकिन उसके लिए बच्चों के मुँह से 'एडियही' शब्द सुनकर मुझे अच्छा नहीं लगा। मैंने कहा, मैं विमला से मिलने जाऊँगी और गाँव के बच्चों को समझाऊँगी।

मैं विमला के घर गई तो देखा कि उसका घर पूरे गाँव के सभी घरों से साफ-सुथरा है। लंबरदार काका और काकी काफी वृद्ध हो गए थे। नजर कमजोर होने के कारण पहचान नहीं सके। मैंने अपना नाम बताया तो काका रोते हुए कह पड़े, "अरे बिटिया! तुम हमारे घर आईं। हमारे घर तो लोगों ने आना ही छोड़ दिया है।"

काकी बोलीं, "हम तुम्हें गले से भी नहीं लगा सकते। हमारी बहू हमारी सेवा करती है, रात-दिन हमारे साथ रहती है, लेकिन हमें तो यह बीमारी नहीं

लगी। बेटी, भगवान् ने हमारा बेटा छीन लिया। तुम हमारे लिए दुआ करना कि हमारी बहू स्वस्थ हो जाए, उसके बच्चों को यह बीमारी न लगे। बिटिया, क्या सचमुच छूने से यह बीमारी लग जाती है?''

मैंने काकी और विमला को अँकवार में भरते हुए कहा, ''नहीं ऐसा कुछ नहीं है। अब तो डॉक्टर भी कहते हैं कि यह छूत का रोग नहीं है। जो बचाव के तरीके हैं, उन्हें लोगों को समझाने की जरूरत है। सब जगह डॉक्टरों के सुझाव लिखकर पोस्टर चिपकाए जा रहे हैं और आप की बहू ने तो अपने साहस से यह सिद्ध कर दिया है।''

मैं अपने घर लौटकर आई तो देखा, बच्चे सिर झुकाए क्षमा की मुद्रा में खड़े हैं। मैं समझ गई कि उन्हें समझा दिया गया है। मैं उन्हें देखकर मुसकराई तो वे बोल पड़े, ''हम अब विमला काकी को 'एडियही' नहीं कहेंगे, 'बहादुर काकी' कहेंगे।''

समवेत स्वर में उनकी आवाज सुनकर मुझे लगा कि वे विमला की सहनशीलता, संघर्ष और साहस की जय बोल रहे हैं।

□

युद्ध विराम

उसका नाम शांतनु था। नगरपालिका में पिता बाबू थे। एक बड़ी बहन थी, जिसका विवाह इसी वर्ष हो गया था। माँ गृहिणी थीं।

शांतनु के व्यवहार से, उसके रहन-सहन, तौर-तरीके से सारा परिवार परेशान था।

एक विवाह समारोह में उसकी माँ मिली और बेटे की उद्दंडता की निंदा उसी के सामने करने लगी।

मैंने ध्यान से शांतनु की ओर देखा, वह मोबाइल से लगातार फोटो खींचे जा रहा था। आँखों से देखे बिना कि वह क्या चित्र ले रहा है। कभी उसका मोबाइल दाएँ घूमता, कभी बाएँ, कभी अपने सामने तो कभी पीछे। फ्लैश की लाइट इधर-उधर कौंध रही थी।

वह लगभग बीस वर्ष का युवक था, सुदर्शन स्वस्थ। मैंने देखा कि माँ के मुख से अपनी निंदा सुनकर वह बुरा नहीं मान रहा था, बल्कि अपने बारे में हो रही चर्चा से स्वयं को विशिष्ट मानने का भाव उसे संतोष दे रहा था। मैंने चाय पीने का आमंत्रण दिया और कोने में रखी मेज पर चलकर बैठने के लिए कहा।

यह विवाह-समारोह मेरी मित्र के घर में था और वहाँ मैं पारिवारिक सदस्य की हैसियत रखती थी।

उसे चाय-नाश्ता देकर मैंने कहा, "आपका मोबाइल बहुत अच्छा है, आज तो आपने बहुत तसवीरें खींची हैं, मुझे दिखाइएगा?"

मेरे मुख से आदरसूचक आप संबोधन सुनकर वह संकुचित होता सा लगा, लेकिन उसके चेहरे पर वही स्वयं को विशिष्ट मानने का दर्प दिपदिपा उठा। जाने क्यों मुझे लगा कि उसकी माँ की नासमझी से ही यह युवक उद्दंड हुआ है। मेरे मन में उसकी प्रतिभा को नई दिशा देने की एक ललक सी जगी और

मैं उसकी किसी तरह मदद करने के लिए उत्सुक हो उठी।

बचपन से ही लोगों के मन को उनके व्यवहार से समझने की कोशिश करने में मेरी रुचि थी।

शांतनु से मैंने अंतरंगता से बात करना प्रारंभ किया। वह बड़ी शालीनता से मेरे प्रश्नों का उत्तर देता रहा। लग ही नहीं रहा था कि वह कोई उद्दंड युवक है।

मैंने शांतनु से उसके नाम का अर्थ पूछा।

वह बोला, ''मेरा नाम महाराज शांतनु का नाम है, जो मेरे बाबाजी ने रखा था। मेरे बाबा बहुत विद्वान् थे। हर समय पढ़ते-लिखते रहते थे, मुझे बहुत प्यार करते थे, पर मेरी माँ उनसे चिढ़ती रहती थी कि अपनी तरह वे मुझे भी कलम घिस्सू लेखक बना देंगे।''

मेरी माँ का कहना है कि तेरे बाप को तेरे बाबा ने ठीक से पढ़ाया होता तो वे आज डॉक्टर या इंजीनियर होते। लेकिन उन्हें तो अपने ही लिखने-पढ़ने से फुरसत नहीं थी। तेरे बाप राम के भरोसे पढ़ते रहे और ऑफिस के बाबू बनकर रह गए।

मैंने पूछा, ''तुम्हारी आजी कैसी हैं?''

वह बोला, ''आजी भी बहुत प्यार करनेवाली हैं, पर वे गाँव में रहती हैं। उनका यहाँ शहर में मन नहीं लगता। कभी-कभी आती हैं, पर माँ की किचकिच से ऊबकर जल्दी वापस चली जाती हैं। मेरा मन करता है कि आजी के पास रहूँ, पर वहाँ गाँव में अच्छे स्कूल नहीं हैं। दूसरी बात यह कि माँ का कहना है कि आजी के लाड़-दुलार में मैं और बिगड़ जाऊँगा।'' कहते-कहते उसकी आँखों में एक क्रूर सा भाव चमक आया, ''देखूँ, कैसे सुधारती हैं मेरी माँ मुझे? उन्हें तो मेरी दीदी को ही स्पेशल बनाना है और सबसे उसी की तारीफ करती रहती हैं।''

उसके व्यवहार की गुत्थी मेरी समझ में आ गई।

मैंने उसे फिर कुरेदा—''ऐसा क्यों कहते हो? माँ के लिए तो उसका हर बच्चा स्पेशल होता है, प्यारा होता है।''

वह सिर हिलाकर जोर से लगभग चिल्लाकर बोल उठा—''नहीं! यह झूठ है।''

मैंने देखा, उसकी आवाज सुनकर लोग हमारी तरफ देखने लगे हैं। वह कुछ शर्मिंदा सा होते हुए बोल उठा—''सॉरी।''

मैंने अपना मैत्री का हाथ बढ़ाते हुए कहा, ''शांतनु! सॉरी बोलने की कोई जरूरत नहीं है। आप मुझसे अपनी हर बात कह सकते हैं। आपको क्या परेशानी है? मुझसे शेयर कर सकते हैं। मुझे अपनी दोस्त मानेंगे तो मुझे अच्छा लगेगा।''

उसने मेरा हाथ अपने हाथों में लेकर कहा, ''क्या सचमुच आप मुझे अपना दोस्त बनाएँगी? लेकिन मेरी दोस्ती ज्यादा दिन टिकती नहीं है। जल्दी ही मुझसे और मेरे व्यवहार से ऊबकर लोग मेरी दोस्ती से कुट्टी कर लेते हैं।''

मैंने उसके हाथों को दबाकर कहा, ''नहीं, अबकी ऐसा नहीं होगा। मैं तुम्हारी अच्छी दोस्त बनी रहूँगी।''

उसने पूछा, ''मैं आपको क्या कहकर पुकारूँ? आप लड़की हैं, दोस्त कहूँगा तो आपको शर्म आएगी। आप ही बताइए न कि मैं आपको क्या कहूँ?''

''देखो शांतनु! मैं तुमसे उम्र में बहुत बड़ी हूँ। आप मुझे दीदी, बुआ, माँ, चाची कुछ भी कह सकते हैं, लेकिन मैं आपको किसी रिश्ते में नहीं बाँधूँगी, दोस्त ही बनाऊँगी। दोस्ती से बड़ा कोई रिश्ता सगा नहीं होता। आपके दोस्त कहने पर मुझे शर्म नहीं आएगी, अच्छा लगेगा।''

उसका चेहरा खुशी से खिल उठा था।

चाय समाप्त हो गई थी। मुझे किसी काम से बुलाया जा रहा था। मैं चलने लगी तो वह बोला, ''मुझे आपसे बहुत सी बातें करनी हैं। अब फिर कब मिलेंगी?''

मैंने कहा, ''मैं खाली हो जाऊँगी तो तुम्हें ढूँढ़कर बुला लूँगी।''

वह खुश होकर बाहर चला गया।

मुझे बुलाया गया था कि आरती का थाल सजवा दूँ। लड़कियाँ बड़े तन्मय भाव से थाल सजा रही थीं, उन्हें थोड़ा सा सुझाव और दिया तो बहुत सुंदर थाल सज गया।

मैंने शांतनु की माँ से कहा, ''शांतनु को बुलाकर कहिए कि इस आरती के थाल की फोटो खींच ले।''

वह आह भरकर बोलीं, ''दीदी! वह मेरी सुनता कहाँ है? मैं जो कहूँगी, वह उसका उल्टा ही करेगा।''

मैं उन्हें लेकर एकांत में चली गई और पूछा, ''ऐसा क्यों करता है वह, आपने कभी जानने की कोशिश की?''

वह रोने लगी—''दीदी! मेरी बेटी मेरे पूरे कहने में है। जैसा मैंने चाहा, उसने कर दिखाया। वह बहुत मेहनती, लगनशील है। वह ससुराल चली गई है, नहीं तो आपसे मिलवाती उसे। वह सर्वगुण संपन्न है। मुझे उस पर गर्व है। लेकिन यह बेटा··· इसने मुझे बहुत निराश किया है। इसका न पढ़ने में जी लगता है और न किसी काम में। बचपन से ही यह जो कहा जाता है, उसका उल्टा ही

करता आया है। बहन तो इसे फूटी आँख भी नहीं सुहाती। जब से वह गई है, यह और आजाद हो गया है। वह थोड़ा इस पर कंट्रोल करती थी।''

मैंने पूछा, ''दोनों बच्चों में उम्र का कितना अंतर है?''

वह बोली, ''पाँच वर्ष का।''

''आपने बेटी को कहाँ तक पढ़ाया?''

पायल बोली, ''दीदी! मैंने अपना पूरा जोर लगा दिया उसकी पढ़ाई में। मैं तीन भाइयों की अकेली बहन थी। पर भाइयों को हमारे माता-पिता ने बाहर भेजकर खूब पढ़ाया-लिखाया और मुझे गाँव-कस्बे के स्कूल में पढ़ाया। मैं दिनभर घर का काम करती थी। हमारा संयुक्त परिवार था। रोज कोई-न-कोई मेहमान बना रहता था। चाचा, ताऊ के लड़के भी कुछ खेती में काम करते थे, कुछ व्यापार का। इतने सारे लोगों के लिए भोजन बनता था। सारे कामों में मुझे जुटना पड़ता था, बीच में समय निकालकर पढ़ना बड़ा मुश्किल था। मैं रात में सबके सो जाने पर पढ़ती थी और सबके साथ ही मुझे जग जाना पड़ता था। सबका कहना था कि लड़कियों को घर-गृहस्थी का काम आना चाहिए। पढ़-लिखकर नौकरी थोड़े करनी है। दीदी! मैं अपने अभाव की पूर्ति अपनी बेटी से करना चाहती थी, इसीलिए मैंने उसे पूरा मौका दिया।''

''लेकिन आपने बेटे की ओर उतना ध्यान क्यों नहीं दिया?''

''ध्यान तो दिया, पर बेटा मेरे कहने में शुरू से ही नहीं रहा। हमारे पुरुष-प्रधान समाज की मानसिकता शुरू से ही लड़कों को अधिक महत्त्व देती आई है। मैं उस परंपरा को तोड़ना चाहती थी।''

''लेकिन पायल! उसने इस परंपरा को तोड़ने की कोशिश में अपने बेटे के भविष्य की चिंता क्यों नहीं की? यदि मैं कहूँ कि इसके उद्दंड होने के पीछे तेरा अपने दोनों बच्चों के प्रति अलग-अलग व्यवहार जिम्मेदार है तो बुरा मत मानिएगा। क्योंकि अभी भी समय है कि आप अपनी भूल का सुधार कर लें। तुम अपने बेटे को विश्वास दिलाओ कि उसकी प्रशंसक हो, शुभचिंतक हो और उसकी बहन से कम उसका महत्त्व नहीं है।''

पायल एकटक मेरी ओर देखने लगी। फिर बोली, ''दीदी! ऐसा तो मैंने कभी सोचा भी नहीं था। क्या आपकी बात सच हो सकती है? क्या मेरा बेटा मेरे कहने में आ सकता है? क्या उसे मैं एक सभ्य, सुशील और सफल आदमी बना सकती हूँ?''

मैंने कहा, ''हाँ पायल! ऐसा ही होगा। किंतु जैसा मैं कह रही हूँ, वैसा

ही व्यवहार शांतनु के प्रति करना होगा। तुम्हें उसका विश्वास जीतना होगा। उसे यह लगना चाहिए बहन से कम उसका महत्त्व नहीं है। तुम्हारी बेटी को भी अपने भाई की शुभचिंतक होने का विश्वास दिलाना होगा। इसके लिए किसी तरह के अलग प्रयत्न की जरूरत नहीं है, बस केवल बातचीत और व्यवहार से सबकुछ ठीक हो सकता है। तुम्हें उसे यह एहसास दिलाना होगा कि अब वह बड़ा हो गया है, जिम्मेदारी उठाने लायक हो गया है, अब परिवार की जिम्मेदारी उसकी है। मैं अपनी ओर से भी उसे आप लोगों के प्रति अविश्वास के स्थान पर विश्वास जमाने का प्रयास करूँगी।''

मुझे लगा कि बात पायल की समझ में आ गई है।

मेरे दोबारा याद दिलाने पर कि शांतनु को आरती के थाल की फोटो खींचने के लिए बुलाना है, वह शांतनु को ढूँढ़ने के लिए उठ गई। तब तक देखा कि शांतनु इसी ओर आ रहा है।

पायल ने पुकारा—''शांतनु बेटा! तुम्हारी दोस्त ने कहा है कि तुम आरती के थाल की फोटो खींच लो।''

शांतनु के चेहरे पर एक नया भाव दिखाई दिया और वह उत्साहित होकर आरती के थाल का फोटो खींचकर मुझे दिखाने के लिए ले आया।

मैंने उसकी प्रशंसा में कहा, ''फोटो का थाल वास्तविक थाल से अधिक सुंदर दिखाई दे रहा है।'' मैंने और लोगों को वह चित्र दिखाया, पायल को भी। पायल के मुँह से अनायास निकला—''अरे! मेरा बेटा इतना अच्छा फोटोग्राफर है, मुझे पता ही नहीं था।''

माँ के मुख से प्रशंसा सुनकर शांतनु का चेहरा निर्विकार रहा। और लोगों की प्रशंसा से उसका चेहरा खिल उठा था।

विवाह-उत्सव की गहमागहमी के दो दिन बीत गए। शांतनु से ज्यादा बात करने का मुझे समय नहीं मिला और सबके वापस लौटने की तैयारी हो गई।

मुझे लग रहा था कि शांतनु मुझसे बात करने के लिए उत्सुक और बेचैन है। मैंने चलते समय शांतनु के सामने ही उसकी माँ से कहा, ''पायल! अभी तो छुट्टियाँ बची हैं, तुम शांतनु को लेकर इलाहाबाद आइए, मैं तुम लोगों को संगम स्नान कराऊँगी और शांतनु को इलाहाबाद विश्वविद्यालय, वहाँ का म्यूजियम और अन्य स्थान दिखाऊँगी। अभी मेरी भी छुट्टियाँ हैं।''

पायल ने हामी भरते हुए कहा, ''हाँ दीदी! मैंने कभी संगम स्नान नहीं किया है, आने का बहुत मन है। शांतनु के पिताजी को भी साथ लाऊँगी। हम

जल्दी ही आपके मेहमान बनेंगे।''

''आप मेहमान बनकर नहीं, अपने घर आएँगी, शांतनु के दोस्त के घर। शांतनु से मेरी दोस्ती पक्की हो गई है। क्यों शांतनु?''

शांतनु हकबकाकर माँ की ओर देखने लगा था।

माँ ने मुसकराते हुए कहा, ''हाँ दीदी! हम अपने बेटे के दोस्त के घर आएँगे और खूब घूमेंगे, मस्ती करेंगे।''

□

मैं इलाहाबाद पहुँची, उसके चौथे दिन ही शांतनु का परिवार हमारे घर आ गया।

शांतनु के पिता बहुत सरल स्वभाव के विनम्र व्यक्ति थे। मुझे लगा कि वे पत्नी से बहुत दबे-दबे से रहते हैं। पायल जब भी अपने भाइयों की बड़ी नौकरी, बड़ी हैसियत और उनके ऐशो-आराम की चर्चा करने लगती तो शांतनु और उसके पिता दोनों के चेहरे बुझे-बुझे से लगते। ऐसा लगता कि उन्हें यह महसूस हो रहा हो कि पायल हमें छोटा दिखाने के लिए ही अपने भाइयों के रुतबे को बढ़ा-चढ़ाकर बता रही है।

मैंने रसोई में मदद करने के लिए आ गई पायल से कहा, ''पायल! क्या तुम्हें नहीं लगता कि जब तुम अपने मायके और भाइयों के वैभव का बखान करती हैं तो तुम्हारे पति अपनी हीनता का अनुभव करके उदास होने लगते हैं और पिता की उदासी से शांतनु भी व्यथित होता है, ऐसा मैंने अनुभव किया है।''

पायल का मुँह खुला रह गया।

फिर उसकी आवाज फूटी—''दीदी! आप कैसे यह सब समझ लेती हैं? मैंने तो कभी सोचा भी नहीं था कि ऐसा हो सकता है। उल्टे तो मैं यह सोचती थी कि उनसे तुलना करने पर इनके मन में भी और अधिक उन्नति करने, परिश्रम करने और सफलता पाने की चाह पैदा होगी। जितना मिला है, उसी में संतोष करके बैठ जाने से तो काम चलने वाला नहीं है। आगे भी खर्चे बढ़ेंगे। उनकी प्रशंसा से इनको दुःख पहुँचेगा, यह तो मैंने कभी कल्पना भी नहीं की थी। आखिर वे भी तो अपने ही परिवार के लोग हैं। हमारे लिए बराबर कुछ-न-कुछ करते ही रहते हैं। मेरी बेटी तो अपने मामा लोगों के गुण गाते थकती नहीं। उसकी पढ़ाई-लिखाई में उसके लिए महँगी-महँगी किताबें, कंप्यूटर आदि मेरे भाइयों ने ही लाकर दिया था।''

मैंने देखा कि शांतनु हमारे पीछे रसोई के दरवाजे पर खड़ा है।

माँ की बातें सुनकर शांतनु के चेहरे का तनाव बढ़ता जा रहा था, ऐसा मैंने भाँप लिया था, इसलिए मैंने धीरे से पायल का हाथ दबा दिया। पायल ने मेरी आँखें पीछे खड़े शांतनु के चेहरे पर गड़ी देखकर उधर देखा और मेरा आशय समझ गई।

उसने शांतनु से ही प्रश्न किया—"कुछ चाहिए क्या, शांतनु?"

वह बिना उत्तर दिए मुड़ गया और बाहर जाकर लॉन में बैठ गया।

पायल को अपनी गलती का एहसास हो गया था। उसने मेरा हाथ थामकर अपनी आँखों से लगा लिया। उसकी आँखें आँसुओं से तर हो गई थीं। मैंने उसकी पीठ पर सांत्वना का हाथ फेरते हुए कहा, "सब ठीक हो जाएगा धीरे-धीरे, आप चिंता न करें।"

पायल ने स्वयं कहा, "दीदी! मैं रसोई सँभालती हूँ, आप शांतनु के पास हो आइए। लगता है कि वह आपसे कुछ बात करने आया था।" मैंने हलवे की प्लेट और पानी ट्रे में रखा और शांतनु के पास बाहर लॉन में चली गई।

देखा, शांतनु एकटक आकाश की ओर देखता हुआ बैठा था। मैंने उसे हलवे की प्लेट थमा दी और उसी के पास बैठ गई। उसने धीरे-धीरे हलवा खाना शुरू किया और पूछा, "आपने खाया? बहुत अच्छा बना है।"

आपकी माँ ने बनाया है। कह रही थीं कि शांतनु को हलवा बहुत पसंद है। शांतनु के चेहरे पर उपेक्षा का भाव उभर आया और उसने हलवे की प्लेट नीचे रख दी।

मैंने पूछा, "क्यों? अभी तो तुम्हें हलवा पसंद आ रहा था।"

"हाँ, लेकिन मैं समझा था कि आपने बनाया है।"

"तो इससे क्या, हलवा तो वही है, किसी ने भी बनाया हो?"

"नहीं! वही है, लेकिन फर्क पड़ता है बनाने वाले की भावना से। माँ जिस प्यार के साथ दीदी के लिए बनाती थी, मेरे लिए नहीं बना सकती। पहले दीदी को खिलाती थी, फिर मुझे। आज भी दीदी यहाँ होती तो पहले उसी को खिलाती। आप नहीं जानतीं, मैंने कोई चीज पहले लेने की जब भी जिद की तो मेरी पिटाई हुई। कभी माँ ने पीटा तो कभी दीदी ने। मैं दीदी को या उसकी किसी चीज को छू भी दूँ तो दीदी तुरंत माँ से मेरी शिकायत करती थी और मुझे डाँट पड़ती थी। अभी जिन मामा लोगों की तारीफ माँ कर रही थी, वे भी पहले दीदी को गिफ्ट देते हैं, तब मुझे। क्योंकि वे जानते हैं कि माँ को यही पसंद है।"

अपनी बात पूरी करते-करते शांतनु का गला भर आया था, आँखों से आँसू

निकलने लगे थे। मैंने रुमाल से उसका मुँह पोंछते हुए उसकी पीठ पर हाथ फेरा और उसे चुप कराने लगी। इस समय उसे समझाना या कुछ कहना व्यर्थ था। इसका उल्टा असर भी पड़ सकता था। मैंने उसे अपने हाथ से पूरा हलवा खिला दिया और उसे वहीं छोड़कर बरतन उठाकर वापस लौट आई। देखा तो पायल मेरी राह देखती खड़ी थी, उसकी आँखों में प्रश्न थे।

मैंने पायल का हाथ पकड़कर भीतर बुलाया और उसे संक्षेप में शांतनु के मन की कड़वाहट और दर्द की बात बता दी।

पायल रो पड़ी, ''दीदी! मेरा ही बच्चा मेरे इतना खिलाफ हो गया है। उसके मन में मेरे लिए इतना जहर भर गया है, मैं नहीं जानती थी। क्या यह कड़वाहट मिट सकती है?''

मैंने उसे विश्वास दिलाते हुए कहा, ''तुम्हें मेहनत करनी पड़ेगी। साथ ही उसकी बहन को और तुम्हारे रिश्तेदारों को भी उसके मन में विश्वास जगाना पड़ेगा। लेकिन यह भी ध्यान में रखना होगा कि कहीं उसे ऐसा न लगे कि मेरी बहन के घर से जाने के बाद मेरी इज्जत और महत्त्व बढ़ गया है। बल्कि यह लगे कि बहन अब बड़ी हो गई है, जिम्मेदार हो गई है और भाई भी समझदार हो गया है, इसलिए उसे महत्त्व दिया जा रहा है। तुम्हें भी उसके मन में यह विश्वास पैदा करना होगा कि तुम उसके बचपने के कारण उसे डाँटती थी और उसे अच्छा और सफल व्यक्ति बनाने के लिए कठोर अनुशासन में रखती थी। अब वह अच्छा आदमी बन गया है और अपनी जिम्मेदारी समझने लायक बन गया है, इसलिए उसे महत्त्व दे रही हो। साथ ही उसे जिम्मेदारी के काम देना शुरू करना होगा। इससे उसका आत्मविश्वास बढ़ेगा और परिवार के प्रति भी विश्वास जगेगा। उसे कहीं से भी यह नहीं लगना चाहिए कि उसे उपदेश दिया जा रहा है या उसे सुधारने की कोशिश की जा रही है। ऐसा आभास यदि उसे हुआ तो वह विद्रोह कर सकता है।''

पायल बहुत गंभीरता के साथ सारी बातें सुनती रही और बोली, ''दीदी! मैं आपका उपकार कभी नहीं भूलूँगी, आपने मुझे राह दिखाई। मैं चाहती हूँ कि आप मेरी बेटी को भी समझा दें कि उसे अपने भाई के साथ किस तरह का व्यवहार करना चाहिए, जिससे उसके प्रति भी उसका मन साफ हो जाए। मैं शिखा को आपसे मिलने इलाहाबाद आने को कहूँगी।''

पायल सपरिवार वापस लौटी। शांतनु ने चलते समय मुझसे आग्रह किया कि मैं उसके घर आऊँ। कहकर उसने अपनी माँ की ओर देखा जैसे कि कहना

चाह रहा हो कि माँ! आप भी इन्हें आमंत्रित कीजिए। माँ के प्रति विश्वास की ओर बढ़ा उसका यह संकेत मुझे अच्छा लगा।

पायल ने भी मेरा हाथ पकड़कर कहा, ''दीदी! मेरे लिए भी और अपने दोस्त के लिए भी आपको जल्दी ही आना पड़ेगा। हम लोग प्रतीक्षा करेंगे।''

शांतनु के पिता के चेहरे पर भी तटस्थ भाव हटकर एक आत्मीय भाव झलक आया था। अभी तक वह घर में ऐसे थे कि उनका अपना कोई अस्तित्व नहीं है। उन्होंने भी हाथ जोड़कर कहा, ''मैं भी आपकी प्रतीक्षा करूँगा, आप आएँगी न?''

दूसरे दिन शांतनु और पायल का फोन अपनी सकुशल पहुँच तथा मेरे आतिथ्य के प्रति धन्यवाद देने के लिए आया।

थोड़ी ही देर बाद शिखा का फोन आया—''हैलो आंटी! मैं शिखा बोल रही हूँ, माँ ने कहा है कि मैं आपसे फोन पर बात करके आपकी सुविधानुसार अपना इलाहाबाद आने का कार्यक्रम बनाऊँ। माँ शांतनु को लेकर बहुत चिंतित हैं।''

मैंने उसे अगले रविवार को आने के लिए कहा। साथ ही मैंने उससे कहा कि वह शांतनु से बात करके उसे भी अपने साथ यहाँ आने के लिए कहे।

दूसरे दिन शांतनु का चहकता हुआ स्वर फोन पर सुनाई दिया। मैं फिर आपके पास आ रहा हूँ। लेकिन उसके स्वर में एक संदेह की ध्वनि भी बाद में सुनाई दी—''शिखा दीदी का हुक्म है कि मैं उन्हें लेकर आपके पास आऊँ। कहीं और जाना होता तो मैं मना कर देता, लेकिन आपके पास आना है, इसलिए मना नहीं किया।''

शांतनु शिखा के साथ आया तो यहाँ पर उसका बदला व्यवहार देखकर शिखा भी हैरान थी। शिखा ने रसोई में मेरी मदद करने के बहाने आकर मुझसे पूछा, ''आंटी! आपने तो लगता है, जादू की छड़ी से मेरे भाई को बदल दिया है। आगे आपका क्या कार्यक्रम है? आप हमारे गाँव कब चल रही हैं?''

मैंने शिखा से कहा कि पहले तुम अपने भाई को प्रेम से जलपान कराओ और खुद भी उसके साथ करो। यह सामान ले चलो, मैं भी आती हूँ।

शांतनु ने देखा कि शिखा उसके लिए जलपान ला रही है और मनुहार करके परोसकर खिला रही है। उसे आश्चर्य हो रहा था कि ससुराल जाते ही शिखा इतनी बदल गई है। वह बहन की ओर ध्यान से देख रहा था। मेरे आते ही नजरें चुरा लीं। ऐसा लगा कि जैसे मैंने उसकी कोई कमजोरी पकड़ ली हो। वह सावधान होकर बैठ गया। सबने नाश्ता किया और आज आराम करके कल

कहीं घूमने चलने का कार्यक्रम तय हुआ। परसों सुबह मुझे उन दोनों के साथ उनके गाँव जाना था।

शांतनु अलग कमरे में लेटा था और शिखा मेरे पास। मैंने शिखा को समझाया, किस प्रकार छोटी-छोटी गलतफहमियों के कारण शांतनु के मन में कुछ गुत्थियाँ बन गई हैं। किंतु ये गुत्थियाँ इतनी जटिल नहीं हैं कि सुलझाई न जा सकें। इन्हें आपसी विश्वास और प्रेम से आसानी से सुलझाया जा सकता है। और इस प्रयास में तुम्हारी सबसे बड़ी भूमिका हो सकती है। क्योंकि तुम्हें ही यह सिद्ध करना होगा कि तुम उसकी प्रतिद्वंद्वी नहीं, सबसे बड़ी शुभचिंतक हो। तुम्हें भाई के सामने यदि झुकना भी पड़े तो अपनी जिद और व्यवहार की गलतियाँ स्वीकार करके झुक जाना चाहिए, तभी तुम्हारा अड़ियल छोटा भाई अपने व्यक्तित्व को सही दिशा में विकसित कर पाएगा। उसके भीतर स्वाभिमान के नाम पर उगे दंभ को तुम्हारी विनम्रता ही हटा सकती है। तुम्हें बहुत सावधानीपूर्वक अपना व्यवहार सुनिश्चित करना होगा। उसे कहीं से भी यह नहीं लगना चाहिए कि तुम उसे सुधारने के लिए कोई कोशिश कर रही हो। बस उसे यही लगना चाहिए कि तुम्हारा अपने भाई के प्रति असीम प्यार ससुराल जाकर, उससे दूर होते ही उसका महत्त्व समझकर उमड़ पड़ा है। तुम्हें अपनी बातचीत में भी यह भाव प्रकट करना होगा कि भाई के बिना वहाँ तुम कितनी अकेली हो गई हो।

सोकर उठते ही शांतनु हमारी ओर आता दिखा। मैं चाहती थी कि वह मेरी और शिखा की बातचीत सुने। इसलिए मैं शिखा से बात करने लगी और संकेत से उसे बता दिया कि शांतनु सुन रहा है। शांतनु को यह आभास नहीं था कि हमारी यह बातचीत उसे सुनाने के लिए ही हो रही है।

शिखा कह रही थी—''आंटी! ससुराल जाने के बाद मुझे लगा कि मैं अपने भाई को कितना प्यार करती हूँ। उसके बिना मेरा वहाँ मन ही नहीं लगता। मैं इससे कितना लड़ती थी, अपना सारा काम इसी से कराती थी, वहाँ मुझे सारा काम खुद करना पड़ता है। मैं बीमार रहूँ तो भी स्वयं ही उठकर पानी लेकर पीना पड़ता है। मेरा भाई भी मुझे बहुत चाहता है। माँ कह रही थी कि मेरे जाने के बाद वह बहुत उदास रहता है। सचमुच आंटी! भाई-बहन के प्रेम से बढ़कर और कोई प्रेम नहीं है।''

हम दोनों महसूस कर रहे थे कि शांतनु पीछे खड़ा होकर हमारी बातें सुन रहा है। मैंने शिखा को टोकते हुए कहा, ''शिखा! तुम मुझे आंटी मत कहो, तुम मुझे मासी कह सकती हो या शांतनु की तरह अपना दोस्त कह सकती हो,

लेकिन नहीं-नहीं, दोस्त तो केवल शांतनु ही है, मेरा इकलौता प्यारा दोस्त, तुम मुझे मासी ही कहो।''

मेरी बात पूरी होते-होते शांतनु हमारे पीछे से आकर सामने बैठ गया। हम दोनों ने ऐसा चौंकने का अभिनय किया कि जैसे हमारी चोरी पकड़ ली गई हो। मैंने पूछा, ''शांतनु! तुम कब जग गए? पहले चाय पियोगे कि खाना लगाया जाए?''

शांतनु ने उत्तर दिया—''जैसा आप लोग चाहें, वही मेरे लिए भी ठीक है।''

शांतनु का यह उत्तर युद्धविराम कर शांति का संदेश दे रहा था। हम दोनों ही प्रसन्न हुए।

□

चीनी बाबा

चीनी बाबा हम छोटे बच्चों की राह हनुमानजी की तरह हाथ-पैर फैलाकर रोक लेते थे।

हम लोग जिधर से कन्नी काटकर निकलना चाहें, वे हमसे पहले उधर पहुँच जाते थे। अगर पतली गली होती तो हम फँस जाते थे और बाबा पकड़कर प्यार की एक-एक चपत लगा देते थे।

पर अगर अहाते में बाबा मिलते तो हम लोग बाबा को हरा देते थे। और कोई उनके बाएँ से तो कोई दाएँ से और कोई पाँवों के बीच से निकल जाता था। पाँवों के बीच से निकलने वाला बच्चा प्राय: बाबा की मोटी गुदगुदी पिंडलियों में दबकर पकड़ा जाता था। और बच्चों को अगल-बगल से भाग जाने में छूट मिल जाती थी।

हम लोग बचकर भागते थे गाते हुए—'बाबा! चीनी खाएँगे।'

बाबा हमें दौड़ाते और हम उतनी ही तेजी से भागते।

चीनी बाबा के साथ का यह खेल आज भी स्मृति में हूबहू ताजा है।

बाबा का असली नाम क्या था, हमें नहीं मालूम। बाबा का 'चीनी बाबा' नाम कैसे पड़ा, यह भी नहीं पता।

पर उनकी पत्नी चिनियाइन अइया से जब हमने पूछा तो बताने लगीं कि हमारी सास का कहना था कि ये जब पैदा हुए तो खूब गोरे, गोल-मटोल थे, आँखें छोटी-छोटी गोल-गोल थीं। और कोई परदेसी मेहमान उनके लिए चीनी गुड्डा खिलौना लाया था। उसे देखते ही उनकी बुआ ने कहा था, हमारा बाबू भी इसी चीनी गुड्डे की तरह है। और फिर उनको 'चीनी' नाम से पुकारा जाने लगा था। उनका असली नाम हरिबख्स सिंह था। लेकिन यह नाम बहुत कम लोग जानते थे। खाली कागजों की लिखा-पढ़ी में यह नाम था या पूजा-पाठ,

श्राद्ध-कर्म में यह नाम लिया जाता था। हाँ, विवाह संस्कार में भी भोर जगाते, सँझा जगाते समय यह नाम उनके मरने पर लिया जाता रहा।

बड़े होने पर, पूछने पर पता चला कि किसी बुजुर्ग ने बताया था कि अंग्रेजों के समय में चीनी और चाय का प्रचार करने के लिए प्रचारक गाँव-गाँव आते थे।

इनका घर गाँव में प्रवेश करते ही पहला घर था और दरवाजे पर अहाता भी बहुत बड़ा था, तो वहीं प्रचारक रुक जाते थे और पूरा गाँव वहीं एकत्र हो जाता था। बाबा छोटे थे तो उनको व्यापारी चीनी फाँकने को दे देते थे। वे बड़े प्रेम से चीनी फाँकते थे, इसलिए इनका नाम चीनी पड़ गया। इन्हीं के दरवाजे से गाँव में चीनी का प्रवेश हुआ था और गुड़ से ज्यादा चीनी लोकप्रिय हुई थी। इसलिए भी चीनी नाम उनके साथ पहले परिहास में, फिर आदतन जुड़ गया था, ऐसा लोगों का अनुमान है।

उनके दरवाजे के बड़े अहाते में लक्ष्मी पूजा होती थी, जिसमें प्रतिमा बनाने से लेकर सारी सजावट का दायित्व मेरे पिताजी को चीनी काका दिया करते थे। कोई महात्मा आ जाते तो सत्संग, कीर्तन, प्रवचन उन्हीं के अहाते में होता था।

विनोबा भावे की भूदान यात्रा यज्ञ में उन्हीं के द्वार पर उनका भाषण हुआ था। जय प्रकाश नारायणजी, लोहियाजी और आचार्य नरेंद्रदेव के भाषण भी वहाँ हुए थे, मेरे पिताजी बताया करते थे।

उनका घर गाँव के कोने पर था। आते-जाते सब लोगों की रामजुहार लेते करते चीनी बाबा का वक्त कट जाता था।

चीनी भइया से चीनी काका, फिर चीनी बाबा की यह यात्रा चलती रही और उनकी पत्नी का नाम भी चिनियाइन भौजी, चिनियाइन काकी और चिनियाइन अइया का संबोधन उत्तरोत्तर पाता रहा। चीनी बाबा और चिनियाइन अइया दोनों ही बहुत धार्मिक प्रवृत्ति के थे।

दोनों पति-पत्नी को कभी साथ बैठे किसी ने नहीं देखा था। चिनियाइन अइया घर के काम में रात-दिन जुटी रहती थीं। चीनी बाबा खेती-बाड़ी और गाँव-समाज के कामों में लगातार व्यस्त रहते थे। वे घर में केवल भोजन करने जाते थे। रात में बाहर की दालान में ही सोते थे। पहले के समाज में पति-पत्नी का साथ-साथ बैठना और बातें करना बेशर्मी मानी जाती थी। मेरी दादी बताती थीं कि पति-पत्नी परिवार के बड़ों और छोटों सबसे छिपकर रात में मिल पाते थे।

एक बार चिनियाइन अइया ने भी बताया था कि उस मिलने में जो सुख था, उसका अनुभव शायद रात-दिन साथ रहनेवाले दंपती कर ही नहीं सकते।

चीनी बाबा और चिनियाइन अइया दोनों ही बहुत कम बोलते थे। उनको अट्टहास करके हँसते हुए किसी ने नहीं देखा था। बहुत खुश हुए तो अधरों के कोने तनिक सा फैलकर स्मिति का आभास दे जाते थे।

बहुत दिनों के बाद एक पुत्र ने जन्म लिया था। उसके लाड़-प्यार में दंपती व्यस्त हुए और थोड़ा खुलकर हँसने लगे। पुत्र भी चीनी बाबा के हूबहू अनुकृति था। वैसे ही गोल-मटोल केवल रंग पर माँ का प्रभाव था, अतः कुछ साँवला था।

चीनी बाबा ने बेटे को पढ़ाया और वह प्राइमरी स्कूल में पहले मास्टर हुए, फिर हेड मास्टर हो गए।

बहू आई तो एकदम गोरी-चिट्टी, फूल सी कोमल, नाजुक बदन वाली। घर-गृहस्थी का कोई भी काम सँभाल पाना उसके लिए कठिन था। दिनभर आराम से बैठना या लेटना उसकी दिनचर्या थी।

चिनियाइन अइया को किसी प्रकार की अमल नहीं थी, लेकिन बहू का पनडब्बा उसके सिरहाने के ताख में रखा रहता था और पलंग के नीचे पीकदान भी।

धीरे-धीरे चिनियाइन अइया ने समझ लिया कि इन तिलों से कोई तेल निकलने की उम्मीद नहीं है। सास-ससुर और पति तीनों ही गौआराशि (धेनु की राशि वाले अर्थात् बिल्कुल सीधे-सादे) थे। चिनियाइन अइया घर से बाहर रात-दिन खटतीं, भागती-दौड़ती रहती थीं। पति और पुत्र दानों ही तेज तर्रार नहीं थे, इसलिए हलवाहा-चरवाह भी काम में चोरी और मजूरी में सीनाजोरी करते रहते थे।

चीनी बाबा का स्थूल शरीर अधिक भाग-दौड़ नहीं कर पाता था। पुत्र को स्कूल में पूरा समय देना पड़ता था, क्योंकि उनके पिता की शख्त हिदायत थी कि अध्यापक को अपने कर्तव्य-पालन में पूरी तरह समर्पित होना चाहिए। क्योंकि यदि अध्यापक ही अपने कर्तव्य से तनिक भी विचलित हुआ तो अपने विद्यार्थियों को क्या शिक्षा देगा।

पुत्रवधू ने आरामतलबी और अनियमित दिनचर्या के कारण ऐसी बीमारी मोल ले ली, जिसका इलाज उस समय थोड़ा मुश्किल था। वैद्य की दवा या काढ़ा उसे कड़वा लगता था और वह पीती नहीं थी। धूप में तो वह निकलती ही नहीं थी। बंद कमरे में शुद्ध हवा कहाँ से मिलती? चोरी के डर से बाहर की दीवार में खिड़की तक नहीं बनी थी। धीरे-धीरे बहू का गौर वर्ण श्वेत होता जा रहा था और शहर के डॉक्टर ने उसे तपेदिक का रोगी घोषित कर दिया। वैद्यजी ने भी कहा था कि बहू को थोड़ी खुली हवा और धूप में रहना चाहिए, नहीं तो इसे यक्ष्मा का राजरोग हो जाएगा। किंतु बहू रानी पर कोई प्रभाव नहीं पड़ा था।

अब बहू जब हँसती तो उसके पान और जर्दा से रँगे हुए दाँत सौंदर्य के स्थान पर वीभत्स लगते थे। हाथ-पैर की नसें नीली होकर उभरती जा रही थीं। इसी बीच पता चला कि वह गर्भवती है। जिस सूचना से मन प्रफुल्लित होकर नाच उठता, उसी सूचना ने चीनी बाबा को खुशी के साथ ही चिंता की गहरी खाई में धकेल दिया।

वैद्यजी के मना करने के बावजूद यह संयोग घटित हो चुका था। एक ओर पुत्र को यह छूत की बीमारी लगने का भय था तो दूसरी ओर आनेवाले बच्चे के लिए घोर चिंता की बात थी। साथ ही बहू की प्राणरक्षा कैसे होगी, इसके लिए भी वह दंपती चिंता-कातर हो उठे थे।

चीनी बाबा ने पत्नी से कहकर बहू को बाहर बुलाया और उसे समझाने लगे—''बेटी! तुम दवा ठीक से खाया करो। नहीं खाओगी तो तुम्हारे बच्चे पर भी बुरा असर पड़ेगा। वैद्यजी बहुत अनुभवी हैं। उनके बताए अनुसार चलोगी तो खुद भी ठीक हो जाओगी और बच्चा भी स्वस्थ होगा।''

बहू की दुबली-पतली निर्बल काया हिचकियों से हिलने लगी थी और वह आँचल आँखों पर रखकर फफक-फफककर रोने लगी थी।

सास-ससुर दोनों ने उसे धीरज बँधाया और पुत्र को आदेश दिया कि आज से इसकी दवा और पथ्य को समय से देने की जिम्मेदारी तुम्हारी है। अब बहू की मनमानी नहीं चलेगी। हमारी भी गलती है कि हमने उसे इतने दिन मनमानी करने दी।

खैर, जो बीत गई सो बात गई, आगे हम सब मिलकर इसका ध्यान रखेंगे और इसे भी हमारी आज्ञा का पालन करते हुए सहयोग देना पड़ेगा।

सचमुच चमत्कार हुआ और वैद्यजी की दवा का प्रभाव कहिए या परिजनों की देखभाल का परिणाम, बहू स्वस्थ होने लगी।

समय पर एक पुत्र ने जन्म लिया। माँ भी चार-पाँच वर्ष में पूरी तरह ठीक हो गई।

चीनी बाबा और चिनियाइन अइया पोते के ऊपर न्योछावर थे। बच्चे के लिए बकरी का दूध वैद्यजी ने बताया था। बकरी खरीदकर आई थी। बच्चे के पालन-पोषण के लिए गाँव की एक स्त्री को लगा दिया गया था।

बच्चे का नाम 'श्रीराम' रखा गया था। हरदम राम-राम पुकारने की आदत रहने से अंत समय में राम का नाम मुँह से जरूर निकलेगा, ऐसा चीनी बाबा का विश्वास था।

श्रीराम के जन्म की खुशी धूमधाम से मनाई गई। देवी भागवत का पाठ हुआ। एक कुंतल चावल और एक कुंतल गेहूँ दान में दिया गया। गाँव-गिराँव और नाते-रिश्तेदारों को भोज दिया गया।

□

चीनी बाबा वृद्ध हो चले थे, फिर भी खेती-बाड़ी का कुशल संचालन कर रहे थे। उनके अनुशासन और सहयोग भाव के कारण हरवाहा-चरवाहा और मजदूर सभी इस परिवार के प्रति समर्पित भाव से काम करते थे। खेती में इतनी उपज होती थी कि खाने-खिलाने के बाद भी काफी अनाज बेच दिया जाता था।

उस समय बैंक में जमा करने के स्थान पर लोग अपना धन सूद-ब्याज पर दे देते थे। लेकिन चीनी बाबा ने जो कुछ भी उधार दिया, उसका सूद मिलने की कौन कहे, मूल भी डूब गया। उन्होंने ऐसे लोगों को उधार दिया था, जो अत्यंत आर्थिक कष्ट से विवश होकर उनसे उधार लेने आए थे।

चीनी बाबा उनकी आर्थिक स्थिति देखकर माँगने की हिम्मत ही नहीं कर पाते थे। कहाँ से देगा बेचारा! यह सोचकर चुप रह जाते थे।

चीनी बाबा की स्थूल काया थी। अब वे चलते-चलते हाँफने लगते थे। एक दिन खेत में शौच के लिए गए तो लौटते समय जी घबड़ाने लगा और खेत की मेंड़ पर बैठ गए। अचानक उन्हें महसूस हुआ कि जैसे कलेजा मुँह को आ रहा है। वहीं मेंड़ पर लोट गए।

सुबह का समय था, लोग शौच से लौट रहे थे। देखा तो उठाकर घर ले आए। पर चीनी बाबा की आँखें बंद थीं। थोड़ी देर के बाद उन्होंने राम को पुकारा। राम को लेकर चिनियाइन अइया पहले से ही बदहवास सी खड़ी थीं। उनकी आँखों के सामने कर दिया। बाबा की आँखों ने राम को और चिनियाइन काकी की ओर निहारा और आँखें बंद कर लीं। वे इस संसार से मुक्त हो चुके थे।

चीनी बाबा के आँख मूँदते ही इस घर का वैभव, अनुशासन, प्रेम-भाव सब विदा होने लगे। उनके दरवाजे पर लगने वाली चौपाल कुछ दिन तक चली, जिसमें बाबा की यादें होतीं और उनके व्यवहार का बखान।

फिर धीरे-धीरे उनके विछोह का दु:ख कम होने लगा और लोग उन्हें भूलने लगे। जिन लोगों ने बाबा से सबसे छिपाकर कर्ज लिया था या बाबा ने अपनी ओर से ही मदद के लिए कुछ दिया था, वे लोग भी भूलने लगे, क्योंकि उसे याद रखना कर्जदार होने का गम पालना था और कभी मुँह से उनके एहसान की बात निकल जाए तो तगादा करनेवाले सिर पर सवार हो जाएँगे।

चीनी बाबा ने चिनियाइन अइया को भी अधिक नहीं बताया था, पर कुछ लोगों के नाम बताते हुए कहा था कि अगर मुझे कुछ हो जाए तो तुम घबराना नहीं, ये लोग तुम्हारी मदद करेंगे, क्योंकि वे मेरे एहसानमंद होंगे।

चिनियाइन अइया ने बारी-बारी से जरूरत पड़ने पर उन लोगों से बात की, जिनका नाम बाबा बता गए थे। उनमें से कुछ ने तो पैर छूकर माफी माँगते हुए कह दिया कि हम आपका एहसान मानते हैं, पर धन लौटाने की हैसियत हमारी नहीं है, उसे दान समझ लीजिए। हम आपकी सेवा जब तक जिएँगे, तब तक करेंगे।

कुछ लोग साफ मुकर गए। उनका कहना था कि बाबा ने मौके पर हमारी मदद की थी, पर हमने उनका कर्ज चुका दिया था।

चिनियाइन अइया के पास कोई सबूत नहीं था और आज की दुनिया सच्चाई की नहीं, सबूत की माँग करती है। बेटा भोला शंकर नाम से ही नहीं, स्वभाव से भी भोला शंकर था। बहू स्वस्थ तो हो गई थी, पर शारीरिक श्रम करने की न उसे आदत थी, न शौक।

चिनियाइन अइया घर से बाहर तक रात-दिन खटती रहती थीं।

मेरी दादी की वह अभिन्न सहेली थीं। दोनों हर पूर्णमासी को दिलाशी गंज या सिंगरिस (शृंगी ऋषि आश्रम) तक पैदल सरयू स्नान करने जाती थीं। मेरी दादी बीमार हुईं और सरयू स्नान पूर्णिमा को नहीं जा सकीं तो चिनियाइन अइया भी नहीं गईं।

अगली पूर्णमासी आने से पहले ही दादी स्वर्ग चली गईं। उनकी मृत देह से लिपटकर चिनियाइन अइया रोते हुए बोली थीं—"आज अकेली ही सरयू तीर जा रही हो, तुमने भी साथ छोड़ दिया।"

इसे दैवी संयोग कहें या अमर मैत्री कि उसी दिन चिनियाइन अइया का दमा बढ़ गया था और तब दमा का इलाज आसान नहीं था। लोग कहते थे कि दमा दम के साथ जाता है।

तीसरे ही दिन ठीक पूर्णिमा को चिनियाइन अइया भी बेटे और गाँववालों के कंधे पर सवार होकर सरयू तीर चल दी थीं। पोते श्रीराम का भी कंधा लगवा दिया गया था।

चीनी बाबा और चिनियाइन अइया दोनों के चले जाने से सबकुछ बिखरने लगा था। मास्टर भोला शंकर ने खेती-बाड़ी अधिया पर दे दी।

श्रीराम को दूध पिलाने वाली दुलारी अहीरिन घर का काम-काज सँभालने लगी थी। श्रीराम की माँ फिर से अपने आलसीपन की ओर लौटने लगी थी।

घर में क्या हो रहा है, घर से क्या जा रहा है, इन सबकी ओर उसका ध्यान ही नहीं जाता था। पति और पुत्र दोनों के स्कूल जाने के बाद वह चारपाई पर पड़ी रहती थी।

दुलारी अहीरिन इस घर को सँभालने से अधिक अपना घर भरने में ध्यान देने लगी थी। खाना बनाकर पूरे घर के लिए यहीं से भेजती थी। बच्चे आकर गिलास भर-भरकर दूध पी जाते थे। घी, दही, मट्ठा भी उस परिवार को चिकना कर रहा था।

हलवाहे-चरवाहे भी मौज कर रहे थे। बाहर भोला शंकर और घर में उनकी नाजुक पत्नी दोनों ही असावधान थे। श्रीराम भूख लगने पर दुलारी के पास जाकर खड़ा हो जाता। वह देखता कि दूध की मलाई से भरा गिलास दुलारी का बेटा पी रहा है और उसका दूध पानी मिला हुआ है। उसकी उदास आँखें बाबा और आजी की याद में भर आतीं। वह अकेले में हबस-हबसकर रोता और आसमान की ओर निहारता। उसके पिता कहते थे कि बाबा-आजी ऊपर चले गए। उसका भोला मन इंतजार करता कि जैसे ऊपर से बेल, अमरूद और आम, जामुन के फल टपकते हैं, वैसे ही बाबा-आजी भी नीचे गिरेंगे। उसके भोले सवाल भोला शंकर को विह्वल कर देते और उसे छाती से लगाकर वह रो पड़ते।

पत्नी ने फिर से चारपाई पकड़ ली थी। धीरे-धीरे घर की लक्ष्मी रूठने लगी थी। पत्नी की दवा का खर्च भी जुटा पाना कठिन होने लगा था। वैद्यजी ने चिंता प्रकट करते हुए कह दिया था कि अब इनका उपचार मेरे वश में नहीं है। इनका क्षय रोग दोबारा लौट आया है और असाध्य हो गया है।

एक रात श्रीराम की माँ ने पति और बेटे को भीतर बुलवाया और बोली, ''वैद्यजी ने जो कुछ भी कहा, दुलारी ने मुझे बता दिया है। मैं जान गई हूँ कि मुझे भी जल्दी ही जाना है। मेरी आपसे विनती है कि कोई अच्छी लड़की देखकर विवाह कर लेना, जो मेरे बच्चे को, आपको और इस घर को सँभाल सके। मुझे अब दुलारी पर भरोसा नहीं रहा।'' उस दिन श्रीराम माता-पिता को रोते देखकर जोर-जोर से रो पड़ा था। रोते-रोते अपनी तोतली भाषा में बच्चे ने जो कुछ कहा, उसका भाव था—''क्या अम्मा भी ऊपर चली जाएँगी? मैं इन्हें अकेले नहीं जाने दूँगा। हम दोनों ऊपर जाकर बाबा और दादी को अपने साथ वापस लाएँगे।''

भोला शंकर ने पत्नी और बच्चे को हृदय से लगाकर रोते हुए कहा था—''मैं किसी को अब नहीं जाने दूँगा। तुम्हारी माँ ठीक हो जाएँगी। मैं कल ही शहर के बड़े अस्पताल में तुम्हारी माँ को दिखाने ले जाऊँगा।''

भोला शंकर को दुलारी पर क्रोध आया कि उसने वैद्यजी की बात राम की माँ को क्यों बता दी?

दूसरे दिन गाँव का एक आदमी फूट-फूटकर रोते हुए बाबा के दरवाजे पर अपना सिर पटकने लगा था। वह कह रहा था कि बाबा, अइया! हमें माफ कर दो। हमने झूठ कहा था कि हम कर्जदार नहीं हैं। हमारे बच्चों को श्राप मत देना।

लोग उसे उठाकर चुप करा रहे थे और कह रहे थे कि इसके सिर पर देवी माँ सवार हुई हैं और सच उगलवा रही हैं। उसने गमछे में बँधे हुए कुछ नोट भोला शंकर के चरणों में डाल दिए। भइया! भौजी को लेकर आप शहर चले जाएँ। मैं अपना खेत बेचकर भी और पैसा लेकर आऊँगा। आज मैंने रात में सपने में बाबा और अइया को रोते हुए देखा था। ऐसे देवता की आत्मा को धोखा देकर मैं चैन से मर भी नहीं पाऊँगा।

भोला शंकर को लगा कि सचमुच श्रीराम के बाबा-अइया धरती पर उतर आए हैं और इस आदमी के माध्यम से साहस और धीरज दे रहे हैं।

□

मंदिर को छावा

इतने वर्षों बाद रंजना को देखकर मैं पहचान ही नहीं सकी। अधपके बाल, आँखों में उभर आया शून्य और उस शून्य में से झरती अश्रुधार।

मैं सोचने लगी, क्या यह वही रंजना है, जो सींक डोलने से भी हँसने लगती थी। और मेरे सामने छात्र-जीवन की घटनाएँ उभर-उभरकर आने लगीं।

एम.ए. की कक्षा में जायसी के 'पद्मावत' में नागमती का विरह वर्णन पढ़कर वह खूब हँसती थी—पुष्य नखत सिर ऊपर आवा। हौ बिनु नाह मंदिर को छावा।।

बरसहिं मघा झकोरी-झकोरी। मोर दुइ नयन चुवैं जस ओरी॥

वह कहती, बाप-रे-बाप! कवियों को भी क्या-क्या सूझता है? अरे, नागमती तो रानी थी, महलों में रहती थी। हजारों दास-दासियाँ थे, उन्हें घर में पानी चूने की आशंका कहाँ से होगी? फिर उनका महल फूस की झोंपड़ी तो था नहीं, जिस पर पुराना उतारकर नया छप्पर डलवाना पड़े।

फिर मघा नक्षत्र में झकोर-झकोरकर पानी बरसने के साथ आँखों से ओरी (ओरौनी) चूने की कल्पना में भी कितनी अतिशयोक्ति है? लगता है, आँखें बादलों से प्रतियोगिता कर रही हैं।

फिर पुष्य नक्षत्र और मघा नक्षत्र का ध्यान फालतू बैठी रानी-महारानी को कहाँ से होगा? हाँ, यह बात और है कि उनके पति पद्मावती के पीछे दीवाने होकर चले गए थे और नागमती से अधिक सौंदर्य वाली कोई और है, इसकी ईर्ष्या की जलन से भले ही रोती रही होंगी।

पर कवियों को तो दूर की कौड़ी लाने की सनक होती है। जहाँ रवि भी न पहुँचे, वहाँ पहुँचने की तारीफ सुनने की आकांक्षा होती है। तो फिर नागमती का विरह वर्णन जायसीजी ने इस प्रकार लिख ही डाला।

आज वे होते तो मैं उनका इंटरव्यू लेती और अपने सवालों से उन्हें लाजवाब कर देती। फिर उनका इंटरव्यू अखबारों और पत्र-पत्रिकाओं में छपवाती और लोग पढ़कर कहते कि उनकी कोई मजबूरी जरूर रही होगी, जो उन्होंने ऐसा लिखा। यह भी हो सकता है कि नागमती ने उन्हें बड़े पुरस्कार, सम्मान का तगड़ा प्रलोभन दिया होगा कि ऐसा कुछ लिखिए कि राजा मेरी विरह-कातरता के बारे में सुनकर यह समझ लें कि मैं उन्हें कितना प्यार करती हूँ, और यह सब सुनकर उस सुंदरी के पीछे भागना छोड़कर वापस मेरे पास आ जाएँ।

उसकी बातें सुनकर सहेलियाँ ठहाके लगातीं और उनके ठहाके की आवाज युवक सहपाठियों को चौंका देती। वे सब नजदीक आकर पूछते, "क्या बात है? आप लोग किस बात पर ठहाके लगा रही हैं? कुछ हमें भी अपने बतरस का आनंद लेने का सौभाग्य दीजिए।"

रंजना कहती—"आप में से कोई नागमती की तरह रोकर दिखाए तो हम मान लें कि जायसी पुरुष होते हुए भी नारी-संवेदना के कितने कायल थे।"

छात्रों ने जाकर जायसी पढ़ाने वाले गुरुजी से चुगली कर दी—"सर! आपकी छात्राएँ जायसी का मजाक उड़ाती हैं।"

फिर क्या था? गुरुजी शुरू हो गए थे—"तुम लोग एक सूफी संत की आलोचना करती हो, उनका मजाक उड़ाती हो?"

पूरी क्लास मौन होकर उनका प्रवचन सुनती और उनके कक्षा से निकल जाने के बाद लड़कियाँ मुँह में दुपट्टा या आँचल दबाकर हँसतीं और लड़कों की ओर खा जानेवाली निगाहों से देखतीं।

लड़के मुसकराते और कहते, "कल जायसी का नख-शिख वर्णन पढ़ाया जाएगा।"

रंजना ने सब लड़कियों से कहा कि कल हम लोग क्लास में नहीं आएँगी, पुस्तकालय में बैठकर पढ़ेंगी। कौन बैठे नख-शिख वर्णन सुनने के लिए?

कक्षा में लड़कियों को न देखकर गुरुजी ने पूछा, "आज सब-की-सब एक साथ कहाँ चली गईं?" लड़कों ने उत्तर दिया—"आज सब पुस्तकालय में बैठी हैं। सर, उन सबको मालूम है कि आज नख-शिख वर्णन पढ़ाया जाएगा।"

एक वाचाल लड़का बोल उठा था—"सर, आज कुछ और पढ़ा दीजिए कल नख-शिख पढ़ाइएगा।" यह सारी सूचना चपरासी से अगले दिन कक्षा के बाद लड़कियों को पता चली थी।

वही हुआ। लड़कियों ने विजय मुसकान के साथ कक्षा में प्रवेश किया

और लड़के शांति से बैठे रहे। उनकी शांति का रहस्य तब पता चला, जब गुरुजी नख-शिख वर्णन पढ़ाने लगे। नाभिकुंड का वर्णन आते-आते लड़कियाँ उठकर बारी-बारी से क्लास से बाहर चली गईं।

रंजना में नेतृत्व की अद्‌भुत क्षमता थी। उसके एक इशारे पर सारी लड़कियाँ चल देती थीं। न तो गुरुजी कुछ बोले और न तो लड़कों की ओर से कोई स्वर आया।

उन लोगों के जाने के बाद लड़कों ने फिर से गुरुजी को चढ़ाना शुरू किया। "सर! यह तो सरासर अनुशासनहीनता है, आपसे बिना अनुमति लिये कक्षा से बाहर चले जाना अशिष्ट आचरण है। आपको प्राचार्यजी से शिकायत करनी चाहिए।"

गुरुजी मूँछों में मुसकराते हुए बोले, "लज्जा तो नारियों का आभूषण है, मुझे गर्व है कि हमारी शिष्याओं में लज्जा का संस्कार है। लेकिन मुझे चिंता है कि यदि परीक्षा में इसी प्रसंग पर आधारित प्रश्न आ गया तो इनका नुकसान हो जाएगा। इसलिए ऐसा करते हैं कि यह पाठ आज यहीं छोड़ते हैं, कल पढ़ाएँगे। आप लोग पीछे का जो कुछ न समझ में आया हो, उसे दोहरा लो या कोई शंका हो तो पूछ लो।"

दूसरे दिन रंजना के साथ सब क्लास में पहुँचे तो चोर आँखों से लड़कों की ओर देखा और पाया कि उनकी भी चोर आँखें बारी-बारी से लड़कियों के चेहरे पर पड़ रही हैं। उन आँखों में परिहास का भाव दिख रहा था। लेकिन लड़कियों ने अपनी निगाहें झुकाए-झुकाए अपना आसन ग्रहण कर लिया। चाहते हुए भी वे पूछ नहीं सकीं कि नख-शिख वर्णन पूरा हो गया कि नहीं। फिर भी वे आश्वस्त थीं कि नाभिकुंड का प्रसंग तो पार हो ही गया होगा।

गुरुजी ने कक्षा में प्रवेश किया तो सभी नतमस्तक होकर खड़े हो गए। गुरुजी की आवाज आई—"मैं आज अपनी छात्राओं को विशेष रूप से संबोधित करते हुए कुछ कहना चाहता हूँ। मैं जानता हूँ कि आप लोग कल संकोचवश कक्षा से चली गई थीं। लेकिन मैं यह बताना चाहता हूँ कि साहित्य में श्लील-अश्लील का प्रश्न बड़ा पेचीदा है। कब श्लील अश्लील बन जाता है और अश्लील भी श्लील की गरिमा पा जाता है, यह समय और वातावरण पर निर्भर करता है। मैं आप लोगों के हित में ही कह रहा हूँ कि साहित्य के किसी भी प्रसंग को अश्लील कहकर उसकी अवज्ञा करना उचित नहीं है। इसीलिए वह पाठ कल मैंने वहीं छोड़ दिया था। उसे आज पढ़ाऊँगा और मैं चाहता हूँ कि आप लोग उसे समझने की कोशिश करें। महाकवि जायसी को इस प्रसंग के लिए दोषी न

बनाएँ। वरना उनकी आत्मा को कष्ट पहुँचेगा।''

इतना कहते हुए उन्होंने वही प्रसंग पढ़ाना शुरू कर दिया। अब तो लड़कियों की स्थिति 'भइ गति साँप-छछूँदर जैसी' हो गई। वे रंजना की ओर निहारने लगीं कि उसका क्या संकेत होता है। किंतु रंजना सिर ऊँचा करके गुरुजी की ओर देखते हुए सुन रही थी। जैसे उसने एक चुनौती स्वीकार कर ली हो कि वह अब लज्जा से अपने नयन नत नहीं होने देगी। सभी लड़कियों ने उसका अनुसरण करने की कोशिश की, पर नारी स्वभाववश उनके नयन नत होने लगे। पाठ पूरा हुआ तो लड़कों की ओर विजय भरी मुसकान से रंजना ने देखा था। जैसे कह रही हो कि हम तुमसे कम नहीं हैं। हमें पता है कि आप लोगों ने हमारी चुगली की थी, पर हम हारनेवाली नहीं हैं।

इसी तरह की जाने कितनी घटनाएँ छात्र जीवन की थीं, जो रंजना को एक विशिष्ट पहचान देती थीं।

एक घटना और याद आई, जिसमें रंजना के साथ मैं रिक्शे पर सवार होकर कहीं जा रही थी, आगे के दो रिक्शों में भी चार लड़कियाँ सवार थीं। बगल से तीन मोटर साइकिलों पर सवार लड़के गुजर रहे थे और ऐसा लग रहा था कि उन्होंने अपनी मोटरसाइकिल की रफ्तार को रिक्शे की रफ्तार में बदल दिया था।

एक लड़के ने लड़कियों को देखकर सीटी बजाई और दूसरे ने फब्ती कसते हुए कहा, ''आप लोग भी छह हैं, हम भी छह हैं, चलिए पिकनिक पर चलते हैं।''

इतना सुनते ही रंजना ने सीटी बजाकर लड़कियों का रिक्शा रोकने का संकेत किया और लड़कों की ओर देखकर बोली, ''हम छह भी तुम्हारी मरम्मत करने के लिए तैयार हैं।'' कहकर पैर की सैंडिल निकाल ली थी।

लड़कों ने देखा, सड़क पर आने-जानेवाले लोग भी रुककर तमाशा देखने के मूड में आ रहे हैं, इसलिए उन्होंने अपनी मोटरसाइकिल तेज की और रफूचक्कर हो गए। उस दिन रंजना का साहस देखकर हम सभी में साहस का संचार हुआ था।

हॉस्टल में रहते हुए हम लोगों ने रंजना की चुहलबाजी, उसके नाटकीय अंदाज का आनंद लेते हुए प्रसन्न रहने की आदत डाल ली थी।

एक दिन उसने कहा कि तुम सब लोग बहुत बहादुर हो, किसी दिन अगर कोई आफत आ जाए तो हम लोग डरकर बैठेंगी नहीं, डटकर मुकाबला करेंगी। एकता में बड़ी शक्ति होती है।

संयोग से अगले महीने में ही अफवाह उड़ी कि आगरा पर बम से हमला होनेवाला है। सभी लोग सतर्क होकर पहरा देने के लिए तैयार थे।

लड़कों के छात्रावास की तरफ से शरारतन एक पटाखा दाग दिया गया था। धाँय की आवाज सुनते ही लड़कियाँ कमरों में घुसकर पलंग के नीचे छुप गई थीं। स्काउट गाइड प्रशिक्षण के दौरान यह सिखाया गया था कि मुँह नीचे करके पेट के बल सुरक्षित जगह पर लेट जाना चाहिए। यहाँ खाइयाँ तो थीं नहीं, जिसमें प्रशिक्षण के दौरान छिपने का प्रदर्शन किया गया था।

दोबारा कोई आवाज नहीं हुई तो भी कोई बाहर निकलने की हिम्मत नहीं जुटा पा रहा था।

इतने में रंजना ने चारपाई के नीचे से चोटियाँ पकड़कर खींचना शुरू किया, यह कहते हुए कि ''वाह रे सिंहनियो! तुम लोग तो बहुत बहादुर निकलीं!''

आवाज सुनकर सब धीरे से छिप-छिपकर बाहर निकल रही थीं कि कहीं रंजना देख न ले कि हम भी चारपाई के नीचे से निकल रही हैं।

बाद में पता चला था कि बम गिरने की अफवाह भी लड़कों के छात्रावास से ही फैलाई गई थी कि देखें ये लोग हमें मदद के लिए बुलाती हैं कि नहीं?

रंजना ने यह बाजी भी जीत ली थी और लड़कों को खबर तक नहीं लगने दी थी कि हमारी टीम की बहादुरी की सच्चाई क्या है।

एक बार एक कन्या का ब्वॉयफ्रेंड मिलने आया था। उस कन्या ने रंजना के कहने पर ही उसे बुलाया था कि हम सब भी देख लें। बात यह थी कि वह कन्या प्रथम दृष्टि में प्रेम की शिकार हो गई थी और रंजना से उसका रहस्य छिपा नहीं रह सका था। उसे विश्वास में लेकर सब जानने के बाद रंजना ने कहा था कि तुम मुझे दिखा दो, मैं तुम्हारी मदद करूँगी।

ब्वॉयफ्रेंडजी जब आए तो वह ब्वॉय नहीं पूरे-पूरे मूँछ वाले मर्द थे। रंजना समझ गई कि इस आदमी ने उस भोली-भाली कन्या को अपने जाल में फँसाया है। वह एक व्यापारी था और वह कन्या अत्यंत छोटी कद-काठी की साँवले रंगवाली एक सामान्य लड़की थी, ज़िसे देखने आनेवाले कई लड़के नापसंद कर चुके थे।

रंजना ने उस व्यक्ति से बात करते हुए ऐसे-ऐसे प्रश्न किए कि वह धराशायी हो गया और हाथ जोड़कर माफी माँगने लगा। उस सरला नामक कन्या को सच्चाई पता लगी तो वह सतर्क हो गई। वह शादी-शुदा दो बच्चों का बाप था। यह सब रंजना ने अपने विश्वस्त सूत्रों से पहले ही पता लगा लिया था।

सरला को अपनी गलती का एहसास हो गया।

एक दिन एक लड़की ने उसे चिढ़ाते हुए अपनी चोटी की मूँछ बनाकर गाना शुरू किया—

"मेरे महबूब में क्या नहीं, क्या नहीं, क्या नहीं, क्या नहीं।"

सरला रो पड़ी। रंजना को पता चला तो खिल्ली उड़ाने वाली लड़की की चुटिया पकड़कर आखिरी छोर काटते हुए बोली थी—"तुम्हारी चुटिया की पूँछ काट दे रही हूँ, अब यह मूँछ नहीं बनेगी।"

रंजना सीनियर थी और वह लड़की जूनियर थी, रंजना ने उसे रैगिंग से बचाया था। इसलिए यह मामला यहीं शांत हो गया था।

आज रंजना को इस हाल में देखकर विश्वास नहीं हुआ कि हास्य और व्यंग्य की प्रतिमूर्ति वह बहादुर लड़की रंजना यही है।

रंजना के सामने डायरी का पृष्ठ खुला था और उस पर बड़े-बड़े अक्षरों में लिखा था—"हौ बिनु नाह मंदिर को छावा।"

मैंने उसको झकझोरते हुए सवाल किया—"रंजना! क्या हुआ, तुम इतनी विह्वल क्यों हो गई हो?"

रंजना ने अपने कमरे की दीवारों पर रिसते हुए पानी के धब्बों की ओर अंगुली से इशारा करते हुए दिखाया और कहा, "मेरे पति ने बड़ी लगन और परिश्रम से यह मकान बनवाया था। आज उनके न रहने पर मैं स्वयं को बहुत अकेली और दोषी अनुभव कर रही हूँ कि मैं इसकी देखभाल और मरम्मत ठीक से नहीं करा पा रही हूँ। इस हवेलीनुमा मकान में रहनेवाले बहुत हैं, किंतु मरम्मत की चिंता किसी को नहीं है। सबको हर तरह की सुविधाएँ चाहिए, दायित्व लेना कोई नहीं चाहता। मैं कई दिन से राजगीर मिस्त्री और प्लंबर की तलाश कर रही हूँ, पर नहीं मिल रहे हैं। पैसा खर्च करने पर भी अब ईमानदारी से काम करनेवाले नहीं मिलते।

"अब मैं अपनी क्षीण होती जा रही शक्ति और बढ़ती उम्र के अकेलेपन के कारण कुछ अलग महसूस करने लगी हूँ। अब मुझे नागमती के विरह वर्णन में अतिशयोक्ति और व्यंग्य नहीं दिखता। उसकी पीड़ा और विरह-कातरता का अनुभव मुझे होने लगा है।

"मैं महाकवि जायसी की संवेदना को नमन करने लगी हूँ। मुझे यह भी लगने लगा है कि जिंदगी स्वयं में एक व्यंग्य है। हम सभी अपनी पीड़ा छिपाते हुए हँसते हैं और दूसरों को हँसाते हैं। इससे बड़ा व्यंग्य और क्या हो सकता है? आज मैं नागमती की पंक्तियाँ गाते हुए रोती हूँ—"हौं बिनु नाह मंदिर को छावा।" यह मंदिर घर भी है और मन भी। छाँह केवल मकान की नहीं होती, अपनत्व की भी होती है, आश्रय और सुरक्षा के विश्वास की भी होती है, जो

अब दुर्लभ होती जा रही है।

"हम अपने आप को तमाम लोगों से घिरा पाकर हँसते हुए कहते हैं कि हमारा परिवार बहुत बड़ा है, पर उस भरे-पूरे परिवार में स्वयं को कितना अकिंचन और कितना अकेला पाते हैं, भविष्य के प्रति चिंतित रहते हैं, यह भी बहुत बड़ा व्यंग्य है, जो हम स्वयं पर करते हैं।"

मैं रंजना की इस प्रकार की गंभीर बातों को सुनकर हतप्रभ थी। पर लग रहा था कि उसने मेरे मन की बात कह दी है। और हम दोनों बहुत देर तक बिना बोले एक-दूसरे का हाथ थामे बैठी रह गई थीं। जायसी की उस पंक्ति की गूँज हमारे भीतर-बाहर हर तरफ थी।

□

तख्ता

पंडित राममनोहर घर के दरवाजे पर पड़ी टूटी चारपाई पर लेटे थे। कमर और घुटनों के दर्द से नीचे नहीं बैठ पाते थे। चारपाई झिलंगा होकर लटक गई थी, उतनी ऊँचाई से तुरंत उठ पाना कष्टदायक था।

कई बार उठने की कोशिश की, पर उठ नहीं पाए।

गली में किसी की साइकिल की टुनटुन सुनकर आवाज लगाते जा रहे थे—''कौन है भइया! जरा इधर आ जाओ।''

कई साइकिलें निकल गईं, मोटर साइकिलें निकल गईं, पर कोई नहीं आया था।

अब्दुल्ला मास्टर साइकिल रोककर उनके अहाते में आ गए। ''क्या है, पंडितजी! मैं आपकी क्या मदद करूँ? बताइए।''

पंडित का मन अभी भी छुआछूत की भावना से उबर नहीं पाया था। इस मलेच्छ के स्पर्श से कैसे बचूँ, वे सोच रहे थे।

अब्दुल्ला फरजानी जमादारिन का बेटा है। आरक्षण कोटे से मास्टरी की नौकरी पा गया है। किंतु पंडितजी को उठना भी जरूरी था, तीव्र लघुशंका से परेशान थे। मन-ही-मन ईश्वर को पुकार उठे, हे प्रभु! यह कैसी परीक्षा है? और किसी को भेज देते। पर भगवान् तो सदा से भक्तों की कठिन परीक्षा लेते रहे हैं। उन्होंने किसी और को नहीं भेजा।

अब्दुल्ला को पंडितजी के मौन से चिंता हुई कि कहीं पडितजी अचेत तो नहीं हो गए हैं? उनकी आँखें बंद हैं, पर अभी तो जोर से आवाज लगाई थी।

अब्दुल्ला ने फिर से पुकारा—बाबा! और उनका हाथ पकड़कर हिला दिया।

पंडितजी ने सोचा कि अब तो छू ही दिया है तो बोल पड़े—''अरे बच्चा! जरा उठा दे तो।''

अब्दुल्ला ने उन्हें एक तरह से गोद में लेकर ही उठा दिया।

पंडितजी खड़े हुए तो लघुशंका की तीव्रता नहीं झेल सके और उनके वस्त्र भीग गए तथा नीचे की जमीन भी भीग गई।

अब्दुल्ला ने उन्हें पकड़कर बंबे तक पहुँचाया और घर के दरवाजे से ही आवाज दी—"भौजी! पंडितजी के कपड़े दे जाइए।"

भीतर से एक भुनभुनाता स्त्री स्वर सुनाई दिया—"यह बुढ़ऊ न खुद चैन से बैठते हैं, न किसी को बैठने देते हैं।"

वह घुँघुरू थी, पंडितजी के दत्तक पुत्र की पत्नी। वह बाहर निकलकर आई तो देखा कि पंडितजी बंबा पकड़े खड़े हैं। उसने अब्दुल्ला को देखा तो समझी कि इससे छू गए होंगे, तभी पंडितजी नहाने के लिए खड़े हैं।

वह बोली, "जाओ मास्टर! जाओ, तुम कहाँ से आ गए?"

अब्दुल्ला ने कहा, "भौजी, मैं तो स्कूल जा रहा था। पंडितजी ने आवाज लगाई, उठ नहीं पा रहे थे तो मैं आ गया। और भौजी! पंडितजी का तख्ता कहाँ गया? चारपाई टूटी है, उसी में धँसे पड़े थे।"

घुँघुरू के स्वर में रोष झलक आया—"मास्टर! जाओ, अपने स्कूल जाओ, अपने काम से काम रखो, दूसरों के घर का जमाखर्च जानने की जरूरत नहीं है। मास्टरी स्कूल में ही करो, सब जगह नहीं।"

अब्दुल्ला खिसियाया सा चल पड़ा। उसने पंडितजी की ओर देखा, वे बहुत निरीह लग रहे थे। उन्होंने एक हाथ से बंबा चलाकर लोटे से पानी भर-भरकर सिर के ऊपर डालकर नहा लिये और गीली धोती पहने खड़े थे।

अब्दुल्ला चला गया। घुँघुरू भीतर से मर्दानी धोती लेकर आई और पंडितजी के ऊपर फेंककर वापस चली गई।

पंडितजी ने बिना देह पोंछे ही धोती बदल ली। गमछा माँगने की हिम्मत नहीं हुई। कौन बड़बड़ाहट सुने। नहाने से पवित्रता का बोध मन को संतोष दे गया था, पर अब्दुल्ला को मदद के बदले जो अपमान झेलना पड़ा था, उससे उनका मन भर आया।

पंडितजी अपने कपड़े अब खुद धोकर डालते सुखाते थे और उतारकर रखते थे। नहाने से पहले खुद ही ले लेते थे। जब पंडिताइन थीं, तब की बात ही और थी। वे उनका सारा काम करती थीं।

पंडितजी ने धोती पछारकर डाल दी, बाल्टी नहीं उठा पा रहे थे तो लोटा से ला-लाकर लघुशंका से भीगी जमीन पर पानी डाल दिया और खड़े होकर पूजा

करने लगे। गनीमत थी कि चारपाई पर बिस्तर नहीं था, नहीं तो उसे भी धोना पड़ता। उन्होंने चारपाई पर भी पानी डालकर शुद्ध करने का संतोष कर लिया।

तख्त के बिना उनको पूजा करने में भी कठिनाई हो रही थी। उसी पर बैठकर पूजा करते थे। उन्होंने खड़े-खड़े ही माला जप ली।

कल जब वे खेत से लौटकर आए थे तो उनका तख्त अपने स्थान पर नहीं था।

उन्होंने पूछा तो घुँघुरू का उत्तर था—"भीतर बिछा लिया है। हमारी चारपाई टूट गई है, बच्चे को लेकर सोने में छोटी पड़ती है। आप चारपाई पर सो जाइएगा। आपके पोते के आराम के लिए ही तो ले गई हूँ।"

पंडित राममनोहर अवाक् रह गए थे। आज उन्हें याद आ रहा था, वह बहुत कुछ जो बीत चुका था।

पंडितजी की पीठ और गरदन में दर्द होता था तो डॉक्टर ने बताया था कि तख्त पर सोइए। सुनते ही पंडिताइन ने बढ़ई को बुलाकर तख्त बनवाने का हुक्म दे दिया था। उनको बैठाकर, खड़ा करके उनकी सुविधा देखी गई थी कि कहीं उठने-बैठने में कठिनाई न हो।

तीन दिन में ही तख्त बनकर आ गया था। फिर उसमें पेंट हो गया था। उस तख्त के साथ पत्नी की यादें जुड़ी थीं। दंपती उसी पर बैठकर बातें करते। देर रात तक पंडिताइन उनके पास बैठकर उनकी मालिश करतीं। दवा, दूध देकर उनके लेट जाने पर उनकी मसहरी लाकर ओढ़ाकर तब सोने जातीं।

पंडितजी के मुख से आह निकल गई। कौन जानता था कि वह पहले चली जाएँगी ?

कभी जब पंडिताइन कहतीं कि मुझे आप के कंधे पर चढ़कर सरजू तीर तक जाना है, अपने हाथ पैर ठीक रखिए। तब मैं डाँट देता था—बड़ी स्वार्थी हो तुम। मुझे अकेले बेसहारा छोड़कर जाओगी ? तब पंडिताइन ने कहा था—'मैं आपकी सेवा का इंतजाम करके जाऊँगी।'

और पंडिताइन ने एक चौबीस साल के ब्राह्मण लड़के को एक दिन लाकर खड़ा कर दिया था। वह उनके दूर के रिश्ते का एक गरीब लड़का था। इंटर के आगे पढ़ाई के लिए पैसा नहीं था। कई खास रिश्तेदारों से मिल चुका था, पर अभी तक कहीं से मदद नहीं मिली थी। बहुत दूर के रिश्ते की इस चाची से मिलने वह उनके गाँव में आ गया था। पंडिताइन ने उसकी व्यथा-कथा सुनी और कहा कि मैं पंडितजी से तुम्हारे बारे में बात करूँगी। तुम हमारे पास रहो, हम तुम्हारी पढ़ाई का खर्चा देंगे।

पंडितजी ने उस गौरांग छह फुटा जवान को देखा तो उसकी सरलता और विनम्रता पर मुग्ध हो गए। वह उनके पाँव छूने के लिए साष्टांग दंडवत् की मुद्रा में धरती पर पसर गया था। पंडितजी ने उसे उठाया तो उसकी आँखों में आँसू झिलमिला उठे थे। आज भगवान् ने दिया होता तो अपनी औलाद भी इतनी बड़ी होती।

उन्होंने उसे आशीर्वाद देकर पूछा था—'क्या नाम है बच्चा? कहाँ घर है?'

पंडिताइन ने उसका मनोज नाम और पूरा परिचय दूर की रिश्तेदारी के रिश्तेदार के रूप में गाँव जिला सहित बता दिया। और ऐलान भी कर दिया कि हमने इसे वचन दे दिया है, यह यहीं रहेगा हमारे बच्चे की तरह।

पंडितजी मुसकरा उठे थे। 'ठीक है, गौरा पार्वतीजी! आपके फैसले के आगे कभी न शंकरजी ने ना-नुकुर किया और न मैंने ही। जो आप ठीक समझें, करें। लेकिन इसके माता-पिता की मंजूरी तो लेनी ही पड़ेगी। कल को कोई यह न कहे कि हमारे लड़के को बहला-फुसलाकर रख लिया है। जमाना तो देख ही रही हो।'

अब पंडिताइन ने सिर हिलाते हुए हामी भरकर कहा था—'हाँ, यह बात तो सही कह रहे हैं, पंडितजी!'

पंडिताइन ने मनोज से पूछा, 'बेटा! तुम्हारी क्या इच्छा है? क्या तुम हमारी औलाद बनकर हमारे साथ रहना चाहते हो? हम तुम्हें वैसे भी पढ़ाई का खर्चा दे सकते हैं, लेकिन यदि तुम चाहो तो हमेशा के लिए हमारे बन सकते हो। जैसा कि तुमने बताया कि तुम्हारे कई भाई-बहन हैं। और सबकी परवरिश और पढ़ाई-लिखाई के लिए तुम्हारे माता-पिता परेशान हैं।'

मनोज ने कहा, 'आप जो कहेंगे, वे लोग जरूर मानेंगे, ऐसा मेरा विश्वास है।'

पंडितजी ने पत्नी से कहा, 'बहुत जल्दबाजी न करो। इतना बड़ा फैसला सोच-समझकर लेना पड़ेगा। हमारे बहुत से रिश्तेदार इस बात से नाखुश भी होंगे, यह भी सोच लो। क्योंकि हमारे पास कई लोगों के कई तरह के संदेश दूसरों की मार्फत मिल चुके हैं। यह बात और है कि हमें ही अभी कोई ऐसा बच्चा नहीं मिला, जो पढ़ने-लिखने की लगन वाला हो, परिश्रमी हो। मनोज में हमें इसके सफल भविष्य के लक्षण दिख रहे हैं। कोई अमल और लत भी नहीं दिख रही है। लड़का होनहार है। ऐसे होनहार की मदद करना पुण्य का कार्य है।'

पंद्रह दिन तक पंडितजी ने मनोज को अपनी कसौटी पर कसा और खरा पाया। वह सुबह चार बजे उठकर नित्य कर्म से निवृत्त होकर पंडितजी के स्नान और पूजा-पाठ का प्रबंध करता, फिर अलमारी में रखे हुए ग्रंथों को पढ़ता। पूजाघर

से लेकर बैठक में रखी पोथियों को उसने व्यवस्थित करके नया रूप दे दिया था।

मनोज ने उस दंपती का मन जीत लिया था अपने सरल, हँसमुख, परिश्रमी स्वभाव से। नौकरों आदि के साथ भी उसका मृदु व्यवहार और सहयोग भाव था। सभी उससे प्रसन्न थे।

फिर उस लड़के के माता-पिता को बात करने के लिए बुलाने हेतु मनोज को भाड़ा-किराया देकर भेज दिया गया।

चौथे दिन मनोज के माता-पिता बेटे के साथ आ गए। परिचय होने और आव-भगत के बाद पंडितजी ने उनसे पूछा, 'हम आपके बेटे को अपना बनाना चाहते हैं, आपको कोई आपत्ति तो नहीं? हम कानूनी तौर पर गोद लेकर मनोज को अपना वारिस बनाएँगे, लेकिन आपकी मंजूरी होने के बाद।'

उन्होंने पंडितजी का घर द्वार देखा, चाक-चौबंद, खेती-बाड़ी देखी तो खुश हो गए। लड़का पढ़-लिख जाएगा, भले लोगों के साथ रहकर अच्छा इनसान बनेगा तो बुराई क्या है? इतने बड़े आदमी हमारा एहसान मानेंगे और हमारे सुख-दुःख में साथ निभाएँगे। हमारी दोनों बेटियों की शादी में भी मदद कर देंगे तो अच्छा घर-बार मिल जाएगा। एक लड़के की जिंदगी बन गई तो वह बाकी भाई-बहनों की भी जिंदगी बना देगा।

सभी खुशी-खुशी सहमत हो गए।

वकील को बुलाकर गोदनामा तैयार कराया गया और कानूनी तौर पर मनोज पंडित राममनोहर और पार्वती देवी का पुत्र बन गया।

चुपचाप गोद लेने की कानूनी काररवाई के बाद पंडितजी ने सत्यनारायण की कथा सुनी, भाई-बिरादरी, नाते-रिश्तेदारों को भोज में आमंत्रित किया। काफी लोग भोज में शामिल हुए। सभी जानना चाहते थे कि यह लड़का किस कुलजाति का है, किसका है? कुछ लोगों ने व्यंग्य भी किया कि पंडित को अपने कुल खानदान में कोई नहीं मिला। जाने कहाँ से इस लड़के को पकड़ लाए हैं।

मनोज सुशील, परिश्रमी और लगनशील था ही। पढ़ाई के साथ नए माता-पिता की श्रद्धापूर्वक सेवा भी करता रहा। प्रथम श्रेणी में स्नातक परीक्षा उत्तीर्ण की, फिर नौकरी के रिक्त पदों पर आवेदन करने लगा। एम.ए. की परीक्षा की तैयारी भी साथ में कर रहा था। लेकिन नौकरी मिलना कितना कठिन है, इस कटु अनुभव ने उसके उत्साह पर पानी फेरना शुरू कर दिया। आरक्षण के माध्यम से अपने फिसड्डी सहपाठियों को ऊँची सीढ़ियाँ फलाँगते, ऊपर पहुँचते देखा तो उसे कटु अनुभव हुआ।

पंडित दंपती उसे गीता का मर्म समझाकर धीरज देते। चिंता न करो बेटा, तुम अपना कर्तव्य करो। नौकरी नहीं मिली तो भी फिक्र न करो। अपनी खेती-बाड़ी सँभालना। गाँव में कहीं मास्टरी तो मिल ही जाएगी।

मनोज पी.सी.एस., आई.ए.एस., आई.पी.एस. की प्रतियोगिताओं के फार्म भी भरता रहा तथा अन्य सरकारी नौकरियों के लिए भी अखबारों में पढ़-पढ़कर आवेदन करता रहा। उसके नए माता-पिता इन सब पर आनेवाले खर्च देने में कोई कोताही नहीं करते थे। जहाँ भी पता लगता अपने सपनों की उड़ान को पूरा करने का प्रयास मनोज कर रहा था।

लेकिन एम.ए. कर लेने के बाद नौकरी न मिलने पर हताश होकर पंडितजी की सलाह मानकर प्राइमरी स्कूल की मास्टरी के लिए भी फॉर्म भरने लगा।

एक बार उसका चयन प्राइमरी अध्यापक के रूप में पड़ोस के गाँव के एक स्कूल में हो गया। पंडित राममनोहर और पार्वतीजी बहुत प्रसन्न हुए। चलो अब तो लड़का घर पर ही रहेगा। खेती-बाड़ी भी देख लेगा। बुजुर्गों ने कहा भी है कि 'उत्तम खेती मध्यम बान, निषिध चाकरी भीख निदान।'

यहाँ तो मनोज चाकरी में भी गुरु का पद पा गया है। नई पौध का गुरु होकर बच्चों में अच्छे संस्कारों की नींव डाल सकता है। यह तो धर्म का काम है।

पहली तनख्वाह मिली तो उसको पूरा-का-पूरा पार्वती देवी ने पूजा-पाठ, दान-दक्षिणा में ही खर्च करा दिया।

मनोज का बैंक में खाता पहले ही खुलवा दिया था। अगले महीने से उसकी तनख्वाह उसके खाते में जमा होने लगी।

प्राइमरी स्कूल की तनख्वाह भी अब आकर्षक हो गई है। अपने ऊपर खर्च करने की उसे कोई जरूरत ही नहीं थी।

मनोज ने पंडितजी के कहने पर अपने माता-पिता को एक हजार रुपए महीने भेजना शुरू कर दिया था। आखिर उन्होंने जन्म दिया था, पाला था, उनके प्रति उसका कर्तव्य था।

बहनों की शादी में भी इस परिवार ने खुलकर सहायता की थी।

अब छोटा भाई इंटर में पढ़ रहा था। मनोज उसकी पढ़ाई के खर्च में भी मदद करता था। पंडितजी की कोशिश रहती थी कि उस परिवार को कहीं ऐसा न लगे कि हमारी औलाद परायी हो गई। उस परिवार के एहसानमंद थे वे।

वे लोग पहले मनोज के माता-पिता के पास गए तो उन लोगों ने पंडितजी के पास जाने को कहा कि वही मंजूरी देंगे।

अभी तक बहुत रिश्ते आए थे, पर पंडित दंपती को अनुकूल नहीं लगे थे। इसी गाँव के पटीदारों ने भी कोशिश की थी कि हमारी बेटी पंडितजी की बहू बन जाए। मनोज दूसरे कुल-गोत्र का था, इसलिए संबंध जोड़ने में कोई बाधा नहीं थी।

गाँव की कई लड़कियाँ मनोज के रूप और स्वभाव पर मुग्ध होकर इस घर की बहू बनने का सपना भी देखने लगी थीं। मनोज से बात करने, अपनत्व जोड़ने का प्रयास भी एक-दो लड़कियों ने किया। किंतु मनोज इस गाँव की हर बेटी को अपनी बहन मानता था और आदर व दुलार देता था।

पंडित दंपती को भी लगता था कि मनोज के लिए उसी की तरह पढ़ने-लिखने वाली सुशील, बुद्धिमती कन्या ढूँढ़नी होगी, तभी मनोज खुश रहेगा। गाँव की कोई भी लड़की उन्हें मनोज के अनुरूप नहीं लगी थी।

मनोज के विद्यालय में एक अध्यापिका की नियुक्ति हुई, नाम था कंचन विश्वकर्मा।

पहली बार देखते ही दोनों के मन में कुछ कोमल भाव अनायास जग गए थे, जो इसके पहले और किसी को देखने पर कभी नहीं जगे थे। मनोज ने सोचा, क़्या इसी को प्रथम दृष्टि का प्रेम कहते हैं? किंतु फिर उसने बरबस अपने मन को नियंत्रित करने का प्रयास किया, क्योंकि वह जानता था कि जाति का बंधन इस प्रेम को स्वीकार नहीं करेगा।

किंतु उसके लिए उसी स्कूल में रहकर मन को समझा पाना कठिन था। कंचन की शालीनता, सद्व्यवहार, बुद्धिमत्ता सबकुछ इतनी सराहनीय थी कि सफल जीवन-संगिनी के रूप में वह बार-बार मनोज के सपनों में आने लगी थी।

मनोज गंभीर और उदास रहने लगा था।

पार्वती माँ ने अनुभव किया कि इसके लिए जीवनसाथी तलाशना जरूरी हो गया है। यही उम्र है, जब बच्चे सपनों में जीने लगते हैं।

पंडित दंपती अब सुशील कन्या की तलाश में लग गए थे।

अब मनोज के लिए वरदेखा आने लगे थे। मनोज अभी शादी को तैयार नहीं था। वह अपने ऊँचे सपनों को पूरा करने के लिए अभी भी प्रयासरत था। प्राइमरी स्कूल की मास्टरी उसका लक्ष्य नहीं थी। यह नौकरी तो पंडितजी का मन रखने के लिए उसने कर ली थी।

मनोज अब पंडितजी की ओर से नाते-रिश्तेदारी में काज-प्रयोजन पड़ने पर निमंत्रण में जाने लगा था। एक बारात में गया तो एक कन्या के परिजनों की नजर में समा गया।

उन लोगों ने पता लगाया उसके कुल-खानदान का और पंडितजी के दत्तक पुत्र के रूप में उसे जानकर तो उनकी बाँछें ही खिल उठीं।

इस नए आए रिश्ते को हर नजर से वे ठीक पा रहे थे। लड़की का फोटो पसंद आ गया था, वह लंबी-छरहरी सुंदर थी। इसी वर्ष बी.ए. पास किया था। परिवार भी कुलीन था। पर आर्थिक दृष्टि से संपन्न नहीं था। किंतु पंडितजी को इससे कोई फर्क नहीं पड़ने वाला था। उन्हें कौन सा दान-दहेज लेना था।

उन्होंने कहा, 'मैं आप लोगों को यह बताना चाहता हूँ कि मनोज मेरी दूर की रिश्तेदारी का लड़का है, मैंने इसे गोद लिया है। इनके माता-पिता से भी मिलकर बात कर लीजिए।'

उन लोगों ने बताया कि उन्होंने ही आपके पास भेजा है।

पंडितजी स्वयं ज्योतिषाचार्य थे। वर-कन्या की कुंडली मिलाई तो प्रसन्न हो गए। हर दृष्टि से कन्या मनोज के अनुकूल थी।

मनोज ने अभी शादी करने को मना किया तो पार्वती ने कहा कि लड़के-लड़कियाँ तो संकोचवश मना करते ही हैं। वह कहेगा थोड़े कि मेरा विवाह कर दो। विवाह की सही उम्र हो गई है, इसलिए आप हाँ करिए, मैं मनोज को समझा लूँगी।

लेकिन पंडितजी ने मनोज को लड़की दिखाने की बात की। कन्यापक्ष राजी हो गया। मनोज को यह सब बहुत बुरा लग रहा था। उसने कहा कि मैं किसी लड़की को देखकर नापसंद कहकर मना नहीं कर सकता, यह लड़कियों का अपमान है। यदि आप लोगों की इच्छा है तो जो चाहे करें। कहने को तो वह कह गया, पर भीतर-ही-भीतर उसका मन कसक उठा था।

फिर पंडितजी ने मनोज के बहन-बहनोई को कन्या देखने का कार्य सौंपा। उन्होंने कन्या पसंद कर ली। फिर क्या था। विवाह की तारीख पक्की हो गई। निमंत्रण-पत्र बँट चुके थे।

लेकिन पार्वती माँ को मनोज की दिन-प्रतिदिन बढ़ती जा रही उदासी चौंका गई। उन्होंने मनोज से बहुत पूछा कि वह क्यों उदास है, पर मनोज ने कहा कि कोई बात नहीं।

पार्वती माँ ने पंडितजी से अपनी शंका बताई कि कहीं मनोज किसी और लड़की को चाहता तो नहीं?

मनोज रोज रात को डायरी लिखा करता था।

जिस दिन बरात जानी थी, उसी दिन कुछ सामान तलाशते हुए पार्वती को वह डायरी मिल गई। पार्वती ने डायरी पलटना शुरू किया तो उसमें तरह-तरह

के चित्र बने हुए थे। कहीं सुंदर आँखें थीं, जिनमें आँसू की बूँदें थीं तो कहीं सुंदर चेहरे को बनाकर काट दिया गया था। पार्वती का माथा ठनका, उन्होंने पंडितजी को डायरी दिखाई।

पंडितजी अपनी कोठरी बंद करके डायरी पढ़ने लगे, यद्यपि उन्हें लग रहा था कि यह उचित नहीं है। फिर भी बेटे के मन को समझने के लिए उसे पढ़ना जरूरी लगा।

मनोज ने जाति-प्रथा पर प्रश्न-चिह्न लगाए थे। सच्चे प्रेम और परिवार के बीच किसे चुनना चाहिए, इस पर अंतर्द्वंद्व था।

पंडितजी सोच में पड़ गए। पत्नी को बुलाकर सलाह ली। दोनों ने मनोज को कोठरी में बुलाकर पूछा कि तुम्हारे मन में कोई बात हो तो अभी भी बता दो। लेकिन वे डर भी रहे थे कि यदि इस विवाह को रोकना पड़ा तो दोनों पक्षों की बहुत बदनामी होगी। उन्हें लग रहा था कि अब बहुत देर हो चुकी है, इसलिए वे ईश्वर से मन-ही-मन प्रार्थना कर रहे थे कि मनोज कोई ऐसी बात न कह दे, जिससे विवाह रोकना पड़ जाए।

उनकी प्रार्थना सफल हुई और मनोज ने उनसे मन की बात नहीं बताई, यह कहते हुए कि डायरी में ऐसे ही मैं कविताएँ, कहानियाँ लिखा करता हूँ, चित्र बनाया करता हूँ।

पंडित दंपती समझ गए कि मनोज अपने मन की बात नहीं बता रहा है, हमारी खुशी के लिए छिपा रहा है। पार्वती माँ ने अलग से जब बहुत पूछा तो मनोज ने इतना बताया कि दूसरी जाति का होने के कारण यह संबंध जोड़ना आपके लिए कठिन होगा। पार्वती ने पंडितजी को सूचित कर दिया था।

लेकिन अब कुछ हो नहीं सकता था। बाहर बरात प्रस्थान के लिए लोग प्रतीक्षा कर रहे थे, बाजे बज रहे थे और उस शोरगुल में मनोज के मन का दर्द और उसके माता-पिता की दुश्चिंता सब दब गई थी।

धूमधाम से पंडितजी की वेदी से बरात ने प्रस्थान किया।

विवाह हुआ, बरात लौटी और गृहलक्ष्मी के रूप में घुँघुरू का स्वागत हुआ।

घुँघुरू का रूप-सौंदर्य देखकर दोनों परिवार गद्गद थे। जो कुछ भी थोड़ा-बहुत सामान दहेज में मिला था, वह सब मनोज के जन्मदाता परिवार को दे दिया गया था।

डाल भेजने और मुँह दिखाई में पंडित दंपती ने घुँघुरू को गहनों से पूरा सजा दिया था। मुँह दिखाई और छुआ खवाई में रिश्तेदारों और गाँव-घर के लोगों

से भी खूब उपहार मिले थे। इस परिवार ने अभी तक केवल सबको दिया ही था, पहली बार तो लेने का अवसर आया था।

पंडितजी ने अपनी ओर से भी सभी को नेगचार से संतुष्ट कर दिया था। बहू से पाँव छुवाई कराकर, सभी को कुछ-न-कुछ उपहार या मुद्रा दी थी। परजा लोग भी मुँह माँगा नेग पाकर आशीष दे रहे थे।

शादी की चहल-पहल बीत गई। पार्वती ने बहू को गृहिणी का कर्तव्य और व्यवहार सिखाना शुरू कर दिया था। अपने पति की प्रसन्नता और सुख के लिए सीता की तरह आदर्श प्रस्तुत करने की सीख दी। घुँघुरू चुपचाप सुनती रही।

इतने अभावों में पली घुँघुरू को विश्वास ही नहीं हो रहा था कि उसका भाग्य इतना अच्छा है। सुदर्शन, सुशील पति, धन-संपत्ति से भरा घर सबकुछ देखकर वह अवाक् सी थी।

गाँव में होकर भी शहर की सारी सुख-सुविधाएँ थीं। बिजली थी, पानी की मोटर थी, आटा-चक्की थी, धान कूटने की मशीन थी, नाइन-कहारिन लगी थीं।

उसने बचपन से ही अपने घर गाँव की स्त्रियों को दिनभर कूटते, पीसते, पानी भरते, झाड़ू-बुहारू करते, बरतन माँजते देखा था। वह समझती थी कि शादी के बाद घर परिवार का काम करना और बच्चे पैदा करना, पालना यही स्त्रियों की जिंदगी है। फटे-पुराने कपड़े सिलते, पहनते-पहनाते और पुरुषों को खिलाकर बचा-खुचा खाते हुए ही स्त्रियों को उसने देखा था। यहाँ सारा बचा-खुचा भोजन नाइन-कहारिन ले जाती थी और जूठन पशुओं की हौदी में डाला जाता था।

उसके मन में हूक उठती, इतना सारा खाना नौकरों को दिया जाता है, ऊपर से खेत भी दिया गया है। तभी तो सब लल्लो-चप्पो करते रहते हैं।

मनोज पत्नी के प्रति भी अपने कर्तव्य निभाता, पर अपने मन से कोई उपहार लाकर नहीं दिया था। पार्वती माँ स्वयं ही उसके लिए कुछ-न-कुछ मँगाती रहती थीं।

दीवाली पर मनोज माँ-पिताजी के लिए कपड़े लाया।

पार्वती माँ ने पूछा, बहू के लिए और अपने लिए क्या लाया?

वह बोला, ''घुँघुरू के पास तो इतने सारे कपड़े हैं, मेरे लिए भी शादी में बने थे।''

पार्वती माँ ने रुपए देकर कहा, ''कल अपने लिए और बहू के लिए भी कुछ ले आना।

मनोज ने दूसरे दिन घुंघरू के लिए साड़ी लाकर माँजी के हाथ में पकड़ाते

हुए कहा, ''आप दे दीजिए।''

माँजी ने घुँघुरू के हाथ में थमाते हुए कहा, ''लो अपने पति की ओर से दीवाली का उपहार।''

घुँघुरू ने बहुत धीरे से मनोज को सुनाते हुए कहा, ''क्या पति को स्वयं देने में लाज लग रही है?''

मनोज ने इसे परिहास समझा, लेकिन उसके चेहरे की मुद्रा देखकर महसूस किया कि उसे यह बात पसंद नहीं आई।

इसी प्रकार कई अवसरों पर उसने अनुभव किया कि उसकी पत्नी को मेरा माता-पिता को अधिक समय देना खलता है। किंतु उसने इस बात की परवाह नहीं की।

घुँघुरू का स्वभाव इतनी तेजी से रंग बदलेगा, किसी को इसका अंदेशा नहीं था।

मनोज बराबर प्रतियोगिता परीक्षाएँ और साक्षात्कार देता रहा।

परीक्षाएँ भी अच्छी होतीं, सफलता की पूरी आशा भी होती, किंतु लिखित परीक्षाओं की सफलता के आगे भी साक्षात्कार अच्छा देने के बावजूद भी नियुक्ति में बाधा हो जाती। वह जब हताश होने लगता तो राममनोहर बाबूजी की गीता के कर्मयोग की बातें उसे फिर से जुटने की प्रेरणा देतीं।

इसी बीच घुँघुरू ने एक पुत्र को जन्म दिया। इस परिवार ने इतनी खुशी मनाई, इतने पूजन अनुष्ठान किए, प्रीतिभोज का आयोजन किया कि लोग अभी तक चर्चा करते हैं। पार्वती ने किसी भी नाते-रिश्तेदार को आमंत्रण से वंचित नहीं किया था।

इसी बीच मनोज को एक बंद लिफाफा मिला, जिसमें उसकी नियुक्ति रेल विभाग में स्टेशन मास्टर के पद पर हो गई थी। नियुक्ति से पहले उसे ट्रेनिंग पर बुलाया गया था।

पंडितजी मनोज को बाहर भेजने में ऊहापोह कर रहे थे, किंतु पार्वती ने समझाया कि बेटे की इच्छा जो हो उसे करने दो।

मनोज भी जाने के लिए उत्सुक था। उसे भ्रमण का और तमाम लोगों से मिलने का बहुत शौक था। घुँघुरू भी चाहती थी कि शहर में जाए, खूब घूमे-फिरे और अपने परिवार के साथ स्वतंत्र रहे।

मनोज ट्रेनिंग पर चला गया।

इसी बीच पार्वती को तेज बुखार आया और तीन दिन के अंदर ही उनका

स्वर्गवास हो गया। डॉक्टरों ने बताया कि इन्हें मस्तिष्क ज्वर हुआ था।

मनोज को खबर हुई, वह आया तो केवल अंतिम दर्शन कर सका।

पंडितजी ने मनोज के साथ कंधा देकर पार्वती को अंतिम यात्रा के लिए विदा किया। स्वयं मुखाग्नि दी और उन्हें लगा कि संसार समाप्त हो गया है।

वह सोच रहे थे कि अब जीना दुर्वह होगा। पार्वती ने तो अपना वादा पूरा कर दिया था। एक बेटा-बहू और मन लगाने के लिए एक पोता देकर स्वयं विदा हो गई थी।

पार्वती थी तो पंडितजी घर के कामों से निश्चिंत थे। खेती-बाड़ी के कामों में भी पार्वती ही अधिक सक्रिय थी। नौकर-चाकर, मजदूर, हलवाहे-चरवाहे सबकी चिंता करते हुए सब को अनुशासन के घेरे में रखती थी। हर काम बेहतर तरीके से चल रहा था।

किंतु पार्वती के जाते ही उनके पास सबकी शिकायतें आने लगीं। किसी को खाना-दाना-पानी समय से नहीं मिल रहा था तो किसी को अच्छा व्यवहार। वे सुनते और चुप रह जाते। स्वयं किससे कहें, उन्हें भी न समय पर जलपान मिलता न खाना। कहारिन खाना बनाकर रख जाती थी। केवल परोस कर खिलाने की जहमत भी घुंघुरू नहीं उठाना चाहती थी।

जब मनोज आता तो घुंघुरू का व्यवहार कुछ और हो जाता। मनोज भी संतुष्ट होकर जाता कि पत्नी बाबूजी की सेवा कर रही है।

मनोज ने कहा, "बाबूजी! अम्मा के न रहने से घुंघुरू को बच्चे को सँभालने में परेशानी हो रही है। वह आपकी भी देखभाल ठीक से नहीं कर पाती। इसलिए अपनी माँ को बुलाना चाहती है।"

मनोज चला गया। और एक दिन घुँघुरू की माँ आ गई।

घुँघुरू जब आई तो वह बहुत धीरे-धीरे बोलती थी। लेकिन उसकी आवाज दिन-प्रतिदिन तेज होती गई।

पार्वती माँ के जाने के बाद तो वह इस घर की एकछत्र स्वामिनी हो गई थी।

मनोज की ट्रेनिंग तो पास के ही नगर में थी, लेकिन नियुक्ति मुगलसराय स्टेशन पर हुई। घर से दूर होने के कारण अब मनोज का आना महीने बाद ही हो पाता था।

पंडितजी के लिए चाय में दूध की मात्रा नगण्य होती जा रही थी। रात को एक गिलास दूध अदरक डालकर पीते थे, वह भी बंद हो गया।

कहारिन से कहलाया गया कि दूध बच्चे के लिए और बच्चे की माँ के

लिए ही कम पड़ रहा है। कहारिन ने ही धीरे से बताया—"पंडितजी, मैं क्या कहूँ? पहले दूध में ही चाय बनती है और बहूजी की माताजी अपने और बेटी के लिए निकालकर उसके बाद उसी में पानी डालकर बनाती हैं, जो आपके लिए और हम नौकरों के लिए होती है। बाबूजी! यह अंधेर मुझसे नहीं देखा जाता। अम्माजी के जाते ही यह सब क्या हो गया? हम लोगों की कोई बात नहीं, लेकिन आप के लिए" कहकर वह फफक पड़ी थी।

पंडितजी चुप रहे। उन्होंने कहारिन से भी चुप रहने को कहा। गाँव-घर में किसी से इसकी चर्चा मत करना। इसमें हमारी ही बदनामी है। मनोज को भी यह बात नहीं पता चलनी चाहिए, नहीं तो उसका घर टूट जाएगा और मन भी।

जब से पंडितजी ने मनोज को गोद लिया, तब से अपने भाई-बिरादरी के लोग नाराज हो गए थे। क्या अपने खानदान में बच्चे ही नहीं थे या हम लोग इस लायक नहीं थे।

घुँघुरू की माँ के आने के बाद घुँघुरू के व्यवहार की खबरें पूरे गाँव में ही नहीं सारी रिश्तेदारी में प्रचारित हो गई थीं। सुबास धीरे-धीरे फैलती है और बहुत दूर नहीं जाती, लेकिन दुर्गंध बहुत तेजी से दूर-दूर तक फैल जाती है। नाते-रिश्तेदारों और बिरादरी वालों को इस समाचार से खुशी मिली और वे नमक-मिर्च लगाकर इसे प्रचारित करने में लग गए।

इधर पंडितजी पत्नी वियोग की चोट से आहत थे ही, खाने-पीने की भी असुविधा हुई तो कमजोर होते जा रहे थे। लोग आ-आकर तरह-तरह की बातें सुनाकर उनकी शांति और भंग करने लगे। कोई कहता—"अरे पंडितजी! अपना खून अपना ही होता है। परायों के लिए आप जान भी दे दीजिए, लेकिन वे एहसान नहीं मानेंगे। क्या नहीं किया आपने मनोज के लिए। क्या उसे आपका दुःख-दर्द समझने की जरूरत नहीं है?"

कोई कहता—"पंडितजी! शादी-ब्याह अपने से बराबर वालों में करना चाहिए। कितने रिश्ते आए, हमने भी कितने रिश्ते भेजे, किंतु आपको नहीं पसंद आए। खैर, जो लिखा होता है, वही मिलता है।"

जब कोई दया दिखाता या पंडितजी की तकदीर पर तरस खाता तो उन्हें और पीड़ा होती।

पूरे गाँव में अधिकांश घर ब्राह्मणों के थे, बाकी एक-एक घर नाई, कहार, बारी और दो घर हरिजनों के थे और एक घर जमादार का था। गाँव का नाम ही था 'बाम्हनपुरवा'।

ब्राह्मण-परिवार लगभग सभी नाखुश थे। बाकी सभी परजा पौनी के नाम से जाने जाते थे। परजा पौनी घरों के सभी लोग इस घर से अभी तक बहुत पाते रहे। अब मिलना कम हुआ तो दूसरे घरों से उन्हें फुसलाया जाने लगा और वे धीरे-धीरे दूसरे घरों में लगने लगे।

एक कहारिन और फरजानी जमादारिन का बेटा अब्दुल्ला ही पंडितजी की व्यथा को समझते हुए उनके प्रति चिंता करते थे।

वे देखते थे कि आए दिन घुँघुरू के मायके वाले आते और जाने क्या-क्या ढो-ढोकर ले जाते। घुँघुरू ने अपने भाई सुंदर को भी यह कहकर बुला लिया था कि खेती-बाड़ी का काम वह सँभालेगा।

यह बात और थी कि सुंदर केवल नौकरों-मजदूरों पर रोब गाँठता था और स्वयं सुरती खाता, गाँजा-बीड़ी पीता हुआ, पूरे गाँव में घूमकर अपनी दबंगई दिखाता रहता था। उसकी बदसलूकियों से गाँववालों ने पंडितजी के दरवाजे पर आना लगभग बंद कर दिया।

अब की बार जब मनोज आया तो उसके कानों में भी ये सब बातें पड़ीं और उसने घुंघुरू से पूछा तो घुँघुरू के स्थान पर उसकी माँ बोल उठी—''यह बात तो ठीक नहीं है बबुआ! पंडितजी ने आपसे जो शिकायत की, वह सही नहीं है। वह बूढ़े आदमी हैं, राम-राम करना चाहिए उन्हें, तुम दोनों के बीच भेद डालना अच्छी बात नहीं।''

सुनकर मनोज अवाक् हो उठा। बाबूजी ने तो पूछने पर भी कुछ नहीं बताया था। वह कितने दुबले हो गए हैं, देखकर मनोज ने पूछा तो बस इतना कहा था कि इधर तबीयत कुछ ठीक नहीं थी। पर उनकी उदास आँखें बहुत कुछ कह गई थीं।

ऐसे बाबूजी के लिए यह आरोप वह सहन नहीं कर पाया था और उसने साफ कह दिया था कि सुंदर को वापस भेज दीजिए। यहाँ का काम मैं किसी और से करा लूँगा।

इतना सुनते ही माँ-बेटी नाराज हो उठी थीं और मनोज के जाने के बाद पंडितजी की रोटियाँ और कड़ी हो गई थीं, सब्जी-दाल की कटोरियाँ और खाली होने लगी थीं। पंडितजी दमा के मरीज थे। वैद्यजी ने कहा था कि खाना जल्दी खा लिया करें। लेकिन कहारिन को जल्दी भोजन बनाने की अनुमति नहीं थी। उन्हें सुबह का बासी खाना परोसकर देने का आदेश कहारिन को मिल गया था। क्योंकि रात में वे लोग देर से खाते थे और उन्हें गरम-गरम चाहिए था।

पंडितजी समय से पहले ही अधिक बूढ़े होने लगे थे।

मनोज का धर आने पर अब मन बोझिल हो जाता था। उसने बहुत प्रयास किया कि पत्नी की मानसिकता को बदल दे। जिस पिता ने उसे इस लायक बनाया कि आज वह यहाँ खड़ा है, उसके प्रति उसका बड़ा कर्तव्य है। किंतु घर जाकर भी वह उनके लिए कुछ नहीं कर पाता था।

पंडितजी के पास वह अधिक देर बैठ जाए या उनके लिए कुछ उपहार लाए और स्वयं दे दे तो पत्नी की त्योरियाँ चढ़ जाती थीं। अपनी थाली लेकर वह पिता के पास खाने बैठ जाए और उनकी थाली भी साथ में मँगवाए तो घर में कलह का वातावरण बन जाता था। घुँघुरू घनघनाते हुए कहती थी—''एक दिन के लिए आते हैं तो हमारे साथ बैठने और खाने का मन नहीं करता। उपहार अपने हाथ से देते हैं, जैसे मैं किसी और को दे दूँगी।''

मनोज चुपचाप सुन लेता था। उसे पता चल गया था कि बाबूजी के लिए जो ऊनी चादर वह पिछली बार दे गया था, वह उन्हें नहीं मिली थी। उसका मन पत्नी और उसके परिवार की मानसिकता से क्षुब्ध हो जाता था। इस घर के सारे वैभव का सुख उठाने वाले लोग इस घर के स्वामी को इस तरह दुःख दे रहे हैं और मैं कुछ नहीं कर पा रहा हूँ। मैं इतना विवश इसलिए हो गया हूँ कि बाबूजी की और उनके कुल की प्रतिष्ठा का प्रश्न है। बाबूजी मुझे भी सारा जहर पीकर चुप रहने को कहते हैं। लेकिन वे नीलकंठ शिव बनकर गले में विष रख सकते हैं, किंतु मुझमें उतनी शक्ति नहीं है।

उसके मन में आया कि पंडितजी को अपने साथ शहर ले जाकर रखूँ। लेकिन संबंध और बिगड़ जाएँगे, घर की प्रतिष्ठा धूल में मिल जाएगी, क्योंकि पत्नी से अब उसे किसी भी शालीनता की उम्मीद टूटती जा रही थी। यद्यपि अपनी ओर से उसकी पूरी कोशिश थी कि घर में शांति और सौमनस्य बना रहे।

पत्नी की जिद है कि मुझे शहर ले चलो। लेकिन वह जान-बूझकर उसे अपने साथ नहीं ला रहा था कि पिताजी अकेले हो जाएँगे। इस बात से पत्नी की नाराजगी और बढ़ती जा रही थी।

ऐसे क्षणों में उसकी स्मृति में कंचन का सौम्य चेहरा घूम जाता था। कंचन ने विवाह नहीं किया था। उसने अपने जीवन का मकसद ढूँढ़ लिया था समाज की सेवा में। वह विद्यालय के कार्य के बाद बच्चों और वृद्धों की सहायता के लिए कुछ-न-कुछ करती रहती थी। अपने वेतन का एक बड़ा हिस्सा गाँव में जरूरतमंदों के लिए वह खर्च कर देती थी।

एक बार वह पंडितजी के गाँव भी आई और गाँव की स्त्रियों को बुलाकर

सफाई और स्वास्थ्य संबंधी जानकारी दी। पूरे गाँव की स्त्रियाँ पंडितजी के दरवाजे पर ही एकत्र हुई थीं। पंडितजी को जब कंचन ने अपना परिचय दिया था और बताया था कि मनोजजी, जिस स्कूल में पढ़ाते थे, मैं उसी में पढ़ाती हूँ। उनके साथ ही मेरी नियुक्ति हुई थी। उन्होंने ही मुझसे कहा था कि मेरे गाँव को भी जागरूक करने के लिए वहाँ भी जाना।

कंचन की बातें सुनते ही पंडितजी को मनोज की डायरी याद आ गई थी और उन्हें लगा कि यह वही कन्या है, जो मनोज के मन में बस गई थी। सचमुच जाति-प्रथा के झूठे बंधन ने मेरे बेटे का अहित किया। उनका मन पछतावे से भर उठा। बिल्कुल मनोज के अनुरूप कन्या है यह कंचन। हमने इस बंधन को तोड़ने की हिम्मत नहीं दिखाई थी। पर अब पछताए होत क्या?

आज के तख्त की घटना ने पंडितजी को बहुत कुछ याद दिला दिया था और सावधान भी कर दिया था।

विगत स्मृतियों में खोए पंडितजी वर्तमान में लौट आए थे।

अब्दुल्ला को मदद के लिए आने पर उनके मन में छुआछूत का जो विचार उठा था, उस पर वे मनन करने लगे थे। हमारे धर्मग्रंथों ने सभी में एक आत्मा मानने का जो संदेश दिया है, उसमें छुआछूत का विकार कहाँ से आ गया?

आज जब मैं पुकार रहा था तो कई साइकिलें और स्कूटर बगल से निकल गए थे। किसी ने मेरी पुकार नहीं सुनी थी। केवल अब्दुल्ला मेरी मदद को आया था। उसे अपमानित भी होना पड़ा था।

क्या मेरे मन में मंथन के लिए यह अवसर ईश्वर ने दिया? वह सोच रहे थे।

पूरा दिन पंडितजी ने कुरसी पर बैठकर और टहलकर बिता दिया था। रात को उस झिलंगा चारपाई पर सोने की हिम्मत नहीं जुटा पा रहे थे। सोच रहे थे, कोई आएगा और मेरे सोने के लिए व्यवस्था करेगा। किंतु किसी ने आकर न उनसे कुछ पूछा, न कहा। रात को कहारिन खाना लेकर आई तो उससे उन्होंने कहा, "मेरे सोने का इंतजाम कर दो।" थकान और मन के दर्द तथा आक्रोश से क्षुब्ध उनकी आँखें भर आई थीं, आवाज भर्रा गई थी।

उनका बिस्तर बटोरकर अनाज के बोरों के ऊपर रख दिया गया था। कहारिन को असमंजस में उदास खड़ी देखकर उन्होंने कहा, "इन्हीं बोरों के ऊपर बिछा दो; इस पर से अपने आप उठकर खड़ा तो हो जाऊँगा।"

कहारिन ने चुपचाप बोरियों को समतल करके उसी पर उनका बिस्तर बिछा दिया था और वे उसी पर लेट गए थे।

दूसरे दिन स्कूल जाते समय भी अब्दुल्ला आया और पूछा, ''पंडितजी! आपकी तबीयत कैसी है? मेरे लायक कोई सेवा हो तो बताइएगा।''

पंडितजी ने कहा, ''बेटा! मेरे लिए एक तख्ता बनवा दो।''

अब्दुल्ला ने कहा, ''तख्ता आज शाम तक आ जाएगा।''

पंडितजी को लगा कि आज अब्दुल्ला को बेटा कहने में उनकी आत्मा से यह शब्द निकला था। उन्हें यह भी अनुभव हुआ कि परिवार की सीमा बाँधने और बँधने से कष्ट ही मिलता है। वैसे तो सारा संसार ही परिवार है, यह ज्ञान हो जाए तो मोह के सारे कष्टों से मुक्ति मिल जाती है।

शाम को अब्दुल्ला एक बैलगाड़ी पर लदवाकर बाजार से एक तख्ता ले आया। उसे बिछाकर उसने पंडितजी को उस पर बिठाया और सलाम किया तो पंडितजी की आँखें छलक उठीं। आज उनके मन में उसके छूने से घिन नहीं आई, बल्कि उसके स्पर्श में आत्मीयता का गहरा आश्वासन मिला था।

उस तख्त पर उन्होंने अपने हाथ से बिस्तर बिछाया और रात में सोए तो सपने में पार्वती को देखा। पार्वती हँसते हुए कह रही थी—'चिंता न करो, अपना काम खुद करने की कोशिश करो, अपना खयाल खुद रखो, किसी से आशा न करो। जब नहीं कर पाओ तो मेरे पास आ जाना।'

उनका मन हल्का हो उठा था और अपने भीतर वे ताकत महसूस करने लगे थे।

□

घरबैठी

टोकरी का अनाज सिर पर उठाते हुए उसके चेहरे पर दर्द की टीस को उभरते मैंने देख लिया था। दुबला-पतला शरीर, उलझे सफेद, बिखरे बालों की लटें, झुर्रियों से भरा शरीर था। चलते हुए उसकी साँस फूल रही थी।

अनाज रखकर वह लौटी और दूसरा खेप उठाने जा रही थी तो मैंने उसे बुला लिया—"रघ्घू क माई! आवा तनी सुसताय ल्या।"

वह चारों ओर देखकर बोली, "अब्बै मलकिन दुलहिन देखिहैं तो बोलिहैं।" कहते हुए वह आकर मेरे पास बैठ गई थी। मैंने उसकी रामकहानी जाननी चाही कि इस उम्र में वह इतनी मेहनत क्यों कर रही है? जबकि घर में बेटा-बहू, नाती-पोता सभी हैं।

मैंने कहा, "हम मलकिन से बोल देब कि हमरे पाँव म दर्द रहा, आपन पाँव दबावै खातिर रोकि लिहेन है।"

वह खुश हो गई। पाँव पकड़कर सहलाने दबाने लगी, ऐसे प्यार से कि जैसे किसी कोमल शिशु का पैर हो।

मुझे संकोच हुआ। इतनी बुजुर्ग स्त्री से पैर दबवा रही हूँ। पर इस बहाने उसे थोड़ा आराम मिल जाएगा। छाँह में बैठी रहेगी। ऊपर से मैं उसे हर बार की तरह कुछ इनाम भी दूँगी, वह जानती थी।

मैं उससे बात करने लगी कि इस उम्र में क्यों इतनी मेहनत कर रही हो? क्या बच्चे मना नहीं करते? अब तो आराम करने की उम्र है।

वह मायूस स्वर में बोली थी, "आराम करब त खाब काव? जब से बुढ़ऊ परलोक गए, हमार कुल दावा खतम होइ गए। अब के पूछै, देखै वाला बा?" कहकर वह सिसक उठी।

फिर उसने संक्षेप में अपने परिवार की जो व्यथा-कथा सुनाई, वह मेरे मन

में बहुत दिनों से घूमती आ रही थी।

रघ्घू की माई पहले 'रामदीन बहू' के नाम से जानी जाती थी। फिर रघ्घू क माई के नाम से।

बहुत पूछने पर उसने अपना नाम बताया था—'जनकदुलारी।'

उसके बेटे रघ्घू के जन्म से लेकर विवाह तक की उछाह और संघर्ष की मिली-जुली यात्रा के बारे में मुझे पहले से थोड़ा-बहुत मालूम था। रघ्घू के विवाह के चार बरस बाद ही उसकी पत्नी एक पुत्र और एक पुत्री को जन्म देकर संसार से विदा हो गई थी।

जनकदुलारी ने दोनों बच्चों को बड़े लाड़-प्यार व संघर्ष झेलते हुए पाला था। रघ्घू शुरू से ही लापरवाह था। पत्नी के मरने के बाद भी बच्चों के प्रति उतनी जिम्मेदारी नहीं निभा रहा था, जितनी चाहिए थी। जब तक पिता रहे, तब तक कुछ डर और संकोच था। बाप के मरते ही वह और स्वतंत्र हो गया। कोई उसे समझाता तो कहता, "माई तो बच्चन का पाल ही रही है, फिर काहे कि चिंता?"

लेकिन जनकदुलारी को चिंता थी दोनों बच्चों की और रघ्घू की भी। इधर उसे दमा की बीमारी भी लग गई थी, वह सोचती कि अगर मुझे कुछ हो गया तो गृहस्थी कौन सँभालेगा? यह चिंता उसे खाए जा रही थी।

उसने रघ्घू की दूसरी शादी करने का निश्चय किया। पर एक तो गरीबी, दूसरे दो बच्चों का निठल्ला बाप, कोई भी अपनी लड़की उसे देने को तैयार नहीं हो रहा था।

जनकदुलारी रात-दिन देवता-पितर मनाती थी कि बच्चों को एक माँ की गोद मिल जाए। जनकदुलारी की बहुत दिन से एक साध थी माघ मेला में गंगा स्नान की।

अबकी रघ्घू को लेकर वह अमौसा के मेले में प्रयागराज गई। दोनों बच्चों को अपनी भौजाई के घर छोड़कर गई थी। क्या पता गंगा माई मेरी विनती सुन लें और हमारे घर में बच्चों की महतारी आ जाए।

जनकदुलारी मेले में रघ्घू से बिछड़ गई। रघ्घू अपनी माई को पागल की तरह इधर-उधर खोज रहा था और रघ्घू की माई अपने बेटे और उसके बच्चों की चिंता में बदहवास सी भटक रही थी।

इतना बड़ा मेला, सिर-ही-सिर दिख रहे थे। इसमें कैसे ढूँढ़ पाएगी रघ्घू को?

वह थककर चूर हो गई और जमीन पर बैठकर रोने लगी थी। आस-पास से लोगों का रेला निकलता जा रहा था। इस भीड़ में वह खड़ी भी नहीं हो पा

रही थी। लग रहा था कि दबकर मर ही जाएगी।

इतने में एक लंबी छरहरी औरत ने उनको सहारा देकर खड़ा कर दिया और खींचकर राह से अलग ले गई। वहाँ उनसे रोने का कारण पूछा। वह ठीक से कुछ बता भी नहीं पा रही थी। बड़ी मुश्किल से बेटे से बिछुड़ने की बात वह बता पाई।

वह स्त्री उन्हें पकड़कर अपने साथ वहाँ ले गई, जहाँ खोये लोगों की सूचना लिखी जा रही थी।

जनकदुलारी को तिनके का सहारा मिल गया था। उसके पहले वह कभी कहीं अकेले नहीं गई थी। रिपोर्ट लिखवाने के बाद वह स्त्री बोली, "माताजी! आप यहीं बैठें। आपके बेटे का नाम भोंपू से पुकारा जाएगा। वह जहाँ भी होंगे, अपना नाम-पता सुनकर यहाँ आ जाएँगे। इस भोंपू की आवाज पूरे मेले में पहुँच रही है। ऐसे ही भोंपू पूरे मेले में लगे हैं। अब मुझे जाने दीजिए, मेरे बच्चे इंतजार कर रहे होंगे। उन्हें एक दुकान पर बैठाकर किसी को सौंपकर आई हूँ। कहीं वे भी इधर-उधर भटक न जाएँ।"

जनकदुलारी ने रोकर उसका हाथ पकड़ लिया। "हम्मैं छोड़ि के जिनि जा, हम का करब, कैसे घरे पहुँचब? रघ्घू न आए तब का करब? तूँ अपने लरिकन का लइकै यहीं आय जा। गंगा माई तोहार कुल मंशा पूरी करिहैं।"

वह स्त्री, जिसका नाम दुर्गा था, बड़े असमंजस में थी कि क्या करे? उसने एक सिपाही से विनती की कि इन माताजी का खयाल रखिएगा। बहुत घबरा गई हैं। मैं अभी अपने बच्चों को लेकर यहीं आ रही हूँ। सिपाही ने एक लड़के को आवाज दी कि माताजी को चाय पिला दो। और इनका ध्यान रखना।

दुर्गा वहाँ से तेजी से निकली और लगभग दौड़ते हुए अपने दोनों बच्चों के पास पहुँच गई। बच्चे घबराए हुए रुआँसे से बैठे थे।

उन्हें ढाढ़स देकर, कुछ खिला-पिलाकर तब बच्चों को लेकर जाने की सोच रही थी, तभी वृद्धा माँजी का कातर चेहरा उसकी आँखों के आगे नाच उठा।

उसने मूँगफली, कराईलइया खरीदी, बच्चों के हाथ में लेमनचूस पकड़ाया और दोनों को लेकर जनकदुलारी को जहाँ छोड़ा था, वहाँ आ पहुँची।

अभी तक रघ्घू का नाम पाँच-छह बार पुकारा जा चुका था, पर रघ्घू नहीं आया था। खोये हुए लोगों की संख्या बढ़ती जा रही थी और क्रमशः नाम पुकारे जाते थे।

जनकदुलारी का रोते-रोते बुरा हाल था।

दुर्गा को देखते ही वह उठकर उसके गले से चिपक गई और रोने लगी। वह रोते-रोते कह रही थी—"अरे मोरी रानी! तूँ आय गइउ! तूँ आपन वचन निभाइउ, बिटिया भगवान् तोहार भला करिहैं।"

दुर्गा ने फिर से रघ्घू के नाम की पुकार लगवाई।

जनकदुलारी ने चाय नहीं पी थी। पुलिसवाला शिकायत कर रहा था—"बहुत घबराई है माँजी, इन्हें सँभालो जी।"

पूरा दिन बीत गया, रघ्घू नहीं आया।

दुर्गा बोली, "आप हमारे डेरे पर चलिए। वहाँ हमारे गाँव के कुछ और लोग हैं। कल फिर यहाँ आएँगे।"

दिनभर में दुर्गा और जनकदुलारी का अपने-अपने दुःखों की सूचना का आदान-प्रदान हो चुका था।

दुर्गा का पति साधु होकर घर से भाग गया था। अपने दोनों बच्चों को वह अकेले पाल रही थी। सास-ससुर पहले ही परलोक सिधार गए थे। जेठ ने साधु से उसका खेती-बारी, घर धोखे से अपने नाम लिखवा लिया था। साधु-संत प्रकृति का था। उससे उसके बड़े भाई ने कहा था कि तुम घर छोड़कर जाना चाहते हो तो तुम्हारी औरत और बच्चों का पालन-पोषण हम ही करेंगे न। तुम लिख दो हमारे परिवार के संरक्षक हमारे भाई हैं।

उसका साधु पति अनपढ़ था। उसने तो भाई ने जहाँ कहा, वहाँ अँगूठा लगा दिया और परिवार की चिंता से मुक्त होकर भजन करने चला गया।

दुर्गा उसका इंतजार करती रही। उसके घरवालों ने उसके पति के साधु-मंडली के साथ चले जाने की बात भी दुर्गा को नहीं बताई थी।

दुर्गा अपने एक बेटे और एक बेटी को लेकर पति का बेसब्री से इंतजार करती रही। घर का सारा काम करने के बाद भी उसके बच्चों को और उसे रूखा-सूखा खाना मिलता। उनके कपड़े तार-तार होते जा रहे थे, पर वह किससे कहे?

कई बार दुर्गा ने जेठ से पति को खोजने के लिए कहा तो उससे सहायता नहीं मिली। वह बोला कि मैं खेती-बाड़ी, घर-दुआर सँभालूँ कि उस निखट्टू को ढूँढ़ने जाऊँ।

दुर्गा जेठ की बदनीयत से तब परिचित हुई, जब उसने एक दिन उसे अकेले में पाकर अपनी बाँहों में जकड़ते हुए कहा कि क्यों उस भगोड़े की याद में घुट-घुटकर अपनी जवानी बरबाद कर रही हो? तब वह भौंचक्की रह गई थी।

उसने किसी तरह बलपूर्वक स्वयं को उसकी पकड़ से मुक्त किया और

भागकर बाहर निकल आई। वह सोच रही थी—आज तो मैंने किसी तरह स्वयं को बचा लिया, पर आगे इसी घर में रहते हुए कैसे बचा पाऊँगी?

वह रात में ही दोनों बच्चों को लेकर घर से निकल पड़ी और बस पकड़कर अपने मायके आ गई। उसके माता-पिता ने पूरी बात सुनी तो उसे ढाढ़स दिया और कहा कि अब तुम यहीं रहो, हम देख लेंगे।

पिता ने भाई को उसके जेठ के पास भेजा यह कहकर कि तुम अभी बताना नहीं कि दुर्गा यहाँ आई है।

भाई वहाँ पहुँचा तो उससे कहा गया कि तुम्हारी बहन किसी के साथ भाग गई है। मेरा भाई सीधा-सादा था, वह उसे पसंद नहीं करती थी।

भाई लौट आया और उन लोगों ने साधु को चारों ओर ढूँढ़ने की कोशिश की।

लगभग दो साल बाद एक आदमी ने आकर बताया कि वह हरिद्वार के एक मंदिर में साधु वेश में कीर्तन कर रहा था।

उस आदमी ने उससे कहा कि तुम अपने घर वापस चले जाओ। अपने बीवी-बच्चों के प्रति तुम्हारा फर्ज बनता है, पर उसने कहा कि जो माया का बंधन तोड़कर चला आया हूँ, वहाँ वापस नहीं जाऊँगा। भाई के साथ दुर्गा उस मंदिर में गई और पता लगाया तो मालूम हुआ कि कुछ दिन पहले एक आदमी ने घर वापस जाने की बात की थी, उसी दिन वह साधु कहीं और चला गया।

दुर्गा निराश होकर लौट आई। इस कुंभ मेले में भी वह उसी आशा से आई थी कि शायद वह मिल जाए।

जनकदुलारी ने भी रघ्घू की पत्नी के मर जाने के बाद अपनी गृहस्थी उजड़ जाने की व्यथा-कथा कह सुनाई थी।

दुर्गा जब जनकदुलारी को लेकर डेरे पर गई तो वहाँ उसके गाँव के एक आदमी ने जनकदुलारी को पहचान लिया। पता चला कि दुर्गा का मायका उसी जिले में है और जनकदुलारी के मायके के गाँव से बहुत ज्यादा दूर नहीं है।

दो दिन नाम पुकरवाने और इंतजार करने के बाद जब रघ्घू नहीं मिला तो दुर्गा ने यह कहकर उन्हें अपने साथ वापस चलने के लिए कहा कि हो सकता है, रघ्घू गाँव लौट गया हो।

वह लौट आई।

दुर्गा उनके साथ जनकदुलारी की भाभी के घर गई और रघ्घू के बच्चों को देखा तो उनकी भोली सूरत देखकर उसका मन भर आया। भगवान् किसी भी बच्चे की माँ न छीने। वह सोचने लगी, अगर मुझे कुछ हो जाता तो मेरे बच्चे

भी इसी तरह दु:खी हो जाते। उसने बच्चों को हृदय से लगा लिया और उन्हें अपने बटुए में से निकालकर लेमनचूस, बिस्कुट दे दिया।

जनकदुलारी को न तो होश था, न उनके पास पैसा ही था कि वे बच्चों के लिए कुछ ले आती। उनके पास तो घर लौटने के लिए भी न किराया भाड़ा था और न रास्ता ही सूझ सकता था।

जनकदुलारी रो-रोकर मेले की घटना सुना रही थी और दुर्गा के लिए दुआएँ देती हुई उसकी प्रशंसा कर रही थी।

''ये बिटिया न मिली होती तो हम लौट के न आ पाते।''

दुर्गा ने कहा कि इनके घर किसी को भेजकर इनके बेटे के बारे में पता करवा लीजिए, तभी इन्हें वहाँ भेजिए। लेकिन दुर्गा ने महसूस किया कि उनकी भाभी को उसका सुझाव अच्छा नहीं लगा। वह कह रही थी कि हम किसे भेजें? दूसरे, अगर ये यहाँ रहेंगी तो रघ्घू इन्हें वहाँ न पाकर, फिर वापस इन्हें ढूँढ़ने चला जाएगा और परेशान होगा।

दुर्गा ने अपने मायके में भी यह महसूस किया था कि उसकी भाभी को बच्चों के साथ उसका वहाँ रहना अच्छा नहीं लग रहा था। पर जबसे उसे भाई ने यह बताया था कि उसके जेठ ने उसके पति से धोखे से सबकुछ लिखवा लिया है, तब से वह मजबूर हो गई थी। किसी ने उसे सलाह दी थी कि तुम मुकदमा लड़कर अपना हक ले सकती हो।

उसने सोचा भी, लेकिन किसके बलबूते पर वह मुकदमा लड़ती, क्योंकि भाभी ने साफ मना कर दिया था कि मैं अपने आदमी और बच्चों की जान खतरे में नहीं डाल सकती। तुम्हारा जेठ बहुत बदमाश है और बड़े-बड़े बदमाशों से तथा बड़े-बड़े नेताओं से उसकी दाँत काटी रोटी है।

दुर्गा विवशता में मायके में रह रही थी। माता-पिता जाने भी नहीं दे रहे थे। वह उन्हें कैसे बताए कि भाभी के लिए हम भार हैं। वह बताती तो माता-पिता दु:खी होते और उनका पारिवारिक संबंध बिगड़ता। अब माता-पिता को भी तो बुढ़ापे में सहारे की जरूरत थी। कहीं दबंग भाभी भाई पर दबाव डालकर अलग हो जाए तो उनको कौन देखेगा।

जनकदुलारी की आवाज से वह चौंककर वर्तमान में लौटी। वह कह रही थी—''बिटिया! जैसे इहाँ तक हमैं ले आई हो, वैसे ही हमरे घर भी पहुँचाय द्या। के जाने रघ्घू लौटि आए होय।''

''भौजी ठीकै कहति हैं।''

''गाय बछरू का पट्टीदार के भरोसे छोड़ि आए हई, उनहूँ का देखै का बा। हम तोहार कर्जदार होई गय हई। थोड़ा अउर एहसान करा। 'हम तोहसे सात जनम तक उरिन नाय होइ सकित।''

दुर्गा असमंजस में थी, पर संकोचवश मना नहीं कर सकी।

अपने माँ-बाप को संदेश कहलवा दिया कि हम माईजी को उनके घर पहुँचाकर लौट आएँगे।

जनकदुलारी और दोनों बच्चों को लेकर वह सिवान से अकबरपुर आ गई।

वहाँ वे लोग पहुँचे तो रग्घू अपनी माँ के खो जाने की खबर सबको सुना चुका था। उनके दरवाजे पर भीड़ जुटी थी।

रग्घू कह रहा था—''छह दिन मेला म भटक-भटक कर खोजेन माई नाय मिलीं।'' सब लोग कह रहे थे कि बहुत लोग भगदड़ में मरि गए। तुम्हारी माँ भी लगता है कि संगम तट पर मुक्ति पा गईं। हमारे पास भी किराया-भाड़ा नहीं था। जेब फटी थी या कट गई थी, पैसा गायब था। माई के पास भी पैसा नहीं था। कैसे, कहाँ गई होगी? यह सोचकर मुझे चक्कर आ रहा था।

किसी तरह पैर घसीटते मेले से बाहर निकला। बिना खाए-पिए था, आँखों के आगे अँधेरा छा गया और मैं चक्कर खाकर गिर पड़ा। एक ट्रक आ रहा था। उसने जोर से ब्रेक लगाई तो उसकी आवाज से मुझे होश आया और मैंने देखा कि मैं ट्रक के नीचे आने से बाल-बाल बचा था। ट्रक का ड्राइवर आकर मुझे जोर-जोर से गाली देने लगा था। मैं न बोल पा रहा था, न उठ पा रहा था। मेरी हालत देखकर उसे दया आ गई। उसने अपने ट्रक में से पानी का पीपा उतारा और मुँह पर छींटा देकर होश में ले आया। पानी पिलाया। भीड़ जुट गई थी। उसने पूछा, ''क्यों मरना चाह रहा है?''

मैंने रो-रोकर उसे आप बीती बता दी।

उसने कहा, ''चलो कुछ दूर तक तो मैं तुम्हें पहुँचा दूँगा, वहाँ से आगे चले जाना। यहाँ पड़े रहोगे तो भूखे पेट, खाली जेब न माँ को ढूँढ़ पाओगे, न बच्चों तक पहुँच पाओगे।''

मैं उसके ट्रक में बोरे की तरह जाकर गिर गया और सो गया। सुल्तानपुर में उसने मुझे जगाकर कहा कि देखो, अकबरपुर एक ट्रक जा रहा है, उसके ड्राइवर से मैंने कह दिया है। वह तुम्हें वहाँ उतार देगा।

उसने मुझे चाय पिलाई और अपने घर से लाई अपनी पोटली में से दो रोटी भी खाने को दी।

दूसरे ट्रक ड्राइवर ने मुझे अकबरपुर छोड़ा और वहाँ से मैं पैदल घर आ गया। अब माई अगर नहीं लौटी तो हमारे बच्चे अनाथ हो जाएँगे, कहकर वह फूट-फूटकर रोने लगा।

जनकदुलारी बच्चों को लेकर घर पहुँची तो दोनों माँ-बेटे गले लिपटकर ऐसे रोने लगे, जैसे गाय अपने बछरू को देखकर रँभाय रही हो।

दोनों को रोते देखकर बच्चे भी रोने लगे थे।

दुर्गा ने दोनों बच्चों को अपनी बाँहों में सँभाल रखा था।

गाँववालों ने देखा तो वे लोग एक-दूसरे से आँखों-आँखों में पूछ रहे थे—'ई रग्घू क माई किसे ले आई हैं? इसे तो कभी किसे ने देखा नहीं था, इनकी रिश्तेदार तो नहीं है?'

अहिबाती लग रही है, इसकी माँग भरी है। एक पड़ोसिन ने रग्घू और उसकी माँ को अलग करते हुए कहा, "अरे लरिकन की ओर देखौ, रोए-रोए बेहाल होत हैं।"

तब उन्हें चेत हुआ कि दुर्गा भी साथ आई है और बच्चों को चिपकाए खड़ी है।

रग्घू ने माँ की ओर प्रश्न सूचक दृष्टि डाली कि यह कौन है?

जनकदुलारी फिर से विह्वल होकर रोती हुई कहने लगी—"अरे ई बिटिया तो भवानी माई बनिकै हमार रक्षा किहिस। यही के कारण आज हम इहाँ बचिकैं आय पायन है।"

गाँववाले बड़े मन से दुर्गा के स्वागत में लग गए। कोई चबैना गुड़ लाया तो कोई सिखरन बनाकर।

रग्घू कुएँ से पानी भरकर लाया और बोला, "आप हाथ-पैर, मुँह धो लें।"

दुर्गा ने देखा, एक निश्छल जवान आदमी, जो पत्नी के चिर बिछोह से संतप्त समय से पहले ही निस्तेज हो रहा था।

उसने रग्घू के हाथ से पानी लेकर हाथ-मुँह धोया, बच्चों का भी धुलाया और सबने चबैना रस का जलपान किया।

गाँव के पुरुष वहाँ से चले गए थे, जिससे कि दुर्गा को उनके सामने खाने-पीने में संकोच न हो। आज भी गाँवों में स्त्रियाँ पुरुषों के सामने खाने में झेंपती हैं।

गाँव की एक मुँहफट बहू ने कह दिया—"इ तो जानि परत बा कि यहि लरिकन कै महतारी, यह घर माँ आइ गै। आजी! अब इन्हैं इहा से जाए न दिहिउ, यहीं राखि ल्या। हमरे देवरजी कै मन भी घर में लागि जाए।" कहकर वह रग्घू

की ओर तिरछी नजर से देखकर मुसकराकर चल दी।

रघ्घू, जनकदुलारी और दुर्गा तीनों ही यह सुनकर अवाक् रह गए। उनके मन में अलग-अलग प्रश्न उठ रहे थे। रघ्घू सोच रहा था, कहीं जगरानी भौजी के इस मजाक का ये बुरा न मान जाएँ? जगरानी भौजी तो बिना सोचे-समझे जाने क्या-क्या बकती रहती हैं।

रघ्घू की माई सोच रही थी—'क्या ऐसा हो सकता है? यदि ऐसा हो जाता तो हमारे बच्चों की तकदीर सँवर जाती।'

दुर्गा सोच रही थी—'यह औरत ऐसा क्यों कह गई? क्या ऐसा भी हो सकता है?'

दुर्गा ने कहा कि मुझे अपने बच्चों के पास आज ही वापस जाना है। वह नहीं चाहती थी कि पराए-अनजान घर में रात गुजारे। जिस तरह से रघ्घू की भौजाई बोलकर गई थी, यहाँ रुकने पर और भी जाने क्या-क्या लोग सोच और कह सकते हैं। माईजी को अपना बेटा मिल गया और बेटे को अपनी माँ। मेरी जिम्मेदारी पूरी हो गई।

उसने खड़े होते हुए कहा, "माईजी! अब हमें जाने की आज्ञा दें। बच्चे अगोर रहे होंगे।"

जनकदुलारी विह्वल हो उठीं। नहीं बिटिया, बिहान भोर में चली जाइउ।

लेकिन दुर्गा नहीं मानी और पैर छूकर वापस जाने लगी।

बच्चों को पाँच-पाँच रुपए का नोट थमाकर उन्हें अपने से सटा लिया तो बच्चे भी रो पड़े। दुर्गा की भी रुलाई फूट पड़ी। जनकदुलारी ने रघ्घू से कहा कि साइकिल पर बिठाकर चौराहे तक ले जाकर बस पर बैठा आओ।

दुर्गा ने संकोचवश मना किया, लेकिन माँ-बेटे नहीं माने।

पूरे रास्ते रघ्घू मौन रहते हुए साइकिल चलाता रहा।

वहाँ बस के इंतजार में खड़े होने पर उसने कहा, "आप का एहसान मैं जीवन भर नहीं चुका सकता। अगर बच्चे आप को याद करके आप से मिलना चाहें तो क्या मैं या मेरी माँ आप के यहाँ उन्हें लेकर आ सकते हैं?"

दुर्गा ने उसके काँपते स्वर का दर्द भीतर तक महसूस किया और बोली, "मुझे भी इन बच्चों से एक ही दिन में बहुत लगाव हो गया। भगवान् मिलें तो उनसे विनती करूँ कि किसी बच्चे से उसकी माँ न छीनें।"

रघ्घू के चेहरे पर दर्द पसर गया और उसके मुँह से जो आह निकली, वह दुर्गा की आह बनकर बाहर आ गई।

रघ्घू ने चलते समय कंडक्टर के हाथ में टिकट का पैसा थमा दिया और बोला कि टिकट बनाकर बाकी पैसा आपको दे देना। दुर्गा कुछ बोले, तब तक बस चल पड़ी और रघ्घू घर की ओर तेज कदमों से मुड़ गया था। उसकी पीठ दिख रही थी और दुर्गा को अपने पति की याद आ गई, जिसकी बिदा होती पीठ भी वह नहीं देख सकी थी। वह रुलाई के वेग को रोकने लगी थी।

दुर्गा को गए अभी आठ ही दिन बीता था कि जनकदुलारी की तबीयत खराब हो गई थी। वह तेज बुखार में जाने क्या-क्या बक रही थी। रघ्घू ने सुना, गाँववालों ने सुना, वह कह रही थी, ''दुर्गा यहाँ से मत जाओ, यहीं रह जाओ। हमरे लरिकन का सँभारि लेव।''

गाँववालों ने रघ्घू से कहा, ''इन्हें डॉक्टर को दिखाओ। बुखार दिमाग पर चढ़ गया है।''

डॉक्टर से हाल बताकर दवा आई। बुखार कुछ उतरा।

वही मुँहफट बड़बोली भौजाई आकर बच्चों के लिए खाना बना गई थी। उसने रघ्घू की माई से दुर्गा के जाने के बाद उसकी कहानी सुन ली थी। उसने कहा, ''आजी! उनकै का नाव है, दुर्गाजी। उन्हें खबर मिल जाइ कि आप बीमार हैं, त दौड़ी चली अइहैं। वइसे वै ठीक से अपने घरे पहुँच गईं कि नाय, एकर खोज खबर भी लेब जरूरी है। देवरजी अपने ननियउरे जाए के अपनी मामी कै खोज खबर भी लइ लेंय औ उनहूँ क त का बुराई है?''

रघ्घू बोला, ''यहाँ माई को बीमार छोड़ के हम कैसे जा सकते हैं?''

भौजाई बोली, ''माई औ लरिकन कै चिंता जिन करा। हम सँभार लेबै। सवेरे उठिके तड़के चला जाँय मिल के लौटि आवैं।''

जनकदुलारी के मन की बात कही गई थी। उन्होंने सहमति दे दी।

रघ्घू को अपने तकिए के नीचे से निकालकर कुछ रुपया देते हुए माई बोली कि लरिकन खातिर कुछ मिठाई लिहे जाया।

रघ्घू मामी के यहाँ पहुँचा तो दोपहर हो गई थी।

दुर्गा के घर के लिए मिठाई लेते समय उसे ध्यान आया था कि मामी के यहाँ भी ले जाना जरूरी है। उसने दो जगह मिठाई ली थी। उसे एक अच्छा बहाना भी मिल गया था दुर्गा के घर जाने का।

वह बोला, ''मामी! जो माई को लेकर घर गई थीं, माई उनके बच्चों के लिए मिठाई भेजी है।''

मामी ने रघ्घू की ओर देखते हुए कहा, ''अच्छा कुछ खा लो, फिर चले

जाना। बहुत नेक और समझदार है दुर्गा। लेकिन तकदीर की खोटी है। दो-दो बच्चों को छोड़कर आदमी भाग गया। मायके में पड़ी है। माँ-बाप की अब चलती नहीं। भाई-भाभी की गृहस्थी घर-बाहर सब सँभाल रखा है, लेकिन भौजाई की नजर टेढ़ी ही रहती है। मैंने तो उसकी माँ से कहा था कि कहीं इसे ठीक से घर-बार और आदमी देखकर धरँउवा भेज दे। लेकिन दुर्गा राजी नहीं हुई। भाई-भौजाई भी कहीं देख-सुन नहीं रहे हैं। उन्हें तो रात-दिन खटने वाली मुफ्त की नौकरानी मिल गई है। लेकिन उसके दोनों बच्चों का क्या भविष्य होगा, इसे लेकर दुर्गा और उसके माता-पिता दोनों चिंतित हैं। ससुराल में जेठ के डर से नहीं रह सकती, उस बेचारी को अपनी इज्जत बचाए रखने के लिए मायके में रहना पड़ रहा है। वह बदमाश उसकी जायदाद हड़प चुका है और यह अगर हिम्मत करके वहाँ रहने जाए भी तो इसके बच्चों को वह मरवा देगा, ऐसी धमकी भी उसने किसी के द्वारा भिजवाई है।''

''क्या जमाना आ गया है बेटा? आज ईमानदारी से मेहनत-मजदूरी करके भी भले आदमी का जीना मुश्किल है। बेचारी दुर्गा को तो अभी नन्हे-नन्हे बच्चों को पालना भी है। मैं जानती हूँ कि दुःख में साथ देने वाला कोई खड़ा नहीं मिलता। कहावत है कि 'नात-बात काँ सब काँ टोयन, तब पलिहर माँ सरपत बोयन।' वही मैंने किया, वही दुर्गा कर रही है। मेरे साथ तो भगवान् की दया से जवान बेटा था, जिसने बाप के मरने के बाद धीरे-धीरे सब सँभाल लिया। वरना मेरे पट्टीदारों ने भी कुछ बाकी नहीं छोड़ा था। मैं कुछ पढ़ी-लिखी थी तो स्कूल में दाई का काम मिल गया। अपने भर को कमा लेती हूँ।''

रघ्घू मामी की बात सुनकर दुर्गा के प्रति और संवेदनशील हो उठा। वह मामी के नाती को लेकर दुर्गा के घर गया।

दुर्गा उसे देखकर चकित रह गई। ऐसा क्या हो गया, जो रघ्घूजी को इतनी जल्दी आना पड़ा।

रघ्घू ने मिठाई का डिब्बा पकड़ाते हुए कहा, ''माई ने बच्चों के लिए भेजा है। वह आपके लिए चिंता कर रही थीं कि आप अकेले कैसे घर पहुँची। उनकी तबीयत भी बहुत खराब हो गई थी। बुखार की बेहोशी में आपका नाम ले-लेकर बुला रही थी।''

दुर्गा के माता-पिता और भाई-भौजाई रघ्घू के घर की दास्ताँ रघ्घू की मामी और दुर्गा से सुन चुके थे।

दुर्गा ने मिठाई का डिब्बा अपनी भाभी के हाथ में थमा दिया। भाभी बड़े गौर

से रघ्घू को देख रही थी। थोड़ी देर रुककर रघ्घू ने वापस जाने की आज्ञा माँगी।

दुर्गा ने माँजी को आश्वस्त करते हुए अपनी कुशलता का समाचार दिया। अपने बच्चों का प्रणाम कहलवाया और कहा कि माँजी ठीक हो जाएँ तो उन्हें और बच्चों को लेकर यहाँ घुमा ले जाइए।

दुर्गा ने दबी जबान से यह भी कहा कि बच्चे स्कूल जाने लायक हो गए हैं, उन्हें पढ़ने जरूर भेजिए और माँ का ध्यान रखिए। मैं जानती हूँ कि बच्चों की माँ का बिछोह आप सह नहीं पा रहे हैं, लेकिन जो जिम्मेदारी आपको सौंपकर वह गई है, उसे निभाना आपका फर्ज है और इसी से उनकी आत्मा को शांति मिलेगी।

रघ्घू ने सुना और उसे लगा कि किसी की सीख भी मन को भा जाती है, ऐसा पहली बार वह अनुभव कर रहा है।

उसने दुर्गा के परिवार को प्रणाम किया। दोनों बच्चों को ठीक उसी प्रकार अपने से चिपका लिया जैसा कि दुर्गा ने उसके बच्चों को चिपकाया था। उसे लगा कि उस एहसान का कुछ ऋण मैं भी अदा कर सकता हूँ।

वह मामी से मिलकर चलने लगा तो मामी ने पूछा, ''रघ्घू, क्या दुर्गा के परिवार से मैं बात करूँ कि तुम दोनों यदि एक साथ हो जाओ तो चारों बच्चों को उनके माता-पिता दोनों मिल जाएँगे।''

रघ्घू ने गहरी साँस लेकर कहा, ''पहले आप दुर्गाजी का मन परखिएगा, तभी आगे किसी से बात करिएगा।''

रघ्घू लौट आया। माँ से, मामी से हुई बातचीत के बारे में उसने कुछ नहीं बताया। माँ बहुत भोली है। उसकी आशा का धागा यदि टूट गया तो वह सह नहीं पाएगी।

जगरानी भौजी रघ्घू से तब तक कुरेद-कुरेदकर पूछती रहीं, जब तक कि मामी से हुई पूरी बात रघ्घू से उगलवा नहीं ली।

अब जगरानी भौजी की जिम्मेदारी थी कि वह बात को यहाँ-से-वहाँ तक जोड़ें और काम पूरा करके ही संतोष लें। पहले उन्होंने जनकदुलारी को ही बात चलाने के लिए पटाया, क्योंकि यह काम सबसे आसान और सबसे जरूरी भी था।

जनकदुलारी की तो बाँछें ही खिल गईं। बुखार उतर गया। बच्चों को छाती से लगा-लगाकर दुलराती रहीं। रघ्घू को भी ऊँच-नीच समझाकर राजी करती रहीं और एक सप्ताह बाद ही ऐलान कर दिया कि मुझे अपनी भौजाई से मिलने जाना है।

इस बीच रघ्घू की मामी ने दुर्गा के मन की टोह ले ली थी। वह पहले

तो साफ इनकार कर गई। फिर अपने बच्चों का भविष्य और रघ्घू के परिवार के प्रति उपजी करुणा ने मन में घर बसाना शुरू कर दिया। लेकिन अभी उसने हामी नहीं भरी थी।

जनकदुलारी के पहुँचने पर मामी की पकड़ और मजबूत हो गई और दोनों दुर्गा को बुलाकर दुनिया की रीति और ऊँच-नीच समझाने लगीं।

मामी ने कहा, "दुर्गा! हमारी जाति में इसे बुरा नहीं माना गया है। तुम अपने पति को छोड़कर नहीं जा रही हो, बल्कि उसने तुम्हें मझधार में अकेली छोड़ दिया है। वह मूर्ख नहीं जानता कि भगवान् साधु होने से नहीं मिलते। अपनी गृहस्थी का ठीक फर्ज निभाते हुए ही मिलते हैं। गृहस्थ जीवन भी एक तपस्या है। तुम वह तपस्या कर रही हो और आज जो सलाह हम लोग दे रहे हैं, वह भी तपस्या ही है।"

अंत में दुर्गा जब मौन हो गई तो मामी ने उसकी मौन स्वीकृति को महत्त्व देते हुए उसके माता-पिता से बात की। भाई-भाभी को भी समझाया। फिर यही तय हुआ कि कोई अच्छी घड़ी-साइत देखकर दुर्गा को रघ्घू के घर भेजकर घर बैठाई की रस्म पूरी कर दी जाए।

और इस प्रकार रघ्घू के यहाँ दुर्गा धरउवाँ आ गई थी। बच्चे और उनके माता-पिता, आजी सब खुश थे और उनकी खुशी में पूरा गाँव शामिल था, क्योंकि दुर्गा ने सबका मन जीत लिया था।

बच्चे स्कूल जाने लगे थे। मन लगाकर पढ़ रहे थे। दुर्गा अपनी नई सास और पति के साथ सुख से गुजर कर रही थी। तभी एक दिन एक दुबला-पतला जटाधारी साधु रघ्घू के गाँव में दुर्गा को खोजते-खोजते आ पहुँचा। उसने अपना परिचय दुर्गा के पति के रूप में देते हुए कहा कि मैं अपनी पत्नी को वापस ले जाने आया हूँ। मुझे सबकुछ पता चल गया है कि मेरे भाई ने मेरे साथ धोखा किया। मेरे बच्चे दर-दर भटक रहे हैं। अब मैं घर छोड़कर कहीं नहीं जाऊँगा।

पूरा गाँव जुट गया था। लोग दुर्गा की ओर देख रहे थे। दुर्गा ने सिर झुकाए उत्तर दिया, अब मैं आप को फिर से मायाजाल में नहीं डालूँगी। आप भगवद् भजन में मन लगाएँ। मैं अपना और आपका दोनों का फर्ज पूरा करने का वचन देती हूँ।

साधु ने आसमान की ओर आँखें उठाकर देखा और बोला, जैसी प्रभु की इच्छा और उठकर बिना पीछे मुड़कर देखे वापस लौट गया था।

बहुत दिनों तक डर था कि कहीं साधु फिर से वापस न आ जाए या अपने भाई से मिलकर कोई खुराफात न करे। बच्चों को स्कूल भेजते समय बहुत

सिखाया जाता था कि किसी के बहकावे में न आना। पर कोई नहीं आया। और घर बैठी दुर्गा अपने और रघ्घू के बच्चों का भविष्य सँवार रही थी। दुर्गा ने रघ्घू के निठल्लेपन को दूर करने की भी बहुत कोशिश की, पर वह बहुत क्रियाशील नहीं हो सका। माँजी भी बहू के दिए हुए सुख से आलसी होती जा रही थी।

उनके पैरों में गठिया रोग हो गया था। चलना-फिरना, उठना-बैठना कठिन होने लगा था। अब दुर्गा को लगा कि इनका दुःख दूर करने का दूसरा रास्ता तलाशना पड़ेगा। उसने माँजी से कहा कि आप भी काम पर चलिए। दुर्गा घर का काम निपटाकर ठाकुरों के यहाँ खेत से लेकर घर-गृहस्थी तक का काम करने जाती थी। उसने ठकुराइन अइया से कहकर गोबर उठाने और कंडा पाथने का काम जनकदुलारी को दिलवा दिया था।

पहले तो जनकदुलारी को बहुत बुरा लगा था। वह सोचने लगी थी कि दुर्गा बदल गई है। लेकिन दुर्गा उसकी मालिश और खाने-पीने की व्यवस्था में कहीं भी असावधान नहीं थी।

रघ्घू को भी ट्रैक्टर चलवाने का काम दिलवा दिया था। इस काम में रघ्घू का मन लग गया था और घर की आर्थिक स्थिति सुधरती जा रही थी।

जनकदुलारी ने अपनी रामकहानी बड़ी ईमानदारी के साथ सुनाते हुए कहा, "हम लोगन क आदति परी बा कि अपने दुःख काँ बढ़ाय-चढ़ाय कै बताइत है, बिटिया पतोहन कै बुराई करित है। मुला आप के घरे जब से काम करय लागेन तबसे हमार गठिया क दरद दूर होइ गै। दमा क हाँफा भी पहले से कम होइ गवा। ई बात अब समझ में आय गै तो हम दुर्गा के चलाकी समझ गयन। ऊ हमरे भले के लिए सोचि कै ई काम करै क कहिस है। पल्टू क माई हमसे छोटि हैं मुला खटिया पकरि लिहे हईं। खटिया पर परे-परे गँधाति हईं और घर भरे का गरियावत हैं।"

मैं सोचने लगी थी कि आज, जिसे 'लिव इन रिलेशन' या साथ-साथ रहने की प्रथा का नाम दिया जा रहा है, यह प्रथा तो जाने कब से समाज द्वारा मान्यता प्राप्त थी। अंतर इतना है कि पहले यह साथ रहना परिवार और समाज के हित को ध्यान में रखकर था, आज व्यक्तिगत सुख के लिए इसकी माँग हो रही है। 'धरउवाँ' आने पर समाज उस 'घरबैठी' स्त्री का उसी प्रकार स्वागत करता था, जैसे ब्याहता स्त्री का। ये संबंध परिवार और समाज की स्वीकृति से बनते थे। आज बिना विवाह के साथ रहने पर समाज विरोध कर रहा है, क्योंकि यह प्रथा विवाह संस्था को नकारकर उच्छृंखलता को बढ़ावा दे रही है।

मैंने कहा कि दुर्गा से हमको मिलवा दो, कल मुझे जाना है। सचमुच तुम बहुत भाग्यवान हो कि दुर्गा जैसी बहू मिल गई है।

उसने बताया कि दुर्गा तो अपने मायके गई है। बिटिया की शादी तय कर दी है, मायके वालों को न्योता देने गई है। उसके बाप ने बुलाया था, वह शादी में मदद करने के लिए कुछ देना चाह रहे हैं। खुद आने में असमर्थ हैं।

मैंने पूछा, क्या दुर्गा का पहला पति भी बेटी की शादी में आएगा? बाद में फिर कभी आया था कि नहीं?

जनकदुलारी ने लंबी साँस लेते हुए कहा, उस अभागे का कुछ पता नहीं, कहाँ है। हीरा जैसी दुर्गा को छोड़कर वह जिस भगवान् की तलाश में भटक रहा है, वही उसकी रक्षा करें।

□

वी.आई.पी. ट्रीटमेंट

कभी-कभी कोई शब्द या वाक्य कानों को पार करते हुए भीतर तक पहुँचकर ऐसा धँस जाता है कि काँटे की तरह करकता रहता है।

निधि के कानों में भी इकलौते देवर का वाक्य 'भाभी, आपको तो वी.आई.पी. ट्रीटमेंट चाहिए' चुभ गया था।

लगातार वह भूलने की कोशिश कर रही थी, पर उसकी कोशिश बेकार जा रही थी। अपने जीवन का हर पृष्ठ हस्तामलक सा उसके सामने था।

यह वाक्य उस देवर ने कहा था, जिसे दो दिन के नवजात शिशु के रूप में उसकी गोद में डालते हुए सासजी ने अंतिम साँसें ली थीं।

निधि के पति अठारह वर्ष के थे और निधि सत्रह की थी। ससुरजी ने बीमार पत्नी की इच्छा पूरी करने के लिए जल्दी शादी कर दी थी। निधि ससुराल आई तो पता चला कि डॉक्टरों ने गर्भवती सासजी का प्रसव के समय जीवन खतरे में होने की आशंका व्यक्त की थी। उनका रक्तचाप असंयत था। मधुमेह की मरीज थीं। सत्रह वर्ष का बेटा हो जाने के बाद गर्भधारण, वह संकोच से भर उठी थीं। पर एक बेटी पाने की साध मन में लिये हुए उनका मन उल्लसित था। वह कहती थीं—'कन्या को जन्म देकर ही कोख पवित्र होती है।'

पति के लाख समझाने पर भी गर्भपात करवाने की डॉक्टर की सलाह उन्होंने नहीं मानी थी। ससुरजी हताश थे। पत्नी की एक ही रट थी, मेरे इंदीवर का ब्याह कर दो। बहू आकर घर सँभाल लेगी और नहीं बची तो मेरे इस शिशु को माँ मिल जाएगी।

ससुरजी अध्यापक थे, अपने अध्यापक मित्र से उनकी सुशील कन्या को अपने पुत्र के लिए माँग लिया था। निधि सचमुच इस घर और घरवालों की प्राण निधि के रूप में इस घर में आई थी। पूरे समर्पण के साथ निधि ने घर को

सँभाल लिया और गर्भवती सास का जीवन बचाने के लिए जी-जान से उनकी सेवा में जुट गई।

प्रसव डॉक्टर की आशंका के विपरीत उनके प्रयास से सकुशल संपन्न हो गया। ऐसा लग रहा था कि सासूमाँ विधाता से लड़कर भी इस बच्चे को स्वस्थ जन्म देने की पूरी कोशिश कर रही थीं।

शिशु का मुख देखकर संतोष का अनुभव हुआ, पर 'लड़का' शब्द सुनकर जैसे लगा कि चेहरे पर निराशा छा गई। पति को इशारे से पास बुलाकर बोली थीं—"मैं तो इंदीवर को एक बहन देना चाह रही थी, हिस्सेदार नहीं।"

निधि सुनकर सहम गई। यह क्या कह रही हैं माँजी?

फिर माँजी ने निधि को आँखों के संकेत से पास बुलाकर कहा, "बेटी, यदि मैं न बचूँ तो इसे बेटे के रूप में पालना, पट्टीदार के रूप में नहीं।" और पति से बोलीं, "इसे निधि की गोद में डाल दो।" निधि ने माँजी की हथेली अपने हाथों में लेकर उन्हें आश्वस्त किया था। दोनों की आँखों में विश्वास और संवेदना के आँसू छलक आए थे। निधि ने कहा था—"माँजी! मैं आपकी बेटी हूँ और इसे भाई की तरह पालूँगी, पर आपकी देख-रेख में। आप ठीक हो जाएँगी।"

पर होनी को कौन टाल सका है। माँजी की साँस बड़ी होने लगी थीं। डॉक्टर और नर्सें भाग-दौड़ करने लगी थीं। पूरी कोशिश हुई, पर वह नहीं बच सकी थीं।

निधि ने अपना वादा पूरा किया था। पति से कहा था—"आपसे कुछ माँग रही हूँ मना न करना, फिर कभी कुछ नहीं माँगूगी।"

पति ने स्वीकृति में उसका हाथ थामकर हामी भर ली थी। निधि ने कहा था—"हम अपनी संतान को जन्म नहीं देंगे। यही बच्चा हमारा सबकुछ होगा।"

और 'हिमांशु' को पालने में पति-पत्नी दोनों ने अपना तन, मन, धन सब लगा दिया था।

सासुजी की मृत्यु के सदमे को ससुरजी अधिक वर्षों तक नहीं झेल सके थे। उसके बाद किसी तरह पाँच वर्ष बीमारी झेलते हुए काटे और एक दिन इंदीवर से बोले, "बेटा, मैंने सपना देखा है, तेरी माँ कह रही है, उसका मन नहीं लग रहा है, मुझे बुलाया है।"

इंदीवर और निधि दोनों ने उन्हें बहुत सँभालने की कोशिश की, उनके उपचार में और सेवा में कोई कसर नहीं छोड़ी। उन्हें हिमांशु में मन लगाने के लिए बहुत समझाया। पर वे हिमांशु को पत्नी की मृत्यु का कारण समझकर उसे दुलार नहीं कर पाते थे। और फिर एक दिन वह भी हिमांशु को छोड़कर उसकी

माँ के पास चले गए।

इस मातृ-पितृ विहीन भोले शिशु की ओर देखकर निधि का हृदय प्यार, वात्सल्य और करुणा से विह्वल हो जाता था। उसे पालने में उसने अपने दांपत्य जीवन को, अपनी संतान के वात्सल्य सुख की भी उपेक्षा कर दी। नाते-रिश्ते, अड़ोस-पड़ोस में सर्वत्र निधि के वात्सल्य भाव और त्याग की सराहना थी। इस कलयुग में भी कोई ऐसा हो सकता है, लोग आश्चर्य व्यक्त करते थे।

हिमांशु का भविष्य सँवारने के लिए, उसकी ऊँची-से-ऊँची शिक्षा के लिए निधि ने अपने जेवर गिरवी रख दिए, जो अभी तक वे वापस नहीं छुड़ा सकी थी। पति ने रात-दिन खेती-बाड़ी में मशक्कत करके अपने गौरांग को श्याम बना लिया। खेत या कोई और संपत्ति नहीं बेचा कि वह हिमांशु का है, उसके भविष्य के लिए है।

हिमांशु सयाना, गबरू जवान हो गया। मेडिकल परीक्षा में चयन हो गया। उसके लिए तमाम रिश्ते आने लगे। निधि-इंदीवर हिमांशु की नववधू के पायलों की रुनझुन के गूँजते स्वरों का सपना देखने लगे।

निधि की एक चचेरी बहन रूप, गुणशील और योग्यता में हिमांशु के लिए उपयुक्त पात्र लगी। उसका भी एम.बी.बी.एस. के लिए चयन हो गया। निधि को लगा, अब कंचन को अपनी देवरानी बनाने में कोई बाधा नहीं होगी। वह सचमुच खरा सोना थी। मध्यम वर्ग के माता-पिता ने बड़ा संघर्ष करके बेटी को इस योग्य बनाया था। कंचन ने अभावों में पलकर भी स्वयं को और माता-पिता के सपनों को साकार करने की पूरी कोशिश की थी और सार्थकता प्राप्त की थी।

निधि ने चाचा से बात करने से पहले कंचन से पूछा, "कंचन, मेरा हिमांशु तुझे कैसा लगता है?"

कंचन के नयन लाज से नत हो गए।

पहले संयुक्त परिवार के संस्कारों में पली कन्याओं की यह मुद्रा स्वीकारोक्ति समझी जाती थी। निधि के सपनों को पर लग गया। उसे हिमांशु पर पूरा भरोसा था, वह अपनी भाभी माँ की बात नहीं टालेगा। वह उल्लसित होकर अपने चाचा से बात करने जाने को तत्पर हुई तो इंदीवर ने उसे रोका।

इंदीवर बहुत धीर-गंभीर थे। वह निधि की भावुकता, सरलता को जानते थे। उसी भावुकता के कारण वचनबद्ध होकर वह अपनी संतान के सुख से वंचित हुए थे। उन्हें निधि के भविष्य की भी चिंता थी। निधि की भावुकता प्राय: उसे कष्ट दे जाती थी। पर वह सारा कष्ट भूलकर फिर बच्चों जैसी सरलता के साथ

बार-बार भावुकता के भँवर में फँसकर कष्ट उठाती रहती थी।

उन्होंने निधि को रोकते हुए कहा, सुनो, "पहले हिमांशु से पूछ लो। वह बड़ा हो गया है। उसकी राय जाने बिना चाचा से बात करना ठीक नहीं।"

निधि सहम गई। "अरे, मैंने तो कंचन से पूछ लिया। कहीं हिमांशु मना कर दे तो?"

उसे अपने पति की सलाह पर पूरा भरोसा था और वह अपनी सरलता, भावुकता पर धोखा खाकर पहले भी पछता चुकी थी तथा आगे से सावधान रहने का संकल्प भी लिया था। पर अपने मन की तरलता से विवश थी।

पति की आशंका सही सिद्ध हुई थी। हिमांशु से निधि ने जब कंचन के बारे में बात की तो उसने आँखें चुराते हुए कहा था, "भाभी, मेरी एक क्लासमेट मेरी मित्र है। मैं उसे आपसे मिलाना चाह रहा था, पर डर रहा था कि आप मना न कर दें।"

निधि के भीतर कुछ खट से टूट गया था। वह चुप रह गई थी।

दूसरे दिन हिमांशु उस कन्या को लेकर घर आया। अनायास निधि के मन ने इस रोशनी नामक लड़की के पार्श्व में कंचन को खड़ा करके देखा। कहीं कोई मेल नहीं था। आज निधि के मन में यकायक हूक उठी थी कि क्या मेरा सगा बेटा होता तो वह भी मुझे सोचने-समझने और तय करने का समय न देता।

हिमांशु कह रहा था—"रोशनी के पैरेंट्स तैयार हैं, बस आपको और भंइया को हाँ करनी है।"

अर्थ समझ में आ गया, हाँ ही करनी है। न का तो अब कोई प्रश्न ही नहीं है।

हिमांशु की पत्नी बनकर रोशनी आ गई थी और निधि के कलेजे का टुकड़ा रोशनी का हो गया था। पता नहीं, उसके हृदय में इंदीवर और निधि के लिए कितनी जगह बची थी, बची भी थी कि नहीं, निधि सोचती रह गई थी।

एक सप्ताह के भीतर ही निधि के समझ में आने लगा था कि उसके हिमांशु के हृदय में रोशनी और उसके मायके का कुनबा पूरा आसन जमा चुका है और इंदीवर तथा निधि दोनों पुरानी चीजों की तरह कबाड़ बन गए हैं, जो कुछ दिन किसी कोने में रहेंगे, फिर दरवाजे के बाहर कर दिए जाएँगे।

फिर भी निधि ने रोशनी का, उसके परिवार का हृदय से स्वागत किया था, उसकी हर इच्छा पूरी की थी। पति-पत्नी दोनों ने अपने बड़प्पन की मर्यादा को निभाते हुए उनके सुख के सारे साधन जुटाए थे। निधि अनुभव कर रही थी कि इंदीवर भीतर-ही-भीतर घुल रहे हैं। वे किसी से कभी अपना दर्द नहीं कहते थे,

निधि से भी नहीं। क्योंकि जानते थे कि निधि उनके दर्द से बेचैन हो जाएगी।

शनैः-शनैः उनका स्वास्थ्य गिरता गया।

एक दिन निधि ने हिमांशु से कहा, ''तुम्हारे भइया का स्वास्थ्य ठीक नहीं लग रहा, उन्हें अपने साथ अस्पताल ले जाकर जाँच करा दो।'' हिमांशु भाई के पास जाने के लिए लपका, तब तक पीछे से रोशनी की आवाज सुनाई दी—''हिमांशु! भाभी स्वयं भी तो लेकर जा सकती हैं। तुम किसी डॉक्टर को फोन करके कह देना, चेकअप कर लेगा। आज हमें कहीं जाना है न? क्या भूल गए?''

हिमांशु के पाँव पीछे मुड़ गए। ''अरे हाँ भाभी! आप चले जाइएगा, मैं डॉक्टर धवन को फोन कर दूँगा।''

इंदीवर दरवाजे से भीतर आ रहे थे और पूरा वार्त्तालाप सुन चुके थे। वहीं से अपनी कोठरी में लौट गए थे। निधि के बहुत कहने पर भी वे मेडिकल कॉलेज में डॉक्टर धवन को दिखाने नहीं गए।

निधि के बहुत जोर देने पर वैद्यजी के यहाँ गए। वैद्यजी ने नाड़ी देखते ही कहा, ''इनको हृदय दौर्बल्य है, क्या ये किसी मानसिक चिंता से ग्रस्त हैं?''

निधि चौंक पड़ी, ''नहीं काकाजी! कैसी चिंता? भगवान् का दिया सबकुछ है।'' पर आगे कुछ कहते-कहते जीभ का उत्साह थम गया। पति की आँखों में देखा, वहाँ निराशा का अवसाद तैर रहा था।

निधि पति के इलाज के लिए डॉक्टर, वैद्य, हकीम, होम्योपैथिक सब ओर दौड़ लगा रही थी। कभी लगता कि ठीक हो रहे हैं, कभी लगता कि नहीं।

वह रोज राह देखती कि हिमांशु और रोशनी आकर हालचाल पूछेंगे या प्रश्न करेंगे कि डॉक्टर ने क्या कहा? या दिखाने क्यों नहीं गए? पर देर रात लौटकर दोनों सीधे अपने कमरे में चले जाते थे।

एक दिन पड़ोस की एक डॉक्टर ने निधि को बधाई दी—''बधाई हो! आपके घर में किलकारी गूँजने वाली हैं, वह भी जुड़वाँ।''

निधि हर्ष विह्वल हो उठी। रोशनी के कमरे में जाकर उसको हृदय से लगा लिया। ''बेटी, आज तुमने वह खुशी दी है, जिसके लिए मेरे पास शुक्रिया कहने के लिए शब्द नहीं हैं।''

हिमांशु ने बाहर आकर भैया-भाभी के पैर छुए तो दंपती निहाल हो उठे।

इसी दिन के लिए तो माता-पिता इंतजार करते हैं कि संतान की संतान देखें। कुल की वंश वृद्धि करके माता-पिता के ऋण से उऋण हो सकें।

दंपती ने मंदिर में जाकर प्रसाद चढ़ाया और निधि ने पूरे मंदिर में तथा पूरे

पड़ोस में प्रसाद बाँटा। चारों ओर निधि की उदारता और अच्छाइयों का बखान हो रहा था।

पड़ोसी रोशनी को बधाई देते हुए यह जरूर कहती थीं कि निधि भाभी की खुशी तो मन में समा ही नहीं रही है। इंदीवर भइया भी बहुत खुश हैं।

निधि को भी वैद्यजी की बात याद आई कि इन्हें खुश रखिए, सोचने, चिंतित होने का कोई मौका न दीजिए। निधि को लगा कि उसके अच्छे दिन लौट आए। अब बच्चों में ये भी व्यस्त हो जाएँगे और खुश रहेंगे तो ठीक रहेंगे।

उसके मन में एक बात का मलाल जरूर उभरा कि इतनी बड़ी और अच्छी खबर उसे पड़ोसन से मिली। पर फिर इस विचार को उसने झटककर फेंक दिया। इस खुशी को तनिक भी कम नहीं करना चाह रही थी, फिजूल की बातें सोचकर।

रोशनी ने एक बेटी, और एक बेटा, दो स्वस्थ बच्चों को जन्म दिया। इंदीवर-निधि ने बहुत भव्य उत्सव का आयोजन किया। हिमांशु के जन्म का उत्सव मातृ-शोक के कारण नहीं मनाया गया था। इस शुभ घड़ी पर वह कसर भी पूरी करनी थी। सारे नाते-रिश्तेदार, मित्र-पड़ोसी आमंत्रित थे। पर इंदीवर को माता-पिता की स्मृति रुला रही थी, निधि को सास-ससुर का बिछोह साल रहा था। आज की यह खुशी उनके बिना अधूरी लग रही थी।

दोनों ने माता-पिता के चित्र पर माला चढ़ाकर उन्हें प्रणाम किया और नवजात शिशुओं के लिए आशीर्वाद की प्रार्थना की।

अस्पताल से घर आने पर नवजात शिशुओं को लेकर हिमांशु रोशनी को माता-पिता और ईश्वर को प्रणाम करने के लिए निधि ने कहा तो रोशनी के चेहरे की भंगिमा बदल गई। पर निधि ने अनदेखा कर दिया।

तीर्थों और मंदिरों में जाकर दंपती ने स्वयं दर्शन-पूजन किया और उनसे दोबारा दर्शन करने जाने को नहीं कहा।

सवा महीने बीतने पर घर में सत्यनारायण की कथा-पूजन स्वयं निधि-इंदीवर ने की।

देवर-देवरानी के लिए और उसके बच्चों के लिए कौन भैया-भाभी इतना करते हैं, चारों ओर वाह-वाह होने लगी थी। दंपती गद्‌गद थे।

उत्सव पूजा-पाठ के बाद जब भीड़-भाड़ समाप्त हुई तो निधि ने हँसते हुए दोनौं बच्चों को दो पालनों में रखकर उनकी डोर इंदीवर के दोनों हाथों में थमा दी—"लो बाबाजी! अब दोनों को झुलाओ और हरि गुन गाओ।"

इंदीवर उस दिन खुलकर हँस पड़े और निधि के हाथों में दोनों डोर पकड़ाकर

साथ-साथ झुलाते हुए सूरदास का पद्य गाने लगे—

यशोदा हरि पालने झुलावै···

अभी पद्य गायन का उल्लास शिखर की ओर बढ़ ही रहा था, तब तक नौकर ने आकर कहा, ''भाभी ने बच्चों को लेने के लिए भेजा है।''

और एक पालना खींचकर ले जाने लगा। दूसरा पालना रोशनी की छोटी बहन थामकर ले चली।

दंपती अवाक् रह गए। जैसे कोई सपना देख रहे हों और नींद टूट जाए। इंदीवर ने निधि की ओर प्रश्नसूचक निगाहें डालीं—'निधि, क्या इसी दिन के लिए तुमने मुझे वचनबद्ध किया था?'

निधि अपने रुदन का आवेग नहीं रोक पाई और भागकर अपनी कोठरी में चली गई। पीछे से इंदीवर भी पहुँचे। उस दिन दोनों ने एक-दूसरे का कंधा अपने आँसुओं से तर कर लिया था।

उसके बाद बच्चों की एक झलक देखने के लिए वे तरसने लगे। सारी सुख-सुविधाएँ जुटाकर भी अपनी रातों की नींद, दिन का चैन वे खो चुके थे।

इंदीवर का स्वास्थ्य फिर शिथिल होने लगा। निधि ने उन्हें अस्पताल में भरती किया। घर में दो-दो डॉक्टर होते हुए भी वे अकेले और असहाय थे। हिमांशु कभी अपने भैया-भाभी के पास जाना चाहे या बात करना चाहे तो घर में बखेड़ा खड़ा हो जाता था।

निधि अस्पताल से पति को घर लेकर लौटी। कुछ आराम हो गया था। डॉक्टर ने बहुत सारी सावधानियाँ बताई थीं, चेतावनी दी थी, खान-पान की सुचारु व्यवस्था की हिदायतें दी थीं। निधि जी-जान से पति की सेवा में जुट गई थी।

एक दिन हिमांशु ने आकर कहा, ''भाभी, हमने एक मकान बुक कराया था, उसका नंबर आ गया है। लोन लिया है, पर अभी दस लाख रुपए की कमी है।''

निधि ने इंदीवर की ओर देखा। उनके पास तो जो जमा पूँजी थी, सब बच्चों के जन्मोत्सव पर धूमधाम में, नेगचार में खर्च कर चुके थे। अब तो दवा आदि के लिए भी उन्हें चिंता हो रही थी कि कैसे और कहाँ से इंतजाम करें।

हिमांशु और रोशनी से कुछ कहने की न उनमें हिम्मत थी और न उम्मीद।

हिमांशु चाहता तो बड़े-से-बड़े डॉक्टर लाकर खड़ा कर देता, अच्छी-से-अच्छी चिकित्सा सुविधाएँ जुटा देता, पर···।

भैया-भाभी को चुप देखकर हिमांशु बोल उठा—''भइया! यह घर गिरवी रखकर लोन ले सकते हैं।'' इंदीवर अवाक् थे।

हिमांशु आगे बोल रहा था—"धीरे-धीरे मकान छुड़ा लिया जाएगा। 25 साल के भीतर ही छुड़ाना होगा, नहीं तो बैंक नीलाम कर देगा।"

इंदीवर ने निधि की ओर देखा, निधि उनकी ओर ही देख रही थी। वे देख चुके थे कि दरवाजे के बाहर रोशनी खड़ी थी। वह स्वयं भीतर नहीं आई थी।

निधि का मन इस चतुराई भरे छल पर क्षुब्ध हो उठा। पर वह बोली नहीं। सोचा ठीक है, अब वह भी इंदीवर के परामर्श के बिना कुछ नहीं करेगी।

तब तक हिमांशु ने बैंक का फार्म इंदीवर के सामने रख दिया। उसमें सबकुछ भर दिया गया था। केवल भैया-भाभी के हस्ताक्षर की कमी थी।

"भइया, यह मकान वैसे भी पुराना हो गया है। 25 साल में तो ढह ही जाएगा। तब इसकी कोई कीमत नहीं रह जाएगी। अभी इसके दस लाख रुपए मिल जाएँगे। बैंक वाले बता रहे थे।"

निधि-इंदीवर दोनों ही चौंककर हिमांशु को देखने लगे।

कब देखा बैंक वालों ने? हमसे पूछे बिना आपने इतना सब···तब तक रोशनी भीतर आ गई थी।

"भाई साहब! इसमें इतना पूछताछ करने की क्या जरूरत है? मकान में हिमांशु भी तो आधे के हिस्सेदार हैं। उन्हें जरूरत है, तभी तो उन्होंने बैंक वालों से बात की।"

निधि-इंदीवर 'हिस्सेदार' शब्द का वार नहीं झेल पा रहे थे।

उन्हें याद आ गया था, माँजी ने कहा था—'मैं इंदीवर को एक बहन देना चाह रही थी, हिस्सेदार नहीं। इसे अपना बेटा मानकर पालना, हिस्सेदार नहीं।'

वे कुछ सोचें या कहें उसके पहले ही बैंक के फार्म पर हस्ताक्षर के लिए उनके हाथ में कलम दे दी गई थी।

इंदीवर ने एक विवश व्यक्ति की तरह कातर भाव से निधि की ओर देखा। निधि ने आँख के संकेत से ही हामी भर दी।

इंदीवर का हस्ताक्षर कराकर रोशनी तेजी से कमरे के बाहर हो गई। हिमांशु उसके पीछे चल पड़ा। चलते-चलते उसने भाई और भाभी की ओर अत्यंत कातर दृष्टि डाली और हाथ जोड़ लिये। ऐसा लगा कि वह अपनी विवशता की कहानी कह रहा हो। निधि का हृदय उसके प्रति द्रवित हो उठा। क्या करे बेचारा? उसकी चल नहीं पा रही।

मकान गिरवी रखा गया, जितना पैसा मिला, सब इंदीवर और निधि ने हिमांशु को दे दिया। वे चाहते भी तो उसमें से कुछ अपने लिए बचा नहीं सकते

थे। क्योंकि ऐसे मौकों पर रोशनी हिमांशु के साथ जरूर रहती थी कि कहीं भाई और भाभी के एहसानों तले दबा हिमांशु भावुक न हो जाए।

मकान की किश्तें चुका दी गईं। हिमांशु और रोशनी ने गृह प्रवेश की पूजा को ढकोसला समझा और व्यर्थ का खर्च मानकर निधि के दबी जबान से किए गए प्रस्ताव को हँसकर टाल दिया।

इस बार भी निधि ने इंदीवर को साथ लेकर उस घर में स्वयं जाकर हवन कर दिया। अपने संतोष के लिए खूब सारी प्रार्थनाओं के अक्षत उस घर में छीट आईं कि ईश्वर इस घर का मंगल करते रहें। बच्चे स्वस्थ-सुखी रहें। बचपने के कारण हुई, उनकी गलतियाँ प्रभु क्षमा करें। मंदिर में जाकर प्रसाद भी चढ़ा आई, प्रसाद बाँट भी आईं और उस घर में भी प्रसाद रख आईं कि बच्चे खा लेंगे।

उसका धर्मभीरु मन डरता था कि कहीं प्रसाद या पूजा की अवज्ञा से उनका कोई अनिष्ट न हो जाए। इसीलिए उसने अपनी पूजा के क्षण अधिक कर दिए। हर पूजा में रोशनी और हिमांशु की ओर से प्रसाद या हवन की आहुति दोहरा-तिहराकर डालती रही।

निधि ने अब कुछ कहना या समझाना छोड़ दिया था। हिमांशु सपरिवार नए घर में चला गया था। जाते-जाते बोला था—"भाभी, वहाँ सब व्यवस्थित हो जाएगा, तब आप लोगों को ले चलूँगा," पर यह बात कहते हुए वह चोर निगाहों से आगे-पीछे देख रहा था कि कोई अर्थात् रोशनी उसकी बात सुन न ले।

उनके जाने के बाद रातभर पति-पत्नी एक-दूसरे का हाथ थामे बैठे रह गए थे। निधि पश्चात्ताप के बोझ से दबी जा रही थी कि पति को क्यों विवश किया था वचनबद्ध होने के लिए? इंदीवर उसका दुःख समझ रहे थे और अपने स्पर्श से सांत्वना दे रहे थे कि भाग्य का लिखा मिटाया नहीं जा सकता, तुम ग्लानि न करो।

इसके बाद इंदीवर का स्वास्थ्य तेजी से गिरने लगा। उन्होंने निधि को साफ मना कर दिया था कि मेरे इलाज के लिए तुम हिमांशु और रोशनी से नहीं कहोगी। और न ही तुम मुझसे उसे नए घर में चलकर रहने के लिए कहोगी।

हाँ, अपने गिरते स्वास्थ्य को देखते हुए निधि के भविष्य के लिए वे चिंतातुर हो उठे थे। उन्होंने लेखपाल को बुलाकर खसरा-खतौनी का हिसाब लिया और वकील को बुलाकर खेत और बाग का आधा हिस्सा पत्नी के नाम लिखित वसीयत कर दी। यद्यपि वे जानते थे कि नियमानुसार मेरे बाद मेरी पत्नी का ही अधिकार होगा, किंतु निधि की सरलता और भावुकता नहीं बदल सकती, यह भी वे जानते थे। अभी मकान को भी छुड़ाने की कोशिश करनी है, क्योंकि मेरे

जाने के बाद निधि के सिर पर एक छत तो बची रहे।

निधि बदहवास सी अस्पताल और घर के बीच दौड़ लगाती रही, पूजा-पाठ, मान-मनौती करती रही, अपने सुहाग को बचाने के लिए। पर उसके जीवनसाथी को ईश्वर ने अपने पास बुला ही लिया।

निधि ने पति के चिर विछोह के दुःख को अपनी शक्ति बना लिया और दीन-दुखियों की सेवा में अपना शेष जीवन समर्पित कर दिया। चारों ओर निधि के कार्यों की प्रशंसा होने लगी। वह हजार-हजार बच्चों की माँ बनकर अपना वात्सल्य लुटाने लगी।

निधि का अधिकांश समय अनाथालयों, वृद्धाश्रमों, मलिन बस्तियों में बीतने लगा। वह जिधर जाती, अपनत्व और स्नेह के दायरे में घिर जातीं।

हिमांशु की पदोन्नति हुई और वह मुख्य चिकित्सा अधिकारी के पद पर दूसरे शहर में नियुक्त होकर गया। वहाँ उसके स्वागत में डॉक्टरों ने प्रीतिभोज का आयोजन किया।

हिमांशु ने भाभी को आमंत्रित किया कि आप भी उसमें जरूर शामिल हों।

निधि अब नाराजगी, क्षोभ या उलाहने आदि से ऊपर उठ चुकी थी। उसने सहज भाव से जाने की तैयारी की।

वहाँ पहुँची तो कुछ परिचित डॉक्टरों ने उसे पहचाना और सबसे परिचय कराया कि समाज सेवा के क्षेत्र में निधिजी का बड़ा नाम है। सभी लोग निधि के साथ फोटो खिंचवाने लग गए। कुछ मेडिकल के छात्र-छात्राओं ने निधि के आटोग्राफ के लिए अपनी नोटबुक आगे बढ़ा दी।

रोशनी हिमांशु के साथ घूम-घूमकर सबसे मिल रही थी। उसने निधि को भीड़ में घिरा देखा, पत्रकारों को उसकी फोटो खींचते देखा और डॉक्टरों के मुख से 'निधिजी, निधिजी' के संबोधन उसके कानों में लगातार पड़ने लगे तो उसकी भृकुटि तन गई।

आज की पार्टी का केंद्रबिंदु तो हिमांशु है और उसके साथ मैं हूँ। फिर निधि भाभी को इतना महत्त्व क्यों मिल रहा है?

उसने हिमांशु को अलग बुलाकर कहा, "भाभी से कहिए, वहाँ महिलाओं के बीच जाकर बैठें, जहाँ मेरी मम्मी आदि बैठी हैं।"

हिमांशु ने निधि को साथ ले जाकर भीतर कमरे में बैठा दिया।

वहाँ महिलाओं के बीच सबके गहने कपड़ों की तारीफ हो रही थी और कौन क्या उपहार लाया है, इसकी चर्चा हो रही थी। किस नए डॉक्टर का, किस

नई डॉक्टर से चक्कर चल रहा है? किस पति-पत्नी की अनबन चल रही है, अनबन का कारण क्या है? किसके तलाक की नौबत आ गई है आदि बातें रस लेकर हो रही थीं।

रोशनी की माँ-बहनों को घेरकर डॉक्टरों की पत्नियाँ बैठी थीं और रोशनी की तारीफ के पुल बाँधे जा रही थीं।

निधि का परिचय रोशनी की माँ ने कराया, "ये हिमांशु की भाभी हैं।" सभी ने एक औपचारिक मुसकान फेंक दी और फिर अपने बतरस में लग गईं। निधि की सरल वेशभूषा, शृंगार विहीन चेहरा किसी के आकर्षण का नहीं, उपेक्षा का कारण बना था।

निधि सुबह की चली हुई थी, थकी भी थी और चाय पीना चाह रही थी। पर किससे कहे, उसे संकोच हो रहा था।

इतने में एक अवकाश प्राप्त डॉक्टर भीतर आई और बोली कि "मैं निधिजी से मिलना चाहती हूँ, कहाँ हैं?"

निधि ने उन्हें पहचान लिया। यह तो डॉक्टर निर्मलाजी हैं, जो एक बार गाँव में निधि के अनुरोध पर मलिन बस्ती के बच्चों के स्वास्थ्य की जाँच करने आई थीं। वह उठकर आगे बढ़ी और उनके पास पहुँच गई तो उन्होंने निधि को गले लगा लिया।

निधि को जैसे राहत मिल गई हो। औपचारिकताओं की घुटन से बाहर आने का उसे अवसर मिल गया था।

वह उनके साथ कमरे से बाहर बरामदे में पड़ी कुरसियों पर बैठ गई। निर्मलाजी को कहीं जाने की जल्दी थी, इसलिए वे क्षमा माँगते हुए चली गईं। उनके जाने के बाद भी निधि वहीं बैठी रही। दर्द से उसका सिर फटा जा रहा था।

रोशनी कुछ लोगों को साथ लेकर अपनी माँ, बहनों और भाभियों से परिचय कराने भीतर आ रही थी। उसने निधि को वहाँ अकेले बैठी देखा तो उसकी भौंहें चढ़ गईं।

रोशनी वापस जाकर हिमांशु से बोली, "आपकी भाभी अपने को जाने क्या समझती हैं? मेरे परिवार के बीच बैठना अपनी हेठी समझती हैं। इतनी बड़ी समाजसेविका जो हो गई हैं। क्या तुम्हें नहीं लगता कि भाभी को मेहमानों का ध्यान रखना चाहिए।"

हिमांशु उस समय किसी विशिष्ट व्यक्ति से अपने भविष्य की योजनाओं के बारे में जरूरी बात करने जा रहा था। रोशनी द्वारा बुला लिये जाने से वह

मौका हाथ से निकल गया, क्योंकि वह विशिष्ट व्यक्ति अन्य लोगों से घिर गया था। वह झुँझला उठा और भीतर की ओर मुड़ा। देखा, भाभी अकेली बरामदे में गुमशुम बैठी हैं। आते ही उसने पूछा, ''भाभी! यहाँ अकेले क्यों बैठी हैं, सबके साथ क्यों नहीं बैठतीं?''

निधि कहना चाह रही थी कि मेरे सिर में तेज दर्द है, चाय पीना चाहती हूँ। पर जैसे ही उसके मुँह से चाय···शब्द निकला, हिमांशु बोल उठा—''चाय आप रोशनी के परिवार के साथ भी पी सकती थीं। पर आपको तो उसके परिवार वालों से चिढ़ है। आपको तो हर जगह वी.आई.पी. ट्रीटमेंट चाहिए।''

निधि हिमांशु की ओर देखती रह गई। वह चाय की तलब भूल गई, सिर का दर्द भूल गई, बस उसकी इच्छा हुई कि अपना मुँह छिपाकर कहीं ऐसी जगह चली जाए, जहाँ कोई उसके मन के हाहाकार को न देख सके, न समझ सके। उसके कानों में केवल ये शब्द गूँज रहे थे—'वी.आई.पी. ट्रीटमेंट'।

□

बेवा

विशाखा का आज चौथा दिन था रेलवे स्टेशन के प्लेटफार्म पर। बहन के दिए हुए मालपुए खाकर आज उसने खत्म कर दिए थे, कल के लिए कुछ नहीं बचा था। ये माल-पुए वह लाई थी राजलक्ष्मी के बच्चों के लिए, पर लौटा दिए गए थे।

राजलक्ष्मी ने कहा था—"मेरे बच्चे यह सब कचरा नहीं खाते।" विशाखा का मन हुआ था कि मालपुए वहीं छोड़ दे या कामवाली को दे दे। पर जानती थी कि राजलक्ष्मी को बुरा लगेगा, इसलिए साथ वापस लेती आई थी, क्योंकि यह किसी के प्यार की सौगात थी और उस सौगात ने ही चार दिन उसके प्राणों की रक्षा की थी।

वह अपने ही घर से निकाल दी गई थी। विशाखा का मन अभिमान से भर उठा था, भीख वह माँग नहीं सकती थी। बुखार से तन-मन सुलग रहा था।

जिस राजलक्ष्मी ने उसे आज घर से निकलने को विवश कर दिया था, उसका नाम उसके बाबा ने बड़े प्यार से रखा था। उनकी आँखों की वह तरई थी तो रेवती दादी की आँखों की पुतली। उसके जन्म लेते ही माँ को प्रसूति ज्वर ने ऐसा घेरा कि छह महीने में ही राजलक्ष्मी की माँ चल बसी। पिता निपट अकेले हो गए थे।

राजलक्ष्मी की माँ गोमती, सचमुच गोमती, सास-ससुर की ही नहीं, टोला-मोहल्ला की, सभी बड़ी-बूढ़ियों के सुख-दुःख की अनन्य सेविका।

गोमती के यों ही अचानक चले जाने से पूरा गाँव शोक में डूब गया था। राजलक्ष्मी की ओर देखकर दुःख से सबकी छाती फटने लगती थी, पर रेवती दादी ने उसे ऐसे सँभाल लिया, जिससे माँ की कमी न खले। पर बेटे का मुख देखकर हृदय हाहाकार करने लगता था। बच्ची की परवरिश तो कर सकती थीं, पर बेटे

के एकाकी जीवन का सूनापन भर पाना कैसे संभव हो, वे सोचती रहती थीं।

गोमती की चचेरी बहन विशाखा जो गोमती की प्रिय सहेली, सहपाठिनी भी थी, वह प्रायः राजलक्ष्मी को देखने के बहाने स्वयं आने लगी, उसके माता-पिता भी प्रेरित करते थे? उसके आने से अतुल का कमरा, कपड़े आदि व्यवस्थित रहने लगे। राजलक्ष्मी के कपड़े, खिलौने करीने से वह लगा देती। घर के कामों में भी रेवती की मदद करती। धीरे-धीरे रेवती को उसकी सहायता की आदत पड़ने लगी और आवश्यकता भी महसूस होने लगी। वह देख रही थी कि अतुल भी उसके आने से सुविधा महसूस करता है और प्रसन्न भी लगता है।

विशाखा साधारण परिवार की लड़की थी। पिता किसी दुकान पर काम करते थे, किसी तरह घर का खर्च चल रहा था। विशाखा तीन बहनों में सबसे बड़ी थी। तीनों पढ़ने में तेज थीं, पर आर्थिक कारणों से मनचाही शिक्षा प्राप्त करना कठिन था। विशाखा ने एम.ए. कर लिया था, कहीं नौकरी की तलाश में थी कि दोनों बहनों की शिक्षा और घर का खर्च चल सके।

अतुल के कार्यालय में एक शोध सहायक की जगह पर विशाखा को काम मिल गया था। विशाखा अपनी दोनों बहनों की शिक्षा के लिए किसी तरह खर्च जुटा रही थी। खाली समय में दो-एक ट्यूशन भी पढ़ा लेती थी। एक दिन अतुल ने कहा, "आप मेरी बेटी को भी पढ़ा दिया करिए।" तब से विशाखा उनके घर आने-जाने लगी थी और घर के अन्य कामों में भी गोमती की मदद करने लगी थी।

गोमती के न रहने पर विशाखा मौसी पर राजलक्ष्मी अधिक आश्रित हो गई। उसकी दादी कहती, "मौसी तो माँ से भी अधिक प्यार करती है, यह कहावत है कि माई मरै, मौसी जिए।"

माँ के बहुत समझाने पर अतुल राजी हुए और विशाखा व अतुल विवाह बंधन में बँध गए। राजलक्ष्मी को विशाखा ने ऐसे पाला, जैसे कि उसने स्वयं उसे जन्म दिया हो।

विशाखा ने राजलक्ष्मी में ही अपनी संतान का सपना पूरा होने का संकल्प लिया और अपनी दूसरी संतान को जन्म लेने का अवसर नहीं दिया, माँ का सारा दुलार उस पर न्योछावर करने के लिए।

सत्रह वर्ष कैसे सपने से बीत गए, पता ही नहीं चला। राजलक्ष्मी का विवाह बाबा-दादी ने धूम-धाम से कर दिया, एक ऐसे लड़के से, जो घरजमाई हो।

राजलक्ष्मी बिल्कुल बदल गई थी। उसके लिए विशाखा का अस्तित्व अब एक नौकरानी के बराबर भी नहीं रह गया था, ऐसा विशाखा अनुभव करने लगी थी।

आज विशाखा न माँ थी किसी की न पत्नी, केवल एक बेवा थी। ऐसी बेवा, जो अपने पति द्वारा वसीयत की हुई सारी संपत्ति और पूँजी अपनी सौतेली बेटी के लिए खर्च कर चुकी थी।

बंबई महानगरी में एक बड़ा फ्लैट उसके लिए खरीदकर दे दिया था और कार भी खरीद दी थी। बदले में केवल एक सपना देखा था कि बुढ़ापे में बच्चों के साथ जीवन बिताऊँगी। उसे पूरी ममता और परवरिश दी थी, उसके बच्चों को भी उसी प्रकार ममता और परवरिश देगी, यह सोचा था।

राजलक्ष्मी के विवाह के बाद बाबा, दादी क्रमशः स्वर्ग चले गए थे। अतुल भी बीमार रहने लगे थे। विशाखा ने प्राणपण से पति की सेवा की, पर बुढ़ापे में साथी का सहारा छूट ही गया। अब वह हताश हो गई।

मायके में भी बहनों का विवाह कर दिया था। माता-पिता वृद्ध हो चले थे। छोटे भाई ने अपनी अलग गृहस्थी बसा ली थी। तीनों बहने बारी-बारी से माता-पिता की देख-रेख करती थीं।

नाम के अनुरूप राजलक्ष्मी सारा सुख भोग कर रही थी। रूपगर्विता पति पर पूरी तरह शासन करनेवाली वह दो बेटों की माँ भी बन गई थी।

विशाखा ने दोनों बच्चों की भी उसी तरह परवरिश की थी। बदले में एक सपना देखा था।

पर राजलक्ष्मी का स्वभाव दिन-पर-दिन उद्दंड होता जा रहा था। बच्चों को अनुशासन के नाम पर उनका दायरा संकीर्ण कर रही थी। नानी के संपर्क से अब उन्हें दूर रखने लगी थी।

विशाखा का मन प्रायः ही कातर होकर अतुल को पुकार उठता था। सास-ससुर की याद में वह विह्वल हो उठती थी।

अब कौन था, जिससे अपने मन की व्यथा वह कहती और कहती भी तो क्या?

अब राजलक्ष्मी को विशाखा का अपने घर में रहना भी पसंद नहीं था। समृद्ध घर नौकर-चाकर ऐसे में विशाखा रेशम में टाट की पैबंद सी अनफिट लगती, उनका रहन-सहन पहले जैसा ही सरल-सहज था, दिखावा तो उनको आता ही नहीं था।

कल से विशाखा को बुखार था, पेट भी खराब हो गया था। बुखार की नीम बेहोशी में बाथरूम तक जाते-जाते कपड़े खराब हो गए थे। किसी तरह थोड़ी देर बाद हिम्मत करके अपने को घसीटती हुई बाथरूम में ले गई। किसी तरह

अपने कपड़े धोए, बाथरूम धोया, बुखार में ही नहाती रही, फिर कपड़े पूरे पहने बिना ही तन पर लपेटकर बिस्तर पर निढाल होकर गिर गई।

राजलक्ष्मी ने देखा तो चिल्लाने लगी। बाथरूम से बदबू आ रही है, कौन साफ करेगा? नौकरानी भी नहीं साफ करेगी, जमादारिन आ नहीं रही है। यह तुम्हारे गाँव का कबाड़खाना वाला घर नहीं है। यहाँ सभ्य लोगों का आना-जाना है।

अम्मा, अब मेरे वश का नहीं है, तुम्हारी गंदगी सहना।

विशाखा का मन क्रोध, ग्लानि और अपमान से तपने लगा।

उसने अपना झोला उठाया और घर से निकल पड़ीं। दामादजी ने निकलते देखा और कुछ पूछना चाहा, पर राजलक्ष्मी की तरेरती आँखों के आतंक से सहमकर चुप रह गए।

विशाखा के पास केवल एक सौ रुपए का नोट झोले में पड़ा था, जो पोते के जन्मदिन पर उसके ऊपर से न्योछावर उतारकर मंदिर में चढ़ाने के लिए रखा था और रखी थी मीठे मालपुए की वह पोटली, जो उसने सोचा था कि किसी को दे दूँगी। नोट दान कर चुकी थी। उसे अपने ऊपर खर्च करना अनुचित है। पर पुआ खाना प्राण रक्षा के लिए आवश्यक है, अर्थात् धर्म है।

परसों ही तो गाँव से आई थी, घर से चली थी तो तबीयत ठीक नहीं लग रही थी; लेकिन बच्चों के मोह में हिम्मत करके चली आई थी। छोटी बहन ने मालपुए बनाकर दिए थे। जन्मदिन पर पुए का सगुन जरूरी है।

धूमधाम से एक बड़े हॉल में दौहित्र का जन्मदिन मनाया गया, बच्चे खूब प्रसन्न थे। उनके मित्र, सहपाठी आए थे और उनके माता-पिता भी। राजलक्ष्मी की सहेलियाँ भी आई थीं। सब भोजन कर चुके थे, सबको परोसने वाले दो सहायकों से दामादजी ने कहा कि अब तुम लोग भी खा लो। हॉल के दो सफाई कर्मचारी जूठे बरतन हटाकर सफाई कर रहे थे। खाना बहुत बचा था, बिशाखा ने कह दिया कि इन दोनों को भी खाना दे दो। उन्हें भी दो प्लेटों में लगाकर दे दिया गया।

वे अपनी प्लेटें उठा ही रहे थे कि इतने में राजलक्ष्मी की प्रिय सहेली वहाँ आई और गरज उठी—"इन लोगों को किसके कहने पर खाना दिया?"

कैटरर ने विशाखा की ओर देखकर कहा कि माँजी ने कहा था। वह टेबल के पीछे पहुँची और कहा, कितना खाना बचा है दिखाओ। उन दोनों ने दामादजी के कहने पर बचा हुआ कुछ खाना पॉलीथिन में भर लिया था। सहेली की पुकार पर राजलक्ष्मी भी आ गई थी।

पॉलीथिन से खाना उलटवा दिया गया और सहेली ने तड़ककर कहा, ''अपनी प्लेट छोड़ो, हाथ धोओ और दो लोग आए हैं, उन्हें केक सर्व करो।''

केक प्लेटों में रखे हुए थे। विशाखा ने कहा कि मैं दे देती हूँ, यह देखो, रखे हैं।

पर राजलक्ष्मी ने तरेरती आँखों से कहा था कि यह मेरी सहेली का अपमान होगा। मैं यह नहीं बरदाश्त कर सकती कि दो कौड़ी के नौकर उसकी आज्ञा न मानें। आप चुपचाप बैठी रहिए, अपनी यह महानता अपने गाँव में जाकर दिखाइएगा।

विशाखा से न खाना रखते बन रहा था, न छोड़ते, अभी कुछ देर पहले ही दामादजी उसके लिए प्लेट लगवाकर दे गए थे। कैटरर्स ने प्लेट छोड़ दी थी, हाथ धो लिये थे। विशाखा भी नहीं खा सकी।

सारा बचा हुआ खाना कुछ उस सहेली के घर गया, कुछ गाड़ी की डिक्की में रखकर घर लाया गया। थके-माँदे सब लोग आते ही कपड़े बदलकर सो गए।

विशाखा ने बरतन खाली करके जितना रख सकती थी, खाना फ्रिज में रख दिया।

सुबह विशाखा बोली कि बचा हुआ कुछ खाना महरी को दे दो, नहीं तो सब फिंकेगा।

राजलक्ष्मी से उत्तर मिला, उसे नहीं दूँगी, फेंक दूँगी। कल काम पर नहीं आई थी।

दूसरे ही दिन विशाखा की तबीयत अधिक बिगड़ गई थी और बाथरूम को लेकर राजलक्ष्मी के कटु वचनों ने विशाखा के तन-मन दोनों पर गहरा आघात पहुँचाया था। उन्हें याद आए वे क्षण, जो बिस्तर पर पड़ी अपनी सास का मल साफ करने पर उनकी सास का रोम-रोम उन्हें असीसता था।

वह उसी दिन वहाँ से चल पड़ी थी। रेलवे स्टेशन के प्लेटफार्म पर आकर बैठ गई थी। क्षीण आशा थी कि राजलक्ष्मी स्वयं या पति अनुराग को पता लगाने के लिए भेजेगी कि मैं कहाँ गई हूँ।

किंतु तीन दिन बीत गए स्टेशन के प्रतीक्षालय में। वहीं नहा-धोकर वह बैठी रहती। जाए भी तो कहाँ। गाँव का मकान जर-जमीन सब बेचकर राजलक्ष्मी के लिए बंबई में मकान खरीद दिया था। पति के रिटायरमेंट पर मिलने वाला सारा धन भी तो उसी में लगा दिया था कि क्या करना है अपने लिए रखकर?

तीसरे दिन वह भूख से बेहाल हो उठी। हिम्मत करके उठी। भीख माँग नहीं सकती थी और यहाँ कितने दिन रुक सकती थी? कल से तीन बार वेटिंग-रूम

का चौकीदार उसे टोक चुका था—"आपको कहाँ जाना है, कब जाना है?"

वेटिंग-रूम में वही लोग बैठ सकते हैं, जिनका टिकट हो।

चारों ओर फटे सोफे पड़े थे, जिनपर सफाई कर्मचारी महिलाएँ बड़ी ठसक के साथ आकर बैठतीं और ऊँची-ऊँची आवाज में अपने घर-परिवार की बातें करती थीं। एक कह रही थी—"मैं तो घर से जल्दी निकल आती हूँ, यहाँ आकर घर की किच-किच से फुरसत मिल जाती है। जो बहू सुबह मेरा टिफिन बना देती है और चाय नाश्ता कराती है, उसे महीने में तनख्वाह मिलने पर कुछ दे देती हूँ। दूसरी का मुँह फूला रहता है कि मुझे क्यों नहीं देतीं? क्यों दूँ उसे, कभी मेरा सुख-दुःख नहीं पूछती, न मेरे लिए कुछ करती है। कमाती हूँ, अपना खर्च चलाती हूँ, ठाठ से रहती, खाती हूँ। जो सेवा करेगा, उसे दूँगी।"

दूसरी ने आह भरकर कहा, "ठीक कह रही हो, मैंने तो अपने पाँवों में खुद कुल्हाड़ी मार ली। सारी जमा-पूँजी बेटे को सौंप दी कि अब मुझे केवल दो रोटी खाकर भगवान् भजन करना है, पर बाद में महसूस किया कि भगवान् का भजन भी भूखे पेट नहीं होता। और अब उसी भूखे पेट को भरने के लिए किसी की एवजी में काम करना पड़ रहा है। नौकरी तो अब मिल नहीं सकती, जिसकी एवजी में काम करती हूँ, वह तनख्वाह का एक चौथाई हिस्सा मुझे देती है और घर बैठे तीन हिस्सा खुद रखकर ऐश करती है। घर में दुकान भी खोल रखी है।"

विशाखा चुपचाप सुन रही थी, उसे लगा कि इनकी बातें कितनी व्यावहारिक हैं। मुझे भी पेट भरने के लिए कुछ तो करना ही पड़ेगा।

वह उठी और स्टेशन की कैंटीन में जाकर उसने मैनेजर से कहा, "भइया! मुझे कुछ खाना है, पर मेरे पास पैसे नहीं हैं। मुझे कोई काम बता दीजिए, उसके बदले में कुछ खाना…।"

मैनेजर ने उनको देखा, लगा कि दुःखों की मारी कोई भद्र महिला है। बोले, "माँजी! आप पहले खाना खा लीजिए, बाद में बात करूँगा।"

विशाखा को संकोच हो रहा था, पर मैनेजर ने वेटर को बुलाकर खाना लगाने को कह दिया था।

विशाखा ने धीरे-धीरे खाना खाया, दो दिनों की भूखी आँतें ज्यादा नहीं खा सकीं। बस जीवनी-शक्ति मिल गई थी।

हाथ-मुँह धोकर वह मैनेजर के पास पहुँची—"बेटा, मुझे काम बता दो। मैं बरतन धो सकती हूँ, खाना बना सकती हूँ, हिसाब-किताब भी रख सकती हूँ। बस जब तक कोई काम नहीं तलाश लेती, तब तक यहीं एक कोने में पड़ी रहने देना।"

मैनेजर ने पूछा, ''माँजी! आप कितना पढ़ी-लिखी हैं?''

''बेटा, मैं एम.ए. पास हूँ। पर छोड़ो वह सब।''

''नहीं माँजी! आपको अपना पूरा परिचय तो देना ही पड़ेगा।''

''मैं परिचय क्या दूँ अपना? बस एक बेवा हूँ, यही परिचय है।'' कहकर फफक पड़ीं।

''आपके बाल-बच्चे?''

''और कुछ नहीं बता सकती बेटा!''

उनकी बातों में जो दृढता और सच्चाई थी, मैनेजर उससे प्रभावित हुए बिना नहीं रह सका।

मैनेजर कहा, ''माँजी! यह बंबई है। यह प्लेटफार्म भी सुरक्षित नहीं है। यहाँ नियमानुसार भी आप ज्यादा दिन नहीं रह सकतीं।''

''आप नहीं बताना चाहतीं तो मत बताइए, पर आप यदि मुझ पर विश्वास कर सकती हैं तो मेरे घर चलिए, वहाँ तब तक रहिए, जब तक आपको कोई काम न मिल जाए। कैंटीन में भी रहने का इंतजाम नहीं हो सकता, क्योंकि यह भी बंद हो जाती है। आज के भोजन के बदले में मैं आपसे काम नहीं लूँगा, ऐसा करके मुझे ग्लानि होगी। आपके आशीर्वाद से किसी चीज की कमी नहीं है।''

विशाखा मैनेजर रामशरण के घर आ गई।

रामशरण पूर्वी गोंडा जिले के किसान परिवार के है। बाप-दादा दूध का व्यापार करते थे, धीरे-धीरे कई दुकानें हो गईं, फिर रेलवे की कैंटीन का ठेका मिल गया।

विशाखा भी आजमगढ़ की थी। रामशरण के घर की बोली-बानी, रहन-सहन बंबई में रहकर भी बहुत नहीं बदला था। संयुक्त परिवार था।

विशाखा उस घर में ऐसी खप गई कि जैसे जन्म-जन्म का नाता हो। धार्मिक परिवार था। पर विशाखा स्वावलंबी बनना चाहती थी। उस परिवार की मदद से वह कुछ घरों में ट्यूशन पढ़ाने जाने लगी।

वह एक दिन ट्यूशन पढ़ाकर निकल रही थी, तभी राजलक्ष्मी की सहेली ने आवाज लगाई—''अरे अम्माजी! आप यहाँ? राजलक्ष्मी तो कह रही थी कि आप अपने मायके गई हैं।''

उसने अपने को छिपाने की कोशिश की और कहा, ''आपको गलत फहमी हुई है, मैडम! मैं किसी राजलक्ष्मी को नहीं जानती।'' वह सहेली उसे घूरती हुई कुटिलतापूर्वक मुसकराई और चली गई।

विशाखा जानती थी कि वह कितनी खुराफाती है, वह आगे जाकर कहीं छिपकर खड़ी होगी और मेरे पीछे-पीछे मेरा पता-ठिकाना जानने के लिए जरूर कोशिश करेगी। फिर आगे मेरा यहाँ रहना भी दूभर कर देगी वह।

बदनामी का डर राजलक्ष्मी के मन में कुछ तो बचा ही होगा शायद।

पति के सामने भी पोल खुल जाएगी, क्योंकि उसने तो पति और बच्चों से यही कहा होगा कि मैं अपने मन से मायके गई हूँ। मेरा यहाँ मन नहीं लगता था।

फिर आखिर मैं करूँ भी तो क्या? जाऊँ भी तो कहाँ? मायके में बदनामी होगी ससुराल की और मेरी भी। उन्हें एक गीत की पंक्तियाँ याद आईं, जिसमें श्रीराम के बिना सीता की स्थिति बताई गई है—

"जौनिहि रहिया सीता जइहैं, त भुंइ गम्भिरहिहैं।
नैहर लोग उबियैहैं, कि कब सीता जइहैं?"

ये पंक्तियाँ सुनकर विशाखा सोचती थी कि क्या पति के बिना स्त्री की यह स्थिति हो जाती है कि मायके के लोग भी ऊबने लग जाएँ। आज इस गीत का दर्द वह स्वयं अनुभव कर रही थी। सीता तो नारी के दर्द और सहन-शक्ति की प्रतिमान हैं। इसीलिए सीता के माध्यम से यह दर्द व्यक्त हुआ है। सचमुच जीवनसाथी के बिना जीवन की राह कितनी कठिन हो जाती है, सोचकर उनका हृदय हाहाकार कर उठा।

कहीं जाने के लिए किराया-भाड़ा तो हो जाएगा, लेकिन आश्रय कहाँ ढूँढूँगी। यहाँ तो एक परिवार जैसा आश्रय मिल गया है।

उसने सीधे रामशरणजी के घर न जाने का फैसला किया और उल्टी दिशा में कुछ दूर चलती गई, फिर दूसरी गली से मुड़ गई। जब उसे विश्वास हो गया कि कोई पीछा नहीं कर रहा है, तब ठिकाने की ओर लौटी।

वह अपने काम में मन लगाने की कोशिश कर रही थी और भूलने की कोशिश भी, कि रश्मि ने मुझे देख लिया है। क्योंकि वह जानती है कि रश्मि की बात का विश्वास न करने का नाटक भी राजलक्ष्मी करेगी और प्रमाण पाने के लिए इस ओर कभी नहीं आएगी। क्योंकि वह मेरे चले आने से मुक्ति की साँस ले रही होगी कि रेशम में से टाट का पैबंद निकल गया है।

मैंने तो उसे कभी सौतेली नहीं माना था, किंतु उसके मन में शायद इस सौतेलेपन का काँटा बराबर कसकता रहा होगा। तभी तो उसने मेरे साथ ऐसा व्यवहार किया।

उसे याद आने लगी, पति की मृत्यु के बाद की घटनाएँ और उसका

व्यवहार। विशाखा की जमा-पूँजी पूरी खर्च करा लेने के बाद उसके प्रति किए गए अवहेलना, अवमानना और तिरस्कार के भाव के वे चुभते पल आज भी उनके कानों में गरम शीशा उड़ेलते रहते हैं। उसे याद आने लगे, राजलक्ष्मी के वे वाक्य, जो शूल की तरह आज भी चुभते रहते हैं।

राजलक्ष्मी के तमतमाए चेहरे की अनेक भंगिमाएँ आज भी उनके मन में एकदम तरोताजा हो उठती हैं।

मम्मी! आपने बाथरूम गंदा कर दिया है, कौन धोएगा? और अपनी गलती न होने पर भी विशाखा उठतीं, नहाने के बाद भी बाथरूम धोतीं और फिर से नहातीं।

मम्मी! आपने आज महरी को क्या कह दिया था कि उसने काम छोड़ दिया?

मम्मी! आप नौकर को अपने पास बैठाकर क्या बातें करती रहती हैं? आप उसे बदतमीज बना रही हैं।

बच्चों को विशाखा के पास आते देखते ही वह उन्हें झिड़क देती। जाओ होमवर्क करो, पढ़ाई करो, यहाँ क्या कर रहे हो?

उनके मन में फिर से विरक्ति का भाव जगा। वह जो भी सोचे करे, मुझे क्या करना है। मैं क्यों चिंता करूँ?

फिर भी उसकी चिंता जा नहीं रही थी। वह रामशरणजी से बोली, "बेटा! मुझे और किसी शहर में काम दिला सकते हो क्या? आपकी रिश्तेदारी में या कहीं और?"

रामशरण पूछने लगा, "क्या आपको यहाँ कोई परेशानी है? किसी ने कुछ कहा है?"

"नहीं! मेरे यहाँ काम करने से कुछ लोगों की नाक कट जाएगी। मैं तो बेवा हूँ, मेरी क्या?" कहकर उन्होंने आज की घटना बता दी।

रामशरणजी ने उन्हें आश्वस्त किया—"आप चिंता न करें, मैं देख लूँगा।" विशाखा को लगा कि रामशरण के रूप में आज उन्हें एक बेटा मिल गया है, जो उन्हें चिंतामुक्त रहने के लिए कह रहा है।

रामशरणजी के घर में विशाखा भार जैसी नहीं रहीं। घर-गृहस्थी के कामों में वह आगे-आगे लगी रहती थीं। रामशरण की माँ को तो जैसे अपनी बहन मिल गई हो। विशाखा ने उनको अपनी राम कहानी बता दी थी। और किसी ने उनके अतीत के बारे में कुछ नहीं पूछा था। वहाँ दादी का अनुशासन चलता था। दादी भी विधवा थीं, पर उनका वैधव्य उन्हें बेचारी नहीं बना सका था, बल्कि सबका ध्यान और उनके प्रति चिंता बढ़ा गया था।

एक दिन रामशरण स्टेशन से आए तो एक अखबार उनके हाथ में था, उन्होंने विशाखा के सामने वह पृष्ठ खोलकर रख दिया। एक विज्ञापन था, जिसमें विशाखा का चित्र, नाम व पता दिया गया था। पता बताने वाले को पाँच हजार रुपए का इनाम दिया जाएगा, ऐसी घोषणा थी।

उसे देखते ही विशाखा का मन क्रोध और ग्लानि से जलकर चेहरे पर उतर आया था। वह उठकर भीतर चली गई। रामशरण ने इश्तहार पढ़कर अपनी माँ को सुनाया। लिखा था—

"माताजी आप जहाँ भी हों, घर आ जाएँ। हमें फोन करें, हम लेने आ जाएँगे।"

—राजलक्ष्मी,
सांताक्रुज, बंबई।

नीचे पता और फोन-नंबर लिखा था।

रामशरण की माँ की आँखें भर आईं, पर बोलीं, "लगता है, कोई स्वार्थ और साधना है उसे, इसीलिए इतने दिनों बाद याद आई।"

"बेटा रामशरण! हमें सावधानी से पता करना होगा कि बात क्या है? और हाँ, अब विशाखा को बाहर ट्यूशन पढ़ाने नहीं जाने देना है। पहले पता करो, वहाँ जाकर आस-पड़ोस में।"

रामशरण ने अपने एक मित्र को उस पते पर भेजा और कहा, "अखबार में दिए पते पर जाने से पहले आस-पड़ोस में पता करना, फिर उस घर में जाकर बात करना कि मैंने इस महिला को देखा है और पता बिल्कुल यहाँ से उल्टी दिशा का बताना। अपना भी छद्म नाम-पता बताना।"

वह वहाँ पहुँचा तो बाहर एक पड़ोसी से पता पूछा, अखबार का इश्तहार दिखाकर।

पड़ोसी उत्साह से बोला, "क्या आप विशाखाजी को जानते हैं? कहाँ है वह? बहुत अच्छी महिला थीं, अचानक जाने कहाँ चली गईं?"

"क्यों गई थीं, आप जानते हैं?"

"मैं नहीं जानता भाई, उनके परिवार की अंदरूनी बात होगी।" वह कहकर भीतर चला गया। जैसे कि आगे कुछ बताने से कतरा रहा हो।

उस घर के फाटक के बाहर एक आदमी बैठकर खैनी खा रहा था। राघव ने उससे पूछा, "क्या यह राजलक्ष्मीजी की कोठी है?"

उसने कहा, "हाँ, देखत नाही हो का कि इतना बड़ा-बड़ा नाम लिखा चमकत हौ।"

"हाँ भइया! हम ध्यान नहीं दिए, आप तो पूरब के लागत हो?"

"हाँ भइया! हम तो आजमगढ़ कै हैं, यह कोठी की मालकिन की महतारी क पता लगावै आए हैं। कुछ जमीन उनकै बिकै से रहि गई रही, उनका ससुर उनके नाम से अलग कुछ जमीन बैनामा कय गए रहे। अब चकबंदी म पता लागि। वन्हैं यह बतावै क रहा। वही क सिलसिले म आए रहन। मुला, ओ तो पता नाहीं, कहाँ चली गई। राम जानै शहर वालन कै लीला। अब जब पता लाग कि जमीन उनके नाम क है तौ अखबार में खबर छपवाई हैं। ऊ बेवा जाने कहाँ दर-दर कै ठोकर खात होई, इनका महल खरीद कै दइ गई। हमार मौसी देवी रही, देवी।" कहते-कहते उसकी आँखें भर आईं।

राघव ने कहा, "अच्छा भइया! तुमका जौ हम बताई कि जानित है कि ऊ कहा हैं तौ तू केहिका साथ देबा, राजलक्ष्मी कै कि बेचारी बेवा कै?"

"अरे भइया! वह हमार मौसी हैं, हम उनकै साथ देबै कि ई कंटाइन कै? आज एक हप्ता से हियाँ रुके हन, मुला! जैसे हम कूकुर-बिलार हों, नौकर लाय कै कौरा डार जात है।"

राघव ने कहा, "आप हमको कुरला स्टेशन पर मिलो ठीक 10 बजे, लेकिन किसी को यहाँ बताना नहीं कि कहाँ जा रहे हो। हमैं आपन नाम, गाँव, पता ठीक से लिखाए देव।"

राघव से विशाखा ने यह सब सुना तो आँखें छलक उठीं। क्या ससुरजी को मेरे भविष्य का पूर्वाभास था। बहन के बेटे अंजनी का नाम सुनकर बोलीं, "चलो बेटा! मैं उससे मिलूँगी।"

रामशरण ने कहा, "नहीं मौसी, राघव उन्हें यहीं लाएँगे। अभी इसलिए नहीं लाए कि कहीं वह कोई गलत आदमी न हो।"

राघव को अंजनी कुरला स्टेशन पर मिला। उसे लेकर वह घर आए। इतने दिनों बाद भी अंजनी के घुँघराले बालों और बड़ी-बड़ी आँखों को देखकर विशाखा ने पहचान लिया। दौड़कर छाती से लगा लिया। रामशरण की माँ को मानस की चौपाइयाँ याद आ गईं, कौसल्या जब राम को छाती से लगाती है।

बातें होती रहीं, इतने वर्षों का अंतराल सिमट गया था। अंजनी ने लेखपाल का लिखा रुक्का दिखाया, एक बाग और 12 बीघा जमीन विशाखा के नाम बैनामा थी। विशाखा को वहाँ जाना पड़ेगा।

विशाखा का मन विरक्त हो चुका था। वह बोली, ''क्या करूँगी, वहाँ जाकर और संपत्ति लेकर?''

किंतु रामशरण की माँ ने उसे समझाया, ''अभी तुम्हारा बुढ़ापा सामने है। अपने लिए सोचो। उन अपनों के लिए सोचो, जो तुम्हारा अंतिम समय तक साथ देंगे। तुम जाकर सब लिखा-पढ़ी करके फिर आ जाना। जब तुम्हारा मन करे आना, जहाँ मन करे, वहीं रहना, अब दुःख न सहना। 'बेवा' होना तुम्हारा अपराध नहीं है कि उसका दंड भोगो। पति-पत्नी दोनों में से एक को तो पहले जाना ही पड़ता है। उनकी याद में कुछ करो। समाज के लिए कुछ करो। बहुत सी बेवा स्त्रियों को तुम्हारी जरूरत है।''

अंजनी के साथ विशाखा अपने गाँव लौट आई थीं। अपने पति और सास-ससुर की स्मृति को चिरस्थायी बनाने के लिए एक विधवा आश्रम चलाने का संकल्प लिया। बेवा विशाखा अब माता विशाखा के रूप में पूजनीय हैं। पर आज भी वह आश्रम की गद्दीनशीन नहीं, सेविका हैं।

एक दिन एक दंपती ने आकर अपना नाम-पता दर्ज कराया और पूछा कि क्या विधवा स्त्रियों के अलावा और कोई यहाँ नहीं रह सकता।

माता विशाखा ने उन्हें भीतर बुलाया। देखा तो अवाक् रह गई। राजलक्ष्मी लक्ष्मीविहीन होकर सामने खड़ी थी। उसका आज्ञाकारी पति अनुराग उसके पीछे नहीं, बगल में खड़ा था। दोनों विशाखा के पैरों में झुक गए। माँ क्षमा करो। मेरे बच्चों ने मुझे प्रायश्चित्त करने का अवसर देने के लिए हमें घर से निकाल दिया है।

विशाखा ने उसे हृदय से लगा लिया। ''माँ, हमेशा माँ होती है, बेटी! इस आश्रम में मैं अकेली नहीं, तमाम माताओं की देखभाल और सेवा का संकल्प लेकर ही कोई यहाँ रह सकता है, ऐसा नियम है।''

राजलक्ष्मी के चेहरे पर सेवा का संकल्प था। उसकी बहुओं ने उसका अतीत जानकर उसका भविष्य सँवारने की राह दिखा दी थी। राजलक्ष्मी के दोनों बेटे और बहुओं ने पत्र में विशाखा को सारी स्थिति लिखकर पहले ही भेज दी थी। और कुछ दिनों बाद स्वयं भी मिलने आने और आश्रम को सहयोग देने का वादा किया था।

□

पिंडाइन अइया

"बाबा! भागौ भागौ, पिंडाइन अइया आवत हईं।" शोर सुनते ही पिंडा बाबा लगभग दौड़ते हुए ठाकुरजी की कुटिया में घुस गए।

उनको भय से काँपते हुए देखकर पुजारीजी ने कुटिया की सिटकनी अंदर से लगा ली।

पिंडाइन अइया का पीछा करना और पिंडा बाबा का कहीं छिप जाना, यह लगभग नित्य की घटना थी। पिंडा बाबा किसी-न-किसी के यहाँ से कुछ माँगकर ले जाते, जीभ पर नियंत्रण था नहीं। पाचन शक्ति जवाब दे चुकी थी। वह तो खाकर बिस्तर गंदा कर देते और साँसत होती पिंडाइन अइया की। इसीलिए वह डंडा लेकर उनके पीछे लगी रहतीं। कई बार छीनकर हाथ की चीजें फेंक चुकी थीं। पूरा गाँव पिंडाइन अइया की गाली खाता था। पर लोगों को उन्हें चिढ़ाने में मजा आने लगा था। जिस दिन पिंडाइन अइया शांत रहीं, लगता था कि गाँव में उदासी छा गई है। आज भी पिंडा बाबा कहीं से बासी मट्ठा लेकर आए थे। पिंडा बाबा का यह नाम कैसे पड़ा, कोई बता नहीं पाता। पर उनकी पत्नी का नाम पिंडाइन उसी प्रकार पड़ गया जैसे मास्टर की पत्नी मास्टराइन, मुंशी की मुंशियाइन, डॉक्टर की डॉक्टराइन, डिप्टी करी डिप्टियाइन, इंस्पेक्टर की इंस्पेक्टराइन, सरपंच की सरपंचाइन आदि। बचपन में पिताजी से पूछती, पति के पद से स्त्री को पद कैसे मिल जाता है। पिताजी हँसकर कहते, पति की अर्द्धांगिनी होने के कारण लोग आदर देने के लिए यह नामकरण कर लेते हैं।

वैसे भी गाँवों में स्त्रियों को नाम लेकर नहीं पुकारा जाता था, वह या तो फलाने क दुलहिन, फलाने क पतोह, फलाने क माई, फलाने क भौजी कही जाती है, अथवा परिवार में अपनी स्थित बड़की, मझिलकी, छोटकी, नैकी नाम से जानी जाती हैं। कुछ को मायके की दिशा और मायके के नाम से, जैसे—पछुवहियाँ,

दखिनहियाँ, अथवा शहर गाँव के नाम, यथा—धनाईवाली, सरैयावाली, बिहरावाली, सिंहारेवाली आदि कही जाती हैं।

पर पिंडाइन अइया को उस तरह का कोई नामकरण देने की किसी में हिममत नहीं थी। अब पिंडा की दुलहिन कहा जाना उनका अपमान था। इस लुजुर-पुजुर, निठल्ले पति की पत्नी दुर्भाग्य से बन गई थीं, जिसका दंड वे उनसे निराश हो जाने पर जीवन भर भोगती रहीं। संतान कोई थी नहीं। ससुर-सास पिंडा को पाँच साल की उम्र में छोड़कर स्वर्गवासी हो गए थे। पितिया सास अपने छह बच्चों से बची-खुची जूठन उनके आगे कूकुर के कौरा जैसी डाल देती थी।

पिंडा बहुत कमजोर हो गए थे। शायद उन्हें पिंड रोग हो गया था और इसीलिए उनका पिंडा नामकरण भी हो गया होगा। गाँववालों को उन पर दया आती। आने पर कुछ कोई खाने-पहनने को दे दे तो उनकी काकी उन पर चढ़ बैठती थीं, भिखमँगा कहीं का! और देने वालों की भी खटिया खड़ी कर देती थीं। मेरे घर खाना नहीं पाता क्या, जो दया दिखाते हैं। ज्यादा खाएगा तो मर जाएगा। पिंडाइन अइया का भी वही हाल था।

बचपन में ही दु:ख सहने की आदत पड़ गई थी। माँ-बाप गुजरे तो आठ वर्ष की थीं। नाना-नानी के यहाँ लाड़-प्यार से पलने लगीं।

नाना-नानी बिना माँ की इस बच्ची में अपनी बेटी को देखते थे। कोई आँख तिरछी करके भी उन्हें नहीं देख सकता था। डाँटने-फटकारने की तो कोई सोच भी नहीं सकता था। वह इस उन्मुक्त लाड़-प्यार से सिर चढ़ी होती गईं। किसी को कुछ न समझा, साथ खेलते कमजोर बच्चों को तो फटकार लगाकर, थोड़ा ची-चपड़ करनेवालों को धकियाकर गिरा दें। और पिटाई करनेवाली मरम्मत भी कर देती थीं।

नाना-नानी के पास शिकायत आने लगी, पर शिकायत सुनने व सुधारने के लिए वे ही नहीं रह गए। गाँव में हैजे का प्रकोप था। दोनों ही आठ दिन के अंतराल में स्वर्ग चले गए।

मामी-मामा के गले में वह पहले ही फाँसी के फंदा ही लग रही थी, अब तो उसकी परवरिश और भविष्य में ब्याह-शादी का झंझट और गले पड़ गया।

उनका बचपन का नाम था 'सुर्जकली'। सूरज सी तेजस्विनी और प्रखर। रूप भी सूरज की ज्योति जैसा था। उनके माता-पिता की जर-जमीन व घर को पट्टीदारों ने हथिया लिया।

अब मामी ने पति को कोंच-कोंचकर मना ही लिया कि इस लड़की को

उनके यहाँ छोड़ आओ, जो उसकी संपत्ति पर कब्जा किए हैं। हमने कोई कर्जा थोड़े ही खाया है इसका कि यह बला अपने सिर पर मोल लें।

अभी तक तो नन्ही बच्ची थी, पाल-पोसकर बड़ी कर दी गई। किसी के कहने में भी तो नहीं है यह महारानी, अम्माँ-बाबू ने दुलार करके इसको शेरनी बना दिया है। कहाँ से ढूँढ़ोगे इसके लिए गऊ जैसा वर और घर। कहीं कोई ऊँच-नीच हो गई तो कहीं मुँह दिखाने लायक नहीं रहोगे।

पत्नी के तानों से ऊबकर मामा सुर्जकली को लेकर उसके गाँव पहुँचे। काका-ताऊ का परिवार सकते में आ गया। इतने सालों बाद इस लड़की को लेकर आए हैं। उसके नाना-नानी की मृत्यु पर भी ये लोग नहीं गए थे। मन में चोर था कि फिर से आवाजाही हुई तो यह अभागी लड़की फिर से हमारे सिर पटक जाएँगे। यह तो कुलच्छनी है ही, माँ-बाप को खा गई, याद आ रहे थे।

वह सुबह से काम कर रही थी, किसी ने उससे न पूछा और न कुछ खाने को ही दिया। भूख से बेहाल होकर वह रसोई में पहुँची तो देखा, सब लोग खा चुके थे, पतीली में केवल जले भात की खुरचन थी। पीतल की बटलोई की पेंदी में तनिक सी दाल थी, वह भी छितराकर किनारे-किनारे हरी हो गई थी। नीचे की गली हुई एक रोटी थी। भाजी की केवल लोहाई हुई कड़हिया सूखी पड़ी थी।

उसका मन विद्रोह कर उठा। पर भूख ने भी विद्रोह किया था। अभी ये सारे बरतन भी उसे धोने थे। लोगों ने खा-खाकर सूखी थालियाँ अपने स्थान पर ही छोड़ दी थीं। उसका क्रोध बरतनों पर उतरने लगा। बचा-खुचा खाना एक कटोरे में खाली करके रख दिया और बरतन समेटकर रखने लगी। उसका और उसकी भूख का आक्रोश बरतनों पर उतरने लगा। रगड़-रगड़कर माँज रही थी और बरतन पटक-पटककर रख रही थी। जैसे वह बरतन न हों, उसे सताने वाले लोग हों।

एक फूल की थाली हाथ से छूट गई और झन्नाकर फूट गई। घर की औरतों ने कुहराम मचा दिया। यह लड़की है कि शैतान, थाली फोड़ दी। वह भी उतनी ही जोर से चीख पड़ी थी—"हाँ-हाँ, मैं शैतान हूँ, तभी तो भूखे पेट सवेरे से खट रही हूँ, तभी तो यह जानवरों को भी न खाने वाली जूठन मेरे लिए रखी है।" कहकर जला भात जूठन की बाल्टी में पलट दिया।

बाहर बैठके के मर्द लोग शोर सुनकर भीतर आ गए थे। ताऊ ने आते ही गर्जना की—"क्या हो रहा है यह सब?"

उनकी पत्नी ने उत्तर दिया—"खाना जूठन की बाल्टी में डाल दिया, गुस्से में थाली पटककर फोड़ दी। ननिहाल वालों ने इसे इतनी सिरचढ़ी बनाकर अब

हमारे यहाँ भेज दिया है।'' ताऊजी ने कसकर चाटा लगाया था सुर्जकली को। भूखी, प्यासी, थकी सुर्जकली की आँखों के आगे अँधेरा छा गया था। वह धरती पर पड़ी रह गई थी, पूरा दिन बिना खाए-पिए।

किसी की हिम्मत नहीं पड़ी थी कि उससे काम करने को कहे। खाना रात को परोसकर कोई रख गया था, वह पड़ा रह गया था।

अब उन लोगों को चिंता हुई कि कही इसे कुछ हो गया तो हमें इल्जाम लगेगा। आखिर है तो वह भी संपत्ति की तिहाई हिस्से की वारिस।

आखिर में चचेरे भाई-बहनों के मनाने पर उसने खाना खाया था।

सुर्जकली चौदह साल की तो हो ही गई थी। पंद्रहवीं में प्रवेश करते ही सोलह वर्ष के पिंडा से उसकी शादी कर दी गई। एक सीधा-साधा किसान-परिवार का भोंदू लड़का ढूँढ़ लिया गया था और उसे सुर्जकली जैसे मजबूत, जिद्दी खूँटे से बाँध दिया गया था।

सुर्जकली ने आते ही घर-बार सँभाल लिया था। सास-ससुर थे नहीं, पति के घर पलने वाले की दुर्दशा का अनुमान उसे पूरा हो गया था। शुरू-शुरू में तो कुशल बहू के रूप में परिवार में निभाने की उसने बहुत कोशिश की, पर यहाँ भी टुकड़ों पर पलने वालों के प्रति प्रकट हेय दृष्टि से उनका घायल मन फुफकार उठा।

अपने ससुर के खँडहर हो गए मकान की इकलौती बची कच्ची कोठरी को उसने साफ किया और अपनी गृहस्थी अलग बसाने की तैयारी कर ली।

पितिया सास से बोली थी—''अम्माजी! बहुत दिन आप इन्हैं बनाईं खियाईं, अब आपौ का आराम करै क चाही। हम दूनौं घर कै रसोई सँभारि लेब।''

गाँववालों में तरह-तरह की कानाफूसी होने लगी—''आते ही चूल्हा अलग कर लिया। पितिया सास ने पिंडा को न पाला होता तो टें बोल गए होतें। कलजुग है भइ कलजुग।''

''अरे क्या खाक पाला-पोसा? रात-दिन गोरू चरवाते, कोयर कटवाते, सानी-भूसा करवाते, पूरे घर-द्वार की सफाई करवाते थे, तब बचा-खुचा कुछ खाने को देते थे। मुफ्त का नौकर मिल गया था।''

''भैंस को सानी-पानी वह खिलाता, दूध वह दुहता था, पर पिंडा को एक बूँद दूध मयस्सर नहीं होता था।''

''अब बेचारे के दिन लौटे हैं, कितनी सुंदर मेहनती बहू पा गया है। भगवान् के घर देर है, अंधेर नहीं है।''

इन सब कानाफूसियों पर सुर्जकली ध्यान न देती थी। भोले-भाले पति के प्रति ममता से उसका मन भर आता था।

कुछ ही दिनों में पिंडा की पीली देह चिकना गई। और फिर वह गबरू जवान हो गया। पत्नी पर वह जान छिड़कता था। दोनों की खुशहाल जिंदगी को दो वर्ष हो रहे थे।

सुर्जकली ने मायके की जमीन और घर का हिस्सा कितना है, जानने की जिज्ञासा की तो उसके मायके के परिवारवालों के त्योरियों पर बल पड़ गए।

ताऊ, चाचा सभी उसे समझा रहे थे—"क्या करोगी बिटिया यह सब जानकर? हम तुम्हारे बाप के सगे भाई ही तो हैं। हमारा हक है उनकी संपत्ति पर। बिटिया का कोई हक नहीं होता, उसका हक तो उसकी ससुराल में ही होता है। तुम्हारे कोई भाई होता तो खुशी-खुशी हम उसे उसका हिस्सा दे देते।"

"तुम ससुरे से आओगी तो तुम्हारा मायका तो बना रहेगा। तीज चौथ, तर-त्योहार, भए-बियाहे नइहर से कोई आएगा तो गर्व से छाती फूल जाएगी।"

उस समय तो सुर्जकली चुप लगा गई थी, यद्यपि वह जानती थी कि बेटी भी संपत्ति की हिस्सेदार होती है। उसके नाना उसे बताते थे कि तुम्हारी संपत्ति, जब तुम बालिग हो जाओगी तो तुम्हें मिल जाएगी। नाना यह बात उससे तब कहते थे, जब मामी के कटु वचन सुनकर सुर्जकली दुःखी हो जाती थी और उसकी नानी उसके भविष्य के लिए चिंतित हो जातीं। नानी कहती थीं—'जब तक हम लोग हैं, तब तक तो कोई बात नहीं, हमारे न रहने पर सुर्जकली का क्या होगा? उसका विवाह पेटका जोड़कर तेरहवें साल में कर दीजिए।'

पर नाना का उत्तर होता था—'नहीं, मैं अपनी सुर्जकली को पढ़ा-लिखाकर अपने पैरों पर खड़े होने लायक बनाऊँगा, तब उसकी शादी करूँगा।'

सुर्जकली को नानी-नाना की याद आई तो मन में हूक सी उठी। आज नाना-नानी होते तो ताऊ-चाचा ऐसा न कह पाते।

वह अपनी संपत्ति लेने के लिए कुछ प्रयास करे तो उसका पति उसके इस संघर्ष में साथ दे पाएँगे। इसकी उम्मीद नहीं थी, उसे वह अपने भोलेपन में बनता काम भी बिगाड़ देंगे।

इधर ससुराल में भी बँटवारा अभी नहीं हुआ था, वही लोग खेती से कमा-खा रहे थे। माँगने पर सुर्जकली को खर्चा भर का अनाज ऐसे देते थे, जैसे भीख दे रहे हों या सुर्जकली उनसे अनधिकार वसूली कर रही हो। सुर्जकली को कई मोर्चे सँभालने थे। उसने पिंडा से कहा, "जाकर अपने ताऊजी से कहो, इस बार

अपने खेत स्वयं जोतूँगा, बोऊँगा।''

पिंडा भय से काँपने लगे—''मैं, मैं कैसे कह पाऊँगा?'' कहकर वह घिघियाने लगे। हकलाते हुए बोले, ''का जरूरत है झंझट मोल लेवै का। जितनी जरूरत पड़त हे काका देते ही हैं।''

उसने पति को तिरस्कार की दृष्टि से देखा—''इसीलिए तो तुम पिंडा हो। दूसरों की भीख पर तुम जी सकते हो, मैं नहीं। चलो मेरे साथ और मेरे सामने बात करो।''

पिंडा पत्नी के पीछे-पीछे काका के पास चले गए। पर बोलने की कोशिश में हकलाने लगे—''काका! ई कहत हई कि खेती''।''

काका कड़ककर बोले, ''ई कहत हईं कि तू, अलगाय चाहत हया? एहसान फरामोश! बित्ता भर कै छोड़ कै तोहार माई-बाप मर गए रहीं, तोहार काकी आपन दूध पियाय कै जियाईं औ तू आज बँटवारा करै आय हय। पिद्दी कै सुवरवा अस तू खेती कै पउबा? अरे साथै लगा रहा तौ कुछ सीखि जाबा। खेती का काम आसान नाय हय, बड़ा पापड़ बेले क पड़त हय। समुझि गया पिंडा बच्चा?''

पिंडा ने हाँ में मूँड़ी हिला दी।

सुर्जकली के भीतर लावा धधक उठा। अब लज्जा से काम नहीं चलेगा। घूँघट के भीतर से ही बोल उठी—''बाबूजी! अब तो इन्हें अपने पाँव पर खड़ा होय क चाही ना, कब लै आप कौ परेशान करिहैं? आप इन्हें समझावैं कि अब अपने पेट नाय बा घर बसाय हैं तौ मेहनत-मशक्कत त करहिक परी। हमारि बिनती है कि इन्हें सुधारै माँ हमारि मदद करैं।''

अब तौ कक्काजी कै होश उड़ गए। यह लड़की मामूली नहीं है। इससे बनाकर ही रखना होगा।

यह अपने वादे के अनुसार अपनी रसोई बनाकर यहाँ भी आकर बना जाती है। हमारी अपनी बहू को तो मायके से ही फुरसत नहीं है। आती भी है तो दिनभर लेटी रहती है। सास कहर-कहर कर काम करती रहे, उसके ऊपर कोई असर नहीं। कभी नहीं होता कि गोड़-मूड़ दाब दे। पिंडा की दुलहिन तो आकर हमारी बीमारी में सेवा भी कर देती है। वह कुछ गद्गद होते हुए सहज भाव से बोल उठे—''ठीक बाय दुलहिन! आज लेखपाल का बोलवाइब। वै तोहार खसरा-खतौनी क हिसाब बताय दीहैं।''

काका के बेटे नाटू और फूला बहू को तो जैसे साँप सूँघ गया। अब तक दो-दो हिस्से की मौज थी, मुफ्त का हरवाहा नौकर पिंडा था। अब वह अपनी

खेती करेगा तो हमारी मौज-मस्ती तो गई। बाबू हुकुम-पर-हुकुम पेलते रहेंगे।

उसी दिन उनके मन में एक विष भी अंकुरित हो गया। हम पिंडा की पिंडाइन को चैन से नहीं रहने देंगे।

सुर्जकली के सुचारु हाथों से गृहस्थी सँवर गई। पति-पत्नी दोनों ने मिलकर परिश्रम किया। फसल लहलहा उठी। कुछ आँखों में प्रशंसा के सूरज उगे—'ऐसी बहू सबको मिले।'

कुछ आँखों में अँधेरा छाने लगा—'इसे तो सबक सिखाना पड़ेगा।'

नाटू ने पिंडा को एक दिन खेत में ही पकड़ लिया—''का हो पिंडा! तू तो बैल की नाई रात-दिन नधा रहा था।''

''और वहाँ पिंडाइन टोला भरि के लरिकन कै बोलाइ कै हँसी-ठट्ठा करत हईं। बीवी क खोपड़ी पर चढ़ाओगे तो यही होगा।''

पिंडा को उसकी बात का अर्थ ठीक से समझ में नहीं आया, वह हँसकर टाल गया। नाटू को अपनी यह चाल बेकार होते देखकर गुस्सा आ गया। वह दूसरा जाल बुनने लगा।

एक दिन फिर खेत में वह पिंडा से बोला, ''कहो पिंडा, कैसी कट रही है। तुम्हारा जी नहीं ऊबता? बैल की तरह दिन-रात खेती-बाड़ी में जुटे रहते हो। अच्छा चलो छोड़ो, आज ऐसी जगह ले चलूँगा, जहाँ तुम्हें सरग का नजारा दिखेगा। वहाँ परियाँ नाचती हैं, अमृत पीने को मिलता है। बस तुम आज रात में तैयार रहना। लीलगाह से खेत देखने का बहाना करके निकल आना। हम यहीं बगिया में मिल जाएँगे। मुला किसी से कुछ बताना नहीं, नहीं तो और लोम चलने को तैयार हो जाएँगे, फिर परी नाराज हो जाएगी।''

पिंडा अठारह पार कर चुके थे, पर अभी बुद्धि बालक की ही थी। सहज विश्वासी मन नाटू भइया के प्रतिम कृतज्ञता से भर उठा। पहले भी नाटू भइया उसे सुर्ती, सिगरेट, पान, पान-मसाला कभी-कभी चखा देते थे और बदले में अपने हिस्से का काम भी करा लेते थे।

पिंडा को परी ने गिलास में अमृत थमाकर उसके गालों पर थपकी दी तो पिंडा स्वप्नलोक में पहुँच गए। फिर तो वह आनंद का क्षण रात-दिन उनकी आँखों में तैरता रहने लगा।

सुर्जकली से दूर-दूर रहने लगे। दिन में सोएँ और रातभर खेत रखवाने के बहाने कस्बे में परी लोक में बिताएँ।

नाटू ने नशे की हालत में कुछ कागजों पर उनसे अँगूठा भी लगवा लिया।

सुर्जकली को पता लगा तो उसने माथा पीट लिया।

दूसरा वज्रपात हुआ तो सुर्जकली की दुनिया ही उजड़ गई।

पिंडा सुबह दरवाजे पर बिछी चारपाई पर बेहोश पड़े मिले।

वैद्यजी आए। नाड़ी देखी तो बताया कि कोई ऐसा विष दिया गया है, जो इसके शरीर को ही नहीं, बल्कि मन को भी लुंज-पुंज कर देगा।

सुर्जकली ने पंचायत बुलाई। नाटू की करतूत पर पंचों ने उसकी भर्त्सना की और कागज को फाड़कर फिंकवा दिया।

पर पिंडा के स्वास्थ्य का सुधार तो भगवान् के हाथ में था।

सुर्जकली के पास और कुछ नहीं था। खेत बेच-बेचकर शहर के हकीम और डॉक्टर सबको दिखाती और इलाज कराती रही। पर पिंडा केवल खड़े होकर टेढ़े-टेढ़े किसी तरह चलने-फिरने लायक भरके ठीक हुए। डॉक्टरों ने यह भी स्पष्ट कर दिया कि यह संतान उत्पन्न करने की क्षमता खो चुके हैं।

सुर्जकली को क्रोध आता नाटू पर और पिंडा की बेवकूफी पर, साथ ही अपने दुर्भाग्य पर भी। उसका सारा माधुर्य कड़वाहट में बदल गया। उसके भीतर का रस निर्झर सूख गया। अब वह वाणी से कर्कसा और स्वभाव से क्रूर हो उठी।

ईश्वर से भी उसे शिकायत थी। क्यों हुआ मेरे साथ इतना अन्याय? मैंने तो कोई गलती नहीं की थी। किसी का बुरा नहीं सोचा था।

गाँव के जो लोग उसके घर आकर सुख संतोष पाते थे, अब उससे राह बचाकर चलने लगे। लोग कहते कि पिंडाइन राह चलते हवा से भी बजनी बाजने लगी हैं।

किसी के घर शुभ संस्कार या पूजा-पाठ हो तो उन्हें भी निमंत्रण जाए। वे वहाँ जाए और अपने को सबसे अलग-थलग करती हुई सी विशिष्ट भंगिमा में बैठ जाएँ।

पिंडाइन अइया अब साठ पार कर चुकी थीं, पर उनकी ऐंठ अभी भी वैसी ही लगती थी। ऐसा लगता था, जैसे वे अपने दुःखों से न टूटने, हारने का दिखावा किए बैठी हों।

पिंडा बाबा को खाट से ही फुरसत नहीं थी। बहुत हुआ तो गाँव में चक्कर लगा आते थे। जीभ के चटोरे तो थे ही, कहीं कुछ कोई खिला दे तो पचता नहीं।

वह तो गंदगी फैलाकर हाय-हाय करते थे और साँसत होती थी पिंडाइन अइया की। वह बार-बार सफाई करें और नहाएँ। साथ ही पिंडा बाबा को और उन्हें कुछ खिलाने-पिलाने वालों की सात पीढ़ियों को नरक में भेजने का, मुँह

में कीड़ा पड़ने का शाप भी धारा प्रवाह चलता रहता था।

कई बार पिंडा बाबा के हाथ से लेकर खाने-पीने की चीजें वे फेंक चुकी थीं। घर में उनके लिए सादा खाना बनाएँ, स्वयं भी वही मरीजी खाना खाएँ, पर पिंडा बाबा से हार गई थीं।

एक बार जहर खिलाया जा चुका था, जिसका परिणाम भोग रहे थे, पर पिंडा अभी भी सचेत नहीं हुए थे। सचेत होते भी तो कैसे, उसकी चेतना ही कहाँ रह गई थी!

पिंडा बाबा निपट-निरीह थे। उन्हें पत्नी पर·दया भी आती थी कि कितना अकेले खटती रहती है। अधियार के पीछे पड़कर खेती-बाड़ी कराती है। घर का सारा काम और ऊपर से मेरी सेवा भी। अब उनकी भी उम्र थी कि कोई दो रोटी बनाकर दे, हाथ-पैर-सिर दबाए। पर वह अपना भाव प्रकट भी नहीं कर पाते थे, चुपचाप उन्हें निहारते रहते। अपनी मूर्खता और बेबसी पर भीतर-ही-भीतर रोते भी थे, लेकिन अपनी जीभ पर नियंत्रण नहीं था।

पिंडाइन अइया किसी से शिकायत नहीं करती थीं। अपना दर्द भी किसी से नहीं कहती थीं। वे निपूती थीं, इसलिए किसी के बच्चे की ओर नजर उठाकर देखती नहीं थीं। कौन जाने किसी बच्चे को नजर लग जाए और लोग कुछ कहने लगें।

एक दिन किसी घर में यज्ञोपवीत संस्कार था। गाँव भर की औरतें जुटी थीं। पिंडाइन अइया आकर मेरी माँ के पीछे बैठ गईं। माँ की गोद में मेरा छोटा भाई था, उसने माँ के लगे हुए कंधे से हाथ बढ़ाकर अइया के कान छू लिये। अइया ने हाथ झटक दिया तो माँ ने पीछे मुड़कर देखा।

अइया पीछे बैठी हैं, अच्छा नहीं लगा कि वह बड़ी होकर पीछे बैठी हैं। उन्हें आदर देने के लिए वह पीछे सरक गईं। अब तो भाई बार-बार उनके कान के बड़े छेद में अंगुली डालने को मचलने लगा।

अइया तुनक उठीं। माँ ने विनम्रतापूर्वक मुसकराते हुए कहा कि आपके कान में कनफूल पहना रहा है आपका नाती।

इतना सुनना था कि वह बिफर पड़ीं, ''मेरे कनफूल नहीं है तो तू ताना मार रही है। गोद का बच्चा तो सँभलता नहीं, आई है मुझे कनफूल पहनाने। बड़ा घमंड है अपने बच्चे पर, बोली बोलती है।''

सुनकर माँ को काटो तो खून नहीं। सारे लोग उधर ही देख रहे थे। माँ घूँघट में अपना क्षोभ छुपाते हुए भाई को लेकर वहाँ से उठ गईं, पर पिंडाइन अइया

का बकना-झकना जारी रहा—"काल की मेहरिया मुझे ताना मारेंगी। अपने सुख पर बहुत इतरा रही हो, भगवान् किसी का घमंड नहीं रहने देते।"

रंग-में-भंग पड़ गया था। माँ को उठकर जाते देखकर उत्सव के घर की स्त्रियाँ भी उठ गईं और माँ को दूसरी कोठरी में बिठाकर समझाने लगीं कि इनकी बात का बुरा न मानो। ये तो हैं ही ऐसी। अपने पति की भी एक गति नहीं छोड़तीं, तभी तो कूकुर-बिलार दरवाजे नहीं झाँकते।

माँ कहने लगीं कि मुझे उनकी बात का बुरा नहीं लग रहा, पर शर्म आ रही है कि सचमुच मैंने बदतमीजी की है।

पिंडाइन अइया भी तमतमाती हुई वहाँ से उठकर चली गई थीं।

यह घटना मेरे बालमन पर आज भी वैसी ही अटकी है, जैसे कि कल की बात हो। मैं सोचती रहती थी, क्यों हो गई हैं पिंडाइन अइया ऐसी?

मेरी माँ को उनके प्रति सहानुभूति थी। वे बताती थीं कि पहले वे कितनी दयालु थीं, कितनी मृदुभाषी थीं। किसी का दुःख नहीं देख पाती थीं। सबके सुख-दुःख में खड़ी रहती थीं। पर पिंडा बाबा की बुरी लत न छुड़ा पाने की निराशा और उनकी दुर्गति ने उनको हार मानने पर मजबूर कर दिया। हार मानना उनके स्वभाव में नहीं था।

पिंडा बाबा की बीमारी उनकी अक्षमता, संतान विहीनता के दुःख ने उनके भीतर की नारी को मार दिया। वे नारी की उस कोमलता को अपनी कमजोरी समझ बैठीं, जिसके कारण उन्होंने पिंडा को प्यार और वात्सल्य दिया था। उनका विश्वास, उनकी आस्था की डोर सब टूटकर छिन्न-भिन्न हो गया था।

वह पिंडा बाबा को छोड़कर जा भी नहीं सकती थीं, कौन उन्हें देखेगा, यह चिंता भी उन्हें अपनी कमजोरी लगती थी, पर उससे मुक्त नहीं हो पा रही थीं।

कितने दिन से पिंडा बाबा खाँस-खाँसकर चारपाई के चारों ओर बलगम थूक रहे थे। पिंडाइन अइया छीना (मिट्टी का बड़ा कटोरा) में राख भरकर उनकी चारपाई के पास रख देती थीं कि इसी में थूकें, पर वे पिच्च-पिच्च करके बलगम का गोला इधर-उधर दागते रहते थे।

आज किसी के घर से मट्ठा माँगकर ले जा रहे थे कि बगिया में बैठकर पिएँगे। उन्हें मट्ठा-दही देने को मना किया था। अइया को पता लग गया था और वे उनके पीछे-पीछे दौड़ी थीं। वह बंद दरवाजा पीटते-पीटते पुजारी को भी गाली देते-देते रोने लगी थीं। क्रोध और हताशा से उनके मुख से झाग निकलने लगे थे।

पिंडा बाबा वह बासी-तिबासी मट्ठा गटक गए थे। क्वार की धूप थी,

खट्टा मट्ठा पीते ही पित्त का प्रकोप हुआ, जूड़ी बुखार आया और पिंडा बाबा की साँस धौंकनी सी चलने लगी। पिंडाइन अइया उनका सिर गोदी में लिये छाती पर गरम तेल की मालिश कर रही थीं। तब तक पिंडा बाबा के गले से घरघराता शब्द निकला 'माँ' और उनकी गोद में ही सिर लुढ़क गया।

पूरा गाँव जुट गया था। मुखाग्नि देने के लिए नाटू आगे बढ़ा। पिंडाइन अइया की आँखों की आग वह नहीं सहन कर सका, पीछे हट गया। अइया ने स्वयं पति को मुखाग्नि दी। गाँव में यह पहली घटना थी कि कोई स्त्री श्मशान घाट तक जाए और दाह-संस्कार करे।

किसी की हिम्मत नहीं पड़ी कि कुछ कहे या उन्हें रोके।

अंतिम संस्कार के बाद त्रयोदश तक के सारे कर्तव्य शांत भाव से निभाती गईं पिंडाइन अइया और उसी दिन रात को अकेली ही अस्थि-कलश लेकर काशी गईं।

उसके बाद किसी ने उन्हें नहीं देखा। उनकी कोठरी के खँडहर आज भी खड़े हैं। पिंडाइन अइया की आवाज और उनके सोंटे के ठक-ठक का स्वर रात में लोगों को सुनाई देता है।

गाँववालों ने उनके दरवाजे पर उन्हीं की जमीन पर शिवाला बनवा दिया, उसमें गौरी-शंकर की प्रतिमा है, लोग कहते हैं कि पिंडा-पिंडाइन की आत्मा उसी में समा गई है।

□

हड़ताल

हड़ताल! हड़ताल! समाचार-पत्र किसी के हाथ में देखकर रवि हड़ताल के बारे में जानने को उत्सुक हो उठता। पहली तारीख बीत गई, हर नौकरी-पेशा के लिए अनोखी तारीख, प्यारी तारीख। कितने काम इस महीने के लिए टले हैं और नियमित खर्चे तो अलग से। वेतन नहीं मिला, चार दिन और बीत गए। पिछले महीने का लाया राशन समाप्त है, कल तक किसी तरह खिंच जाएगा। माँ को गाँव से इलाज के लिए लाना है।

नींद उचटती कहाँ से, आई ही नहीं।

पत्नी हिला रही है। भोर की गाड़ी से गाँव चले जाओ न। माँजी को लाना है।

वह टुकुर-टुकुर ताकता है। पत्नी कैसी अजनबी सी लग रही है! क्या वह जानती नहीं कि जेब में पैसे नहीं हैं!

ये लो पचास रुपए, मैंने बचा के रखे थे, इससे किराया-भाड़ा हो जाएगा, राशन और आलू घर से लेते आना। भाई से कहना, दो सौ रुपए दे दें। काम चल जाएगा। शायद दस-पंद्रह दिनों में हड़ताल खत्म हो जाए।

शायद न, और शायद न हो तब? और हाँ, क्या विश्वास है कि खत्म होने पर वेतन मिल ही जाएगा?

पत्नी आँख दिखाती सी कहती है। तुम हर बात को ऊहापोह बनाए रखते हो। तब जो होगा, देखा जाएगा। अभी तो समस्या सुलझाओ, वरना इन पचास रुपयों से कुछ भी नहीं कर पाओगे।

अँगड़ाई लेकर वह उठता है। हाथ-मुँह धोकर तैयार। गाँव के बच्चों के लिए कुछ ले भी तो जाना पड़ेगा!

अरे क्या हुआ, नहीं ले जा सके तो, हर बार तो ले ही जाते हो। सभी जानते हैं हड़ताल की बात। गाड़ी में फेरीवालों को देखकर वह हिसाब लगाता

है, यदि एक पैकेट ही ले लूँ तो लौटते समय रिक्शे का पैसा नहीं रह जाएगा। माँ तो पैदल नहीं चल पाएगी। अच्छा, पाँच रुपए की मूँगफली ले लूँ। पर कैसा लगेगा इतने सारे बच्चों में पाँच रुपए की मूँगफली लेकर पहुँचना। वह खुद ही हँस पड़ा इस विडंबनात्मक स्थिति पर।

ट्रेन से उतरकर पैदल ही घर की पगडंडी पर चल पड़ा। यह पगडंडी हर बार उसे अतीत की ओर खींच ले जाती है। माँ की गोद में बिलखता शिशु, एक चपल बालक, एक अल्हड़ किशोर और फिर एक जवान कमाऊ पूत के रूप में कितनी बार इससे गुजरा है। यह पगडंडी कोई निशान नहीं रखती, फिर भी कितना इतिहास छिपाए है अपने भीतर—माँ की झुर्रियों की तरह। माँ जो अपने समूचेपन को बाँट चुकी है। कितने-कितने रूप देखे हैं उसने।

वह जब भी इस पगडंडी पर पहुँचता है, उसे माँ बेहद याद आने लगती है। कब पहुँचूँ उसके पास, यह बेसब्री उसे होती। स्कूल से लौटना हो या बाजार से, माँ की प्रतीक्षाकुल बिछी आँखों की छाया इस पगडंडी में उसे दिखती।

पहली बार जब वह नौकरी लगने पर आया, माँ को पूरे महीने का वेतन देने घर लौट रहा था। माँ का यही आदेश था कि मैंने मनौती माँगी है लल्लू! इस बार पहली पगार से कथा सुनूँगी, काली के चौरे पर कड़ाही चढ़ाऊँगी और डीह बाबा के थान पर हुड़का बजवाऊँगी।

माँ ने मेरे खर्चे के लिए पूरा पैसा अपने पास से दे दिया था। वह कितना किलक रहा था। वेतन के अतिरिक्त माँ के दिए हुए खर्चे में से ही कटौती करके माँ के लिए पतली किनारे वाली एक लाई लाया था। छोटी बहन के लिए सुआपंखी रंग की धोती लाया था, बहन ने कब से कह रखा था। बाबू के लिए खाली एक तौलिया ले आया था।

अगले वेतन से भाइयों के लिए, भाभी के लिए और उनके बच्चों के लिए कुछ-न-कुछ ले आने का सोचा था। माँ ने झिड़की दी थी, इसकी क्या जरूरत थी बोल? मैं जानती हूँ, तूने दूध में का पैसा बचाया होगा, देख तो कैसी हड्डियाँ निकल आई हैं। बहन साड़ी पाकर कुलाँचे मारती सहेलियों को दिखाने निकल गई थी और जाते-जाते फरमाइश भी करती गई थी, अबकी जाड़े में ऊनी शॉल भी लूँगी भइया! माँ ने उसे झिड़क दिया था। कुछ पानी-वानी भी पिलाएगी कि...जाने कितनी स्मृतियाँ हैं, यह पगडंडी दोहराती है।

भाभी कितनी लजाई थीं, जब वह उनके लिए मैकअप का सामान लाया था अगली बार?

अरे बबुआ! यहाँ माटी-गोबर में क्या करूँगी, यह सब? उसने छेड़ा था···और भौजी! आज तैयार होकर दिखाओ तो। शहर की लड़कियाँ पानी भरेंगी तुम्हारे रूप के आगे।

और भी लोगों की उपहार पाने के बाद की प्रतिक्रियाएँ उसे ज्यों-की-त्यों याद हैं।

पगडंडी चुक गई। गाँव की सीमा में प्रवेश करते ही बड़े-बूढ़े, बच्चे मिलने लगे। सबसे राम जुहारी करते वह अपनी दालान पर पहुँचा। माँ मजदूरों की मजदूरी तौल रही थीं। हाथ की नसें खड़ी हो जा रही थीं। उसे माँ ने देखा, पर काम में लगी रहीं। लपककर स्वागत या पुलक का भाव नहीं दिखाया।

यह उनकी पुरानी आदत है। ऐसी निर्लिप्त दिखती हैं कि आनेवाले को लगे कि मैंने कोई हलचल नहीं पैदा की इस शांत गहरे सरोवर में। पर धीरे-धीरे खुलती हैं। हाँ, यह बात और है कि सभी काम उनके लिए प्रमुख होते हैं। स्वागत का कार्य गौण।

रवि को लगता है कि माँ मशीन का एक पुर्जा होती जा रही हैं या हो ही गई हैं, बाबूजी के न रहने पर। बाबूजी की तरह ही निर्लिप्त भाव उनमें आ गया था। हाँ, खेती के काम में अभी तक उसी निष्ठा से पूरी प्राणवत्ता के साथ जुड़ी थीं।

उसने माँ के चरण छुए।

"अकेले आए हो, कै दिन की छुट्टी है?"

"कल जाना है, आपको लिवाने आया हूँ। डॉक्टर ने बुलाया था न इसी महीने, फिर से जाँच के लिए। कैसी तबीयत है अब?"

"ठीक ही है।"

पिता अब रहे नहीं, अन्यथा वह दालान से सटी कोठरी की ओर जाता। वह वहीं चारपाई पर बैठ गया। छोटे-छोटे बच्चे टुकुर-टुकुर ताक रहे थे। बड़े पैर छूकर भीतर खबर करने चले गए थे।

रवि को लज्जा आ रही थी, खाली हाथ आने के कारण।

बच्चे धीरे-धीरे छिटक गए। बड़े भाई भीतर कोठरी में लेटे हैं, छोटे दोनों भाई कहीं काम पर हैं। रवि के पैर काँपने लगे। वह अपनी कमजोरी मिटाने के लिए पैर हिलाने लगा। पिछले दो सालों से ऐसा होने लगा है। जब वह नर्वस होने लगता है तो पैर काँपने लगते हैं।

थोड़ी देर बाद वह भीतर की ओर बढ़ता है, माँ के पीछे-पीछे। माँ आड़ है उसकी। पर उसी माँ की कमर झुक गई है, ठीक से आड़ नहीं बन पाती। बड़े

भाई से हमेशा डरता रहा है वह। बचपन में बड़ी मार खाई है उनसे। पर भाभी से बहुत खुला था। बड़ा स्नेहपात्र था उनका। भाभी ने देखा, नमस्ते का जवाब दिया, पर होंठ पूरे नहीं खुले। लगा जबरन मुसकराई हैं। सोने सा रंग ताँबई हो गया है, केश अधपके हो गए हैं। चेहरे पर सहजता की जगह दुनियादारी का भाव अधिक उभर आया है, काफी गड़बड़ी हो गई हैं।

रवि को लगा कि वह अवांछित सा आ गया है। छोटे भाई की बहू से भाभी बोलीं, ''जरा फिर से आटा सान लो, बबुआ के लिए।''

जाने क्यों उसे लगा कि छोटे भाई की बहू घूँघट के भीतर कसमसाई है।

माँ तराजू आदि रखकर बैठ गई हैं पास आकर। लगता है, माँ ने हुक्म देने का अधिकार स्वयं खो दिया है या छीन लिया गया है, आज वह किसी से यह भी नहीं कह रही हैं कि रवि को पहले पानी तो पिला दो।

भाभी कटोरी में गुड़ और पानी लेकर आईं।

रवि गुड़ की ओर देखने लगता है। भाभी कहती हैं, बाजार का है, अबकी घर पर बना ही नहीं।

रवि को लगता है कि भाभी पहले से ही बताना चाह रही हैं, कही मैं गुड़ की फरमाइश न कर दूँ कि बच्चों ने गुड़, सत्तू, चबैना लाने को कहा है। स्थितियों के साथ सोचने का ढंग भी कितना बदल जाता है, रवि सोचने लगा। ऐसे में पत्नी की फरमाइश या सुझाया हुआ रास्ता कैसे तय कर पाएगा।

उससे गुड़ खाया नहीं गया, खाली पानी पी गया। भाभी ने अनदेखा कर दिया। गुड़ की कटोरी लेकर लौट गईं। माँ ने भी देखा, पर कुछ बोली नहीं। रवि का मन हुआ कि कोई पूछ लेता, क्यों नहीं खाया रे?

''माँ! कल सवेरे ही चलना है?''

माँ कसमसाई—''क्या बताऊँ, धान कट रहा है। चारों ओर काम फैला है, कैसे चलूँ? अपने भइया से पूछना।''

माँ कितनी मोहताज हो गई हैं। धान माँ के स्वास्थ्य से ज्यादा जरूरी है। भइया से पूछकर ही माँ को ले जा सकता हूँ, तभी माँ जा सकती हैं।

माँ का हम सब पर या मेरा माँ पर कोई अधिकार नहीं बनता है? वह चौंक गया। माँ बहुत दयनीय लग रही थीं। मैं भी माँ के अधिकार की बात सोचने लगा। सबकुछ उलट-पुलट गया है।

भइया अपनी कोठरी से अपनी लड़की को आवाज दे रहे हैं। पानी माँग रहे होंगे। वह जानता है कि लड़की के नाम से वह पत्नी को बुला रहे हैं।

भाभी पानी लेकर दौड़ती सी जाती हैं। दूसरे हाथ में गुड़ की वही कटोरी। क्या भइया भी कटोरी को घूरेंगे? क्या भाभी उनसे भी वही बात कहेंगी?

नहीं, क्योंकि भइया इस घर के लिए अजनबी नहीं हैं। उनकी मेहनत से ही तो सबकुछ उपजता है। वह सुनता है, भीतर बातें हो रही हैं। बातें चाहे जो हों, उसे लगता है कि उसी के बारे में हो रही हैं, माँ को ले जाने के संबंध में मेरे आने की बात।

भइया बाहर निकलते हैं। गठा हुआ कसरती शरीर, उनके सामने वह अपनी काया और मन दोनों को निरीह पाता है। वह उनके पैर नहीं छूता। कभी बचपन में जब वह पैर छूता था, वे चलते जाते थे। खड़े ही नहीं होते थे। तब वह खिसियाकर लौट आता था। हमेशा की तरह वह उठकर खड़ा हो गया हाथ जोड़।

कैसे आए हो? क्या छुट्टी थी?

छुटटी तो नहीं, हड़ताल चल रही है। कल सवेरे लौट जाऊँगा। वह हड़ताल की बात जान-बूझकर बताना चाह रहा था। जिससे स्थिति का उन्हें आभास हो। और वे बात को आगे बढ़ाएँ।

पर वे अनसुना कर बाहर निकलने लगे।

उसने फिर टोका, ''माँ को डॉक्टर को दिखाना है।''

''अभी तो पिछले महीने खेती के काम से फुरसत थी, तब क्यों नहीं आए?''

''मैं दौरे पर था। फिर माँ को इसी महीने डॉक्टर ने देखने के लिए कहा था।''

''माँ से पूछ लो, जैसा उनकी समझ में आए।'' भाई बाहर निकल गए।

माँ और रवि अकेले रह गए। दोनों की आँखों में प्रश्नचिह्न था।

माँ ही बोलीं, ''कैसे चलूँ, तुम्हीं बताओ? छोटी भी पूरे दिन से है, जचगी के दिन करीब हैं। उससे बड़ी को मायके जाना है। बाहर की देख-रेख कौन करेगा?''

रवि ने हथियार डाल दिए। माँ का न जाना तो निश्चित ही हो गया, पर भाभी आती दिखीं। भाभी से पूछ लेना भी उचित होगा।

भाभी का उत्तर जो जानता था, वही मिला। माँ स्वयं घर की बड़ी हैं, जो चाहें करें। और रवि को लगा, सचमुच माँ बड़ी होने का पूरा दायित्व निभा रही हैं।

अब पत्नी का सुझाया हुआ रास्ता कैसे और किससे कहे वह? किराए में खर्च किए गए पैसे उसे खलने लगे।

माँ लहसुन का गुच्छा लेकर बैठ गई थीं, काटने लगी थीं। पानी भरने वाला

कहार आकर खड़ा था। वह कुछ अनाज उधार लेने आया था। माँ की मदद करने लगा। लहसुन की ओर देखकर बोला, ''मलकिन! ई भईया को देने के लिए छाँट रही हो?''

माँ बोली, ''नहीं रे, कहाँ लहसुन हुआ है इस साल? यह तो मझली के मायके से आया है।''

रवि को लहसुन का बाजार-भाव याद आया। अभी कुछ ही दिन पहले गाँव के मास्टरजी हड़ताल में गिरफ्तारी देने गए थे। पत्नी सब्जी वाले से लहसुन खरीद रही थी। इतना महँगा है कि अब वह सब्जी में डालती ही नहीं। पर रवि को जोड़ों का दर्द रहता है, अत: उसके लिए कच्चे लहसुन का प्रबंध वह करती है। यह बात माँ भी जानती है और घर के सभी लोग।

मास्टरजी ने बताया था कि तुम्हारे भाई ने अबकी पाँच सौ रुपए का लहसुन बेचा है, काफी सस्ते दामों पर। यहाँ तो उसके दाम आसमान छू रहे हैं। पर आज माँ की बात से उसे ग्लानि सी हो आई। माँ झूठ क्यों बोल रही है? क्या इसलिए कि वह जानती हैं कि लहसुन दे नहीं पाएँगी और वह यह भी नहीं चाहतीं कि रवि कुछ महसूस करे।

कहार भाभी को आते देखकर बोला, ''मालकिन! एक पसेरी दाल चाहिए, लड़की को लिवाने आ रहे हैं। अगली फसल में दे दूँगा, भइया से बात हो गई है।''

भाभी झल्ला उठीं, ''भइया को क्या पता? उन्हें कुछ मालूम भी रहता है कि घर में क्या है, क्या नहीं। इस साल एक पसेरी दाल तो पूरे बीघे भर में हुई थी। कैसे-कैसे मैं निभा रही हूँ, ईश्वर ही जानते हैं।''

रवि के माथे पर हथौड़े पड़ने लगे। रवि तब घर आया था, जब अरहर पीटी जा रही थी और वह जानता था कि अरहर खूब हुई है।

कहार विरोध के स्वर में कह रहा था कि इज्जत सबकी होती है मलकिन! बेटियाँ सबकी हैं। मुझे भइया ने भरोसा न दिया होता तो मैं कहीं और जाता।

रवि जानता है, कहार भीख नहीं माँग रहा है। ड्योढ़ी पर अनाज माँग रहा है। अगली फसल में इसका ड्योढ़ा लौटाएगा।

भाभी उसे नाराज नहीं करना चाहती थीं। और न रवि के सामने देना ही चाहती थीं। पर वह समझ गया। वह बोलीं, ''इज्जत की बात है, जैसी बेटी तुम्हारी, वैसी हमारी, अम्माजी तौल दीजिए।'' माँ ने फिर तराजू उठा लिया। माँ के हाथ में तराजू देखकर न्यायालय की न्यायतुला याद आई। जैसे वहाँ वह तुला

मात्र प्रतीक रह गई है, व्यवहार में नहीं रही, वैसे यहाँ भी लगा। क्या माँ नहीं जानती कि यहाँ हर चीज पर मेरा भी उतना ही अधिकार है, जितना अन्य भाइयों का। फिर माँ क्यों चुप हैं? क्यों और सभी की तरह माँ ने भी यह मान लिया है कि मैं शहर में पैसों की डाल हिला रहा हूँ और ऐश कर रहा हूँ, किसी की परवाह नहीं कर रहा हूँ। माँ तो देख आई हैं, मेरी आमदनी और खर्च भी। या माँ इतनी मजबूर हो गई हैं कि वे सच को सच नहीं कह पाती।

रवि भोजन करने बैठा। भाई पहले ही बैठ चुके थे। उनकी थाली की ओर रवि की निगाह गई। दाल के ऊपर घी की एक अंगुल की सतह तैर रही थी। भाभी स्वयं परोस रही थीं। रवि की थाली छोटी बहू ने परोसकर सरका दी। दो बच्चे खाना खाकर उठ गए। दोनों की थालियों में इतना भोजन छूटा था कि रवि के तीनों बच्चे उसमें अघा जाते। भाभी ने सारा बचा खाना जूठन की बाल्टी में डाल दिया। रवि को बाजार भाव फिर याद आने लगा।

भाभी ने सिरके का अचार परोसा। रक्षा ने कहा था कि अबकी अचार घर से लेते आना, कभी-कभी सब्जी की जगह अचार से काम चल जाएगा।

रवि ने बेहयायी करते हुए कह ही दिया—भाभी, रक्षा ने थोड़ा अचार लाने को कहा है। भाभी ठिठक गईं, बोलीं, ''अचार-वचार बनाने की अब फुरसत कहाँ है! यह तो मेरी माँ ने छोटी के लिए थोड़ा भेज दिया था।'' रवि का मन ग्लानि से भर उठा, क्यों उसने अपने आत्मसम्मान को ठेस पहुँचाई?

किंतु आगे हड़ताल का अनिश्चित कालीन समय उसकी आँखों में खौफ भर रहा था। बच्चों की फीस से अधिक उनकी भूख की चिंता उसके सिर पर सवार हो गई थी।

हड़ताल में ऐसा भी नहीं था कि वह ऑफिस से बाहर जाकर कुछ और काम कर पाता। उसे सभी हड़तालियों के साथ पूरे समय वहाँ खड़ा रहना था, धरना देना था, हाथ उठा-उठाकर, गला फाड़-फाड़कर नारे भी लगाने थे। उसे यूनियन के लीडरों की आँखें भी खौफनाक लगने लगी थीं, जो अपनी माँगों के लिए मर-मिटने का जज्बा पैदा करते थे।

उसकी थाली में रोटी पड़ी थी, वह भोजन का निवाला निगल नहीं पा रहा था। बच्चों की भूख और उनकी माँ का विवश चेहरा उसकी आँखों में घूम रहा था। वह सोच रहा था कि कोई पूछ ले कि क्यों नहीं खा रहे हो? क्या तबीयत ठीक नहीं है?

माँ ने आकर उसकी थाली की ओर देखा और बोलीं, ''कुछ और चाहिए?''

उसके भीतर से रुलाई का आवेग फूटता सा लगा और लगा कि अभी उल्टी हो जाएगी।

वह उठ खड़ा हुआ।

माँ की अधीर निरीहता को वह और नहीं बढ़ाना चाह रहा था। माँ ने अपनी आँखों पर आँचल रख लिया था।

रवि को लगा कि इस घर में अब सहानुभूति और संवेदना की भी हड़ताल हो गई है। बाहर की हड़ताल से अधिक उसे भीतर की हड़ताल भयावह लगने लगी थी।

□

शमा

वह अब सिसक नहीं रही थी। उसके चेहरे का खौफ अब धुल गया था। उसने अपनी तीन साल की बच्ची को गोद में उठा लिया था। लोग देखते रहे, वह खाली हाथ घर से निकल पड़ी थी। झोले का सामान भी वहीं छोड़ दिया था।

वह अपने शौहर की तीसरी बीवी थी। वह रंगून में कमा रहा था और उसका इंतकाल हो गया था। एक महीने से चल रहा उसका आखिरी क्रिया-कर्म पूरा हो गया था। उसके लिए जो आखिरी फर्ज था, वह निभा चुकी थी।

उसकी दोनों सौतों ने उसको और उसकी बच्ची को मनहूस कह-कहकर अपनी जबान थका ली थी, पर उसने उन्हें पलटकर जवाब नहीं दिया था। वह सोच रही थी, शायद उनकी बात सच है कि मेरे नसीब में तीन साल के भीतर राँड़ होना लिखा था, तभी तो वह चल बसे।

सौतें कह रही थीं कि मौलवी साहब ने बताया है कि शमा के ऊपर किसी जिन्न का साया है, वह रज्जन मियाँ को खा गया।

महीने भर कितना कुछ सुनते-सुनते वह सुबकती आ रही थी, जिन्न के साए के खौफ से डरती आ रही थी। घर के लोगों ने कहना शुरू कर दिया था कि अब यहाँ अगर यह घर में रही तो पूरा खानदान साफ हो जाएगा धीरे-धीरे।

शमा अपने शौहर के लिए अपना आखिरी फर्ज निभाने के लिए सबकुछ झेल रही थी। आज उसने मन-ही-मन फैसला ले लिया था—'मैं अपनी बच्ची को लेकर कहीं चली जाऊँगी।'

उसने सबसे कह दिया था, मैं जा रही हूँ। उसने एक झोले में अपनी बच्ची के और अपने कपड़े रख लिये थे। शादी के समय शौहर ने जो गहने दिए थे, उसमें से कुछ तो सौत की बेटियों ने अपनी शादी में नई अम्मा से माँग लिये थे, कुछ बेचकर अपनी जचगी के समय अपनी बच्ची के इलाज में खर्च कर दिए थे।

दूसरी सौत के बड़े लड़के ने आकर कहा, "क्या-क्या ले जा रही हो शमा अम्मी!" कहकर झोले का सामान उलट दिया। यह सरासर नंगाझोरी थी। पर वह खून का घूँट पीकर रह गई थी।

पोटली खोलकर उसमें से चुटकी हिलाते हुए वह बोला था—"शमा अम्मी! अब बेवा होकर झुमकी पहनोगी तो लोग क्या कहेंगे? यह तो आपकी बहू के कान लायक है।" कहकर बहू की ओर झुमकी उछाल दी थी।

शमा का कलेजा मुख को आ गया था। यही एक तो सहारा बचा था। पर उसने फैसला ले लिया था तो जाना था ही। उसे लगा कि अपने ही परिवार ने सबके सामने नंगा कर दिया था।

गाँववाले देख रहे थे। रज्जन की तीसरी बीवी खाली हाथ घर से जा रही थी, पर किसी की हिम्मत नहीं थी कि उसके प्रति अफसोस भी जाहिर करे। रज्जन की पहली बीवी के बड़े लड़के से गाँव और कस्बे के लोग थर्राते थे, उसकी दोस्ती नेताओं से थी।

सुल्तान की बीवी झुमका पहनकर शमा के सामने आ गई। "अम्मी! कैसी लग रही हूँ? खफा होकर मत जाना, दुआ देकर जाना।"

उसने दुआ में हाथ जोड़ लिये—"सुहाग बना रहे, अहिवाती रहो बहू!"

आज से दस साल पहले यही दुआ उसकी सास ने उसको दी थी। उसकी माँ ने भी यही दुआ दी थी, यह बात और है कि वह मजबूर थी, अपनी फूल सी बच्ची को तिहाजू के हाथ सौंपने के लिए।

रज्जन पैंतालीस साल का था, पर लगता नहीं था। रंगून की कमाई ने शरीर और घर दोनों भर रखा था। वह उसके गाँव आया तो शमा की शोख निगाहों ने उस पर जादू कर दिया था। वह शमा के अब्बू के पास बैठा अलाव ताप रहा था। शमा अपने अब्बू के लिए चिलम भरकर लाई थी। चिलम की आग की रोशनी में शमा का गोरा-चिट्टा मुख और दमक उठा था।

□

शमा के पिताजी किसी जमाने में जाने-माने रईस थे। पर छह-छह बेटियों के हाथ पीले करते-करते तबाह हो चुके थे। शमा सातवीं बेटी थी। वारिस 'बेटे' के इंतजार में सात बेटियाँ आ गई थीं। आठवीं औलाद बेटा हुआ तो खुशी के मौके पर इतना जश्न मनाया गया था कि जमा पूँजी का बहुत बड़ा हिस्सा खर्च हो गया।

फिर शुरू हुआ वारिस की जिंदगी सँवारने का हौसला। सारी जिंदगी, जिसके इंतजार में काटी, वही औलाद शोहरत की ऊँचाइयों पर पहुँचे, दौलत उसके कदम

चूमे, कौन माँ-बाप नहीं चाहेगा?

शमा की पीठ पर रमजान पैदा हुआ था, इसलिए उसे नसीबवाली माना गया। वह भी अपने भाई को जान से ज्यादा मानती थी। बड़ी थी, पर भाईजान-भाईजान कहते उसकी जीभ नहीं थकती थी। उसके नसीब से ही तो आया था वह।

पर शमा क्या जानती थी कि भाई का नसीब बनाने के लिए उसका अपना नसीब दाँव पर लग जाएगा। आज तनहा राह चलते हुए उसे वह दिन हूबहू वैसे ही याद आ रहा है, जैसे कि अभी कल का ही वाकया हो।

रज्जन मियाँ शमा के गाँव आए थे, अपनी खाला की बेटी के ब्याह में। रंगून की कमाई का जलवा था। बड़े से ट्रंक में सौगात थी। दुलहन के साथ ही घर भर के लिए सौगात थी। दुलहन शमा की सहेली थी। वहीं शमा को पहली बार देखा था रज्जन ने। दुलहन ने परिचय कराया था—"शमा! ये हैं मेरे भाई जान, रंगून में रहते हैं।" शमा ने नजरें नीची किए हुए आदाब किया था। रज्जन को शमा की सहेली ने उसके घर का पूरा ब्योरा दे दिया था।

□

शादी के दूसरे दिन रज्जन शमा के घर आए थे। अब्बू से बात कर रहे थे, इतने में रमजान आ पहुँचा। रमजान की शाहखर्ची और आवारागर्दी से अब्बू तंग आ गए थे।

बोले, "रज्जन मियाँ! कहीं हमारे साहबजादे को काम पर लगा दें तो बड़ी मेहरबानी होगी। अभी एक बिटिया भी ब्याहने को बैठी है। बुढ़ापे की औलाद के लिए फिक्र होती है। शमा के हाथ पीले कर दूँ और रमजान अपने पैर पर खड़ा हो जाए तो चैन से मर सकूँगा। कौन जाने कब अल्लाताला का बुलावा आ जाए?"

और अब्बा का बुलावा जल्द ही आ गया था।

रज्जन मियाँ ने अब्बा को जुबान दी थी। खबर मिलते ही आए, भाई को रंगूने ले गए और शमा से खुद निकाह कर लिया।

शमा की मरजी पूछने की, जानने की किसी ने न जरूरत समझी, न शमा ने एतराज ही किया। भाई की जिंदगी बन गई थी। शमा को मिल गया था सहारा। सबकुछ ठीक-ठाक चल रहा था।

शुरू में शमा को एक बार रंगून भी ले गया था उसका शौहर। पर पहली औरत बीमार हो गई तो उसकी तीमारदारी के लिए शमा को घर भेज दिया था।

दूसरी बीवी बहुत नकचढ़ी थी। उसने रज्जन की नाक में दम कर दिया था कि क्या तीसरी के सुर्खाब के पर लगे हैं, जो वह रंगून की सैर कर सके और

मैं तुम्हारी बीवी की खिदमत करूँ, या तो इसे भी ले जाओ या उसे भेज दो।

शमा ने सिर झुकाकर हमेशा हर हाल में समझौता किया था। जबान कभी खोलती ही नहीं थी।

बचपन, किशोरावस्था और यौवन के जाने कितने सपने शमा की आँखों ने भी देखे थे। वह उन सपनों को याद भी नहीं करती। बचपन से ही जैसे हर लड़की से कहा जाता है कि बेगाने घर जाना है, ढंग-सऊर सीखो, सबकी इज्जत करना सीखो, बढ़िया खाना पकाना तो बहुत जरूरी है। पेट के रास्ते ही तो मुहब्बत दिल तक पहुँचती है।

वह सोचती थी कि पेट के रास्ते कैसे? अब महसूस करती है।

अच्छा खाना खिलाकर शौहर और उसके कुनबे को खुश किया जा सकता है। और एक दूसरा मतलब भी वह समझने लगी है कि पेट भरने के लिए भी मुहब्बत की जाती है उससे, जो पेट भर सके।

तिहाजू की बीवी बनी इसका मलाल भी किसी के सामने नहीं जाहिर किया।

इस बार रज्जन परदेस गए तो लौटकर ही नहीं आए। आई तो खबर कि रज्जन का इंतकाल हो गया। क्या हुआ था उन्हें? कैसे मरे? वह जान नहीं सकी थी। सौत का बेटा बाप के पास गया था, लौटा तो यह खबर लेकर और बड़े-बड़े बक्सों में सामान लादकर। उसका कहना था कि रात को खा-पीकर आराम से सोए थे और सवेरे लाश मिली।

□

गाँव में लोग कानाफूसी कर रहे थे—"ई रज्जनवा बड़ा दिलदार आदमी रहा। सबके सुख-दुःख मा काम आवत रहा। वही कै औलाद ई रहमत होय, जौने का 'रहम' से तौ कौनो सरोकार नाहीं है।"

शमा का भी मन खटका, पर कह नहीं सकती थी।

अपने शौहर की निशानी अपनी इकलौती बिटिया को नहीं खोना चाहती थी। जब वही नहीं रहा, जिसके नाते से इस घर से नाता जुड़ा था तो फिर क्या रहना इस घर में? यह घर जब उन्हीं के लिए बेगाना हो गया, जिसने यह घर-परिवार, यह दुनिया बसाई थी तो अब उनके बेगाने घर में बेगाना बनकर रहने से तो अच्छा है, यहाँ से चले जाना।

वह चली जा रही थी, कंधे पर बच्ची थी, मन पर बोझ था, सबकुछ लुट जाने का, तनहा हो जाने का, सिर छुपाने के लिए एक छाँह का, अपनी आबरू बचाए रखने के लिए एक अदद घर की जरूरत का।

इतने में सामने से दो लोग आते दिखे। उनके हाथों में हथियार था, चेहरे पर नकाब थी। शमा की चीख गले में ही रह गई। उसकी बच्ची उससे छिन गई थी, उसकी देह गैर-मर्द की बाँहों में छटापटा रही थी। कानों में आवाज आई, ''उसने तो कहा था कि जान से मार देना। पर यार! यह तो मारने लायक नहीं है, इस पर तो जान कुरबान की जा सकती है।''

दूसरे ने कहा, ''पर याद रख, यह उसके बाप की औरत है।''

''बाप की है न, उसकी तो नहीं।''

और शमा को लगा कि क्या मौत इससे अधिक भयावह होगी।

उसने आखिरी कोशिश करने की हिम्मत जुटाई, उसमें जाने कहाँ की ताकत आ गई थी, उसने किसी तरह मुँह खोल लिया था और दहाड़ उठी थी—''मैं उसकी ही नहीं, तेरी भी माँ हूँ, हर औरत माँ होती है। तुम्हें जनती है, परवरिश करती है, प्यार करती है, और बदले में तुम…।''

आज पहली बार उसकी जबान खुली थी और शमा को खुद ताज्जुब हो रहा था कि वह अब तक चुप क्यों रही थी? शायद इसलिए कि अब तक उसमें जिंदगी जीने का मोह था। पर आज ऐसी जिंदगी नहीं चाहिए उसे। पर अपनी बच्ची को जिंदगी की उस जलालत से बचाने की आखिरी कोशिश थी यह, जिसे उसने भोगा था।

खेत में पड़ी उसकी बच्ची चीख-चीखकर उसे पुकार रही थी। और उसकी आखिरी कोशिश कामयाब हुई। बगल से सेना के जवानों की जीप गुजर रही थी। उसे रुकते देख दोनों ही नकाब पोश भागने लगे, पर दबोच लिये गए। सेना के जवानों ने माँ-बेटी को गाड़ी में बैठाकर पूछा, ''आपको कहाँ जाना है? बताइए हम आपके घर पहुँचा देंगे।''

शमा ने कहा, ''अब आसमान ही मेरी छत है, धरती ही मेरा घर है।'' उसने आपबीती कह सुनाई। पर उसने अपने उस घर का पता-ठिकाना बहुत पूछने पर भी नहीं बताया। उसे पूरा मौका खुदा ने दिया था कि वह अपना बदला ले सके और गुनहगार को सजा दे सके, पर वह चुप रही।

'घर' का सपना अधूरा ही सही, जिस घर से पूरा हुआ था, उसे वह बरबाद नहीं कर सकती थी। आखिर वह उसके शौहर का घर था, कुनबा था।

सेना के जवानों से वह बोली थी—''भाईजान! मेरी एक मदद कर दो, मैं आप सबके जूठे बरतन साफ करूँगी, रसोई पकाऊँगी, बस मुझे और मेरी बच्ची को दो जून की रोटी और एक चटाई भर की जगह दे दो।''

जवानों को लेकर गाड़ी मुकाम पर पहुँची। सेना के प्रमुख 'पुरी साहब' के सामने शमा गोद में बच्ची को लेकर खड़ी थी। उसके होंठ सूख चुके थे। उसे मेस में काम मिल गया था। उसकी मेहनत और सद्व्यवहार ने सबको अपना बना लिया था।

मेस के मजदूरों से लेकर अफसरों तक में शमा के हाथ से बने सालन और गरम-गरम रोटियों की तारीफ थी।

शमा की बेटी का नाम रोशनी रखा गया था। रोशनी सबके हाथों का खिलौना थी। सिपाहियों को उन दोनों को देखकर अपना परिवार याद आता था। शमा की रोशनी को एक बड़ा परिवार मिल गया था, जहाँ खून के नहीं दिल के रिश्ते थे।

खाली समय में वह आस-पास के गरीब बच्चों को पढ़ाती थी, हुनर सिखाती थी।

शमा बुझने से बच गई और अपनी बच्ची को भी बचा लिया। आज वह अपनी मेहनत से अपने पैरों पर खड़ी है। अपनी बच्ची को अच्छी तालीम देने की कोशिश कर रही है। उसको खुद के लिए बहुत रिश्ते आए, पर उसने मना कर दिया। अब एक ही रिश्ता बचा है, माँ-बेटी का, जिसे निभाने का वह जी-जान से कोशिश कर रही है।

दिन गुजरते देर नहीं लगती। रोशनी ने प्राइमरी पास कर ली। उसको आगे वह और पढ़ाना चाहती थी, किंतु उस छोटे स्थान पर आगे पढ़ने की व्यवस्था नहीं थी। स्कूल दूर था, जहाँ रोशनी को भेजने में उसे डर लगता था।

अभी भी उस आतंक से वह मुक्त नहीं हो पाई थी। क्या पता सुल्तान और रहमत या उसका परिवार अभी भी उसकी टोह में हो। जेल में बंद वे नकाबपोश भी क्या पता छूटकर आ गए हों?

शमा ने अपने मायके तक को यह भनक नहीं लगने दी थी कि वह अपनी बच्ची को लेकर कहाँ है? क्योंकि बात फैलते देर नहीं लगती। माँ के लिए मन बार-बार विकल हो उठता था, यह सोचकर कि वह जाने कैसी होगी!

बहनों की तो शादी हो ही गई थी। रमजान रंगून में है या कहाँ, कुछ पता नहीं। क्या पता सुल्तान ने उसके साथ भी कोई साजिश रची हो।

पुरी साहब सेवानिवृत्त होकर जा रहे थे। उन्होंने शमा से कहा, "आप मेरे साथ दिल्ली चलना चाहें तो चलें। वहाँ रोशनी की तालीम के लिए ठीक रहेगा।"

शमा संकोच कर रही थी। पुरी साहब के एहसानों तले वह दबी थी। अब उन पर भार बनना उसे गवारा नहीं था। वह झिझकते हुए बोली, "साहब! वहाँ

मुझे काम मिल जाएगा? मैं अपनी बच्ची को आगे और पढ़ाना चाहती हूँ।''

पुरी साहब मुसकराए—''आपको तो खुदा पर भरोसा है न, मेरी भी दो बेटियाँ हैं। एक तो अध्यापिका है और दूसरी पढ़ रही है। उनके साथ रोशनी खुश रहेगी।''

शमा उनके साथ दिल्ली आ गई।

पुरी साहब की माताजी अरसे से बिस्तर पर थीं। शमा ने स्वेच्छा से उनकी तीमारदारी का भार ले लिया। पुरी साहब ने उसे वेतन के रूप में कुछ देना चाहा, पर शमा ने इनकार कर दिया। साहब! इनकी सेवा करके मुझे लगेगा कि मैं अपनी अम्मी की सेवा कर रही हूँ।

रोशनी का दाखिला उनकी बेटी के स्कूल में करा दिया गया। शमा को भी पुरी साहब ने आगे पढ़ने और कंप्यूटर सीखने की व्यवस्था कर दी।

ट्रेनिंग पूरी होने पर उसी स्कूल में शमा की भी नौकरी लग गई। शमा नौकरी करते हुए भी माताजी की सेवा में तनिक भी चूक नहीं होने देती थी।

पुरी साहब की पत्नी को भी शमा के आ जाने से बहुत राहत मिल गई। अब वह माँजी की ओर से निश्चिंत थीं। इसके पहले नर्स और एक नौकरानी उनकी सेवा में लगी थी, पर न माताजी संतुष्ट हो पाती थीं और न श्रीमती पुरी निश्चिंत हो पाती थीं।

एक दिन स्कूल से लौटते समय सड़क पार करते हुए एक वृद्धा को कार से टकराकर गिरते हुए देखा तो शमा दौड़कर वहाँ पहुँच गई। शमा ने उन्हें उठाया तो उसके मुँह से बेतहाशा निकल पड़ा—''अम्मी जान आप···?''

अम्मी शमा की आवाज और चेहरा पहचान कर फफक पड़ीं—''मेरी बच्ची! खुदा ने आखिर तुझसे मिला ही दिया।''

शमा यहाँ अधिक रुकने में डर रही थी, कहीं अम्मी के पीछे कोई लगा न हो, मुझे ढूँढ़ने के लिए। उसने नकाब से अपना चेहरा ढक लिया। वह माँ को साथ लेकर चल पड़ी। उसने रिक्शाचालक की ओर ध्यान से देखा, कहीं यह गलत आदमी न हो और मेरे पीछे लगा दिया गया हो। वह सावधान हो गई। सीधे घर जाना ठीक नहीं।

उसने एक डॉक्टर की डिस्पेंसरी की ओर रिक्शा मुड़वा लिया। अम्मी को डॉक्टर को दिखाना जरूरी था और अपने बचाव के लिए भी कहीं रुकना उसे ठीक लगा। वहाँ से उसने पुरी साहब को फोन करके पूरा वाकया बयान कर दिया और अपनी शंका भी बता दी।

पुरी साहब ने अपने एक मित्र शकील अहमद को फोन करके उन्हें उस डिस्पेंसरी में भेजा और अपने घर पर कुछ देर रोकने के लिए कहा।

शमा शकील भाईजान को पहचानती थी। वह अकसर पुरी साहब के यहाँ आते थे। पुरी साहब ने आस-पड़ोस में शमा के बारे में यही बताया था कि शमा शकील साहब की रिश्तेदार है और मेरी माँ की सेवा के लिए मेरे यहाँ आई है।

शकील साहब के आने तक शमा ने अम्मी को डॉक्टर को दिखा दिया था। डॉक्टर ने कहा कि आपकी अम्मी बहुत कमजोर हो गई हैं, इनकी ठीक से देखभाल कीजिए। एक टॉनिक लिखकर उन्होंने दे दिया। शमा शकील भाईजान के घर अम्मी को लेकर आ गई।

शकील भाईजान को देखते ही अम्मी ने पूछा था—''बिटिया, तेरी ससुराल वाले कहते हैं कि तू किसी के साथ भाग गई। क्या यह तेरे''' ।''

शमा अवाक् थी। यद्यपि सुल्तान से उसे किसी अच्छी बात की उम्मीद भी नहीं थी। उसने शकील भाई साहब से अम्मी का परिचय कराया और अम्मी से पूछा कि आप यहाँ तक कैसे आईं। वह पहले जान लेना चाहती थी कि अम्मी का आना अकस्मात् है कि किसी साजिश का हिस्सा?

अम्मी ने रोते-रोते अपनी आप बीती सुनाई—तुम्हारे शौहर ने रमजान की नौकरी लगवा दी थी। उसने वहीं अपना निकाह कर लिया था। हमारी भी कोई खोज-खबर वह नहीं लेता था। एक बार अपनी बीवी हमीदा को लेकर घर आया। मैं निहाल हो उठी और पूरे मोहल्ले में बताशे बाँटे। पर यह खुशी बताशों के साथ ही गल गई। रमजान सब जर-जमीन, घर-जायदाद बेचने का मंसूबा लेकर हिंदुस्तान आया था।

अम्मी की आँखों से गंगा-जमुना बह रही थीं। बिटिया! मैं गाँव में अकेली थी। बेटियाँ भी सब अपने-अपने घर तंगी में गुजर कर रही हैं। कभी-कभार हारी-बीमारी में आ जाती थीं। तेरे भाई ने सारे कागज-पत्तर तलाश लिये। एक हफ्ते कोट-कचहरी के चक्कर काटता रहा, पर मेरे कानों को भनक तक नहीं लगने दी। दो दिन पहले उसने कुछ कागजों पर मुझसे अँगूठा लगवाया, यह कहकर कि अम्मी! ये पासपोर्ट के कागजात हैं। हम तुझे सिंगापुर ले चलने के लिए आए हैं।

मैंने पूछा था कि यहाँ कौन देखेगा—घर-द्वार, खेती-बाड़ी? वह बोला, ''ताला लगा देते हैं अम्मी! हमारा एक दोस्त यहाँ रहकर तब तक देखभाल कर लेगा, जब तक तुम लौटकर नहीं आओगी।''

बिटिया! वह मुझे हवाई अड्डे पर खाना खाने के लिए बैठाकर बीवी के साथ सामान की जाँच कराने जा रहा हूँ, कहकर पता नहीं कहाँ उड़न छू हो गया।

मैं खाने की मेज पर बैठी इंतजार करती रही। एक घ्रंटे बाद मेरी बदहवाशी देखकर एक आदमी बोला था—''सिंगापुर का जहाज तो उड़ गया, बीबीजी! आप अब घर जाइए।''

मैं उठी, और समझ नहीं पा रही थी कि क्या करूँ? कहाँ जाऊँ? न जेब में पैसा था, न मुझे कोई रास्ता मालूम है। मैं सुबह से भटकते-भटकते थककर चूर हो गई और चक्कर खाकर कहाँ गिरी, मुझे कुछ खबर नहीं। परवरदिगार को शायद मुझे और दुःख दिखाना है, इसीलिए बच गई।

शकील भाईजान ने चाय-पानी का इंतजाम कर दिया था। अम्मी ने केवल पानी पिया और कुछ नहीं खा रही थीं। शमा ने जिद करके उन्हें कुछ खिलाया और चाय पिलाई। थकी-माँदी अम्मी रोते-रोते निढाल हो गई थीं और शमा को पाकर जैसे निश्चिंत हो गई हों। वह सो गईं। कुछ देर बाद पुरी साहब भी वहाँ आ गए।

उनके मन में कई बार यह विचार उठा था कि शकील अहमद और शमा की जिंदगी का सूनापन यदि दूर हो जाता तो कितना अच्छा था? पाँच बरस पहले शकील अहमद की बीवी उनका साथ छोड़कर अल्ला को प्यारी हो गई थी। अपनी औलाद कोई हुई नहीं थी। रोशनी पर वे जान छिड़कते थे।

शकील साहब ने पुरी साहब से माँजी के सवाल के बारे में बता दिया था।

अम्मी के जगते ही पुरी साहब ने उनका हालचाल पूछा और बताया कि शमा मेरे घर अपनी बच्ची के साथ रहती है, लेकिन शकील साहब मेरे दोस्त हैं और अब अकेले हो गए हैं। आपने जो सवाल किया शमा से, ऐसा अभी तक तो नहीं था, पर यदि आपकी इजाजत हो तो शमा को इस घर में ससुराल और मेरे घर में पीहर के रूप में दो घर मिल सकते हैं।

शमा ने एतराज करते हुए कहा, ''नहीं भाईजान! अब मेरी जिंदगी केवल रोशनी के लिए है।''

पुरी साहब ने समझाते हुए कहा, ''रोशनी के लिए ही तो मैं भी यह रिश्ता जुड़वाना चाहता हूँ।''

शकील और पुरी साहब आपस में बात करते रहे। अम्मी की भी वही मरजी थी।

शकील साहब ने शमा से कहा, ''मैं आपसे वादा करता हूँ कि आप मेरे

लिए केवल रोशनी की अम्मीजान के रूप में मेरे घर में रहेंगी। मैं आपका महज एक दोस्त बनकर रहूँगा। अपनी रसूलन बीवी की जगह मैं किसी और को दे ही नहीं सकता।''

पर शमा को तैयार करना बहुत कठिन था। वह पुरी साहब की माताजी को नहीं छोड़ सकती थी। अपनी बेटी को वह कैसे समझाएगी कि तेरे लिए मैंने अब्बू ढूँढ़ लिया है।

पुरी साहब ने शमा के इन सारे तर्कों का जवाब दे दिया। आप मेरी माँजी से मिलने रोज आएँगी। सबकुछ पहले जैसा रहेगा। रोशनी को मैं बताऊँगा कि बाप का साया उसके लिए कितना जरूरी है। मुझे विश्वास है कि वह माँ-बाप दोनों को पाकर खुश होगी।

आपके लिए भी एक अदद घर जरूरी है। जिसे आप अपना कह सकती हैं। फिर आपको अब अपनी अम्मीजान का भी सहारा बनना है। मैं जानता हूँ कि आप बहुत बहादुर हैं। पर हम सबकी खुशी के लिए आपको हमारी बात पर गौर करना ही होगा।

शमा बहुत दिनों के बाद इस प्रस्ताव पर राजी हुई तब, जब उसकी बेटी रोशनी ने आकर कहा, ''अम्मी! मुझे नानी, दादी, मामू और अब्बूजान सभी चाहिए।''

शमा शकील के घर आ गई, पर इस शर्त के साथ कि वह तमाम यतीम बच्चों और बेवा औरतों को तालीम देकर उन्हें अपने पैरों पर खड़ा होने लायक बनाना चाहती हूँ, उसके लिए मैं स्कूल चलाऊँगी और उन्हें मुफ्त तालीम दूँगी।

शमा की शर्त खुशी-खुशी मान ली गई थी।

उसने नौकरी छोड़ दी। पुरी साहब की माँजी की देखभाल के लिए अभी भी वह नियम से जाती थी।

शमा ने अपना नाम रोशन कर लिया है। अब लोग उसकी नजीर पेश करते हैं और अपनी बच्चियों को शमा की संगत में रखकर कुछ तालीम देना चाहते हैं। □

वैतरनी

मुरगे की पहली बाँग सुनते ही हरिमती की आँख खुली। यह उसका नित्य का नियम था। 4 बजे उठकर प्रातः कर्म से निवृत्त होकर घर की सफाई करके, फिर गौशाला से गोबर बटोरकर कंडे (उपले) पाथकर पंक्तिबद्ध सजाकर रखना।

पहले वह दीवार पर चिपरी पाथती थी, हाथ में गोबर का गोला लेकर दीवार पर छपाक् से मारती, गोल चिपरी (कंडा) पर उसकी पाँचों अंगुलियाँ छप जातीं।

पर जब से भइया का घर पक्का हो गया, दीवार पर चिपरी पाथना बंद हो गया। अब तो उपले पाथने के लिए खलिहान में जाना पड़ता है। वहाँ सूख जाने पर भिटहुर (कड़उर, कंडे का ढेर) बनेगा।

उतनी दूर गोबर खाँची (डलिया) में भरकर ले जाना, सानकर पाथना, फिर लौटना, वह थक जाती है। उम्र भी तो ६० पार कर चुकी है। जन्म से लेकर यहीं तो खपी जिंदगी। केवल उम्र के १५वें वर्ष से लेकर बीसवें वर्ष तक की पाँच साल की जिंदगी ससुराल में कटी थी।

उन पाँच सालों की यादें उसके मन में मधुर और कटु दोनों रूपों में सपना बनकर बस गई हैं। पंद्रहवाँ लगते ही जब देह में अँगराई की गंध भरने लगी थी, गालों पर गुलाब का रंग उतरने लगा था, आँखों में जाने कैसे-कैसे रंग तैरने लगे थे, तभी तो बाबू हँसते हुए आए थे—'हरिमती! कहाँ हो?' (बाबू हरिमती की माँ को बेटी के नाम से पुकारते थे।)

हरिमती कभी अपना नाम सुनकर दौड़ आती तो बाबू कहते, 'तुझे नहीं तेरी माई को बुलाया है।' तो वह तिनुककर कहती, 'तो फिर माई का नाम लेकर क्यों नहीं बुलाते?'

वे हँसते—'तेरी माई का नाम नहीं ले सकते। न तेरी माई मेरा नाम लेती है, न मैं उसका।' यह अनुबंध हरिमती की समझ में नहीं आता था।

माई के आते ही बाबू बोले, 'आजु हरिमतिया क ब्याह तय करके आया हूँ।'

माई खुशी से भर उठी—'कहाँ?'

'कैसन है लरिका?'

'लरिका तो जैसे केवल का फूल है। हमरी हरिमतिया कै जोड़ी बहुत सुन्नर लागे।'

'अरे! घर-दुआर कैसन है?'

'अरे! पक्का मकान है। पाँच एकर की खेती है। दुआरे पै मुर्रा भैंस बन्हीं है। लरिका तीन भाई हैं। ई सबले बड़ा है। हरिमती पहिली बहू बनी, राज करी राज।'

फिर एक महीने के अंदर ही तिलक, ब्याह हो गया।

साल भीतर में ही गौना भी हो गया।

सास-ससुर की आँखि के पुतरी रही हरिमती।

अपने सुभाव, सेवा से सबकी लाडली बनी हरिमती। चार दिन के लिए नैहर आई तौ देवर साथे लगि जाएँ। हमहूँ जाब भौजी के साथ। दोनों देवरों में होड़ लगती थी भौजी के पास हम रहेंगे, उनके साथ हम खाएँगे।

सास आती डाँटकर भगा देती। भइया आए रहे हैं, अब जाओ तुम लोग पढ़ौ-लिखौ।

वह लाज से गड़ जाती। किशनू उसको लजाता देख मुसकरा देता।

पूरा परिवार ऐसन खुश था जैस होली, दिवाली क त्योहार रोज हो।

अगले वर्ष बड़े देवर की शादी हुई। बहू आई तो स्वागत करनेवालों में हुलास भरी हरिमती सबसे आगे थी।

एक छोटी बहू, मुँह बोलारौ आ गई थी। दोनों मिल के काम करेंगे, गाएँगे, साथ झूला झूलेंगे। अब तो आनंद-ही-आनंद होगा। लेकिन छोटकी को जिठानी का खिलंदड़ी सुभाव नहीं भाया। देवरों के साथ हरदम हँसती-बतियाती रहती हैं। जिधर देखो, उधर से बड़की दुलहिन, बड़की दुलहिन की पुकार लगी रहती है। काँटा ऐसी करक गई हरिमती देवरानी के मन में।

लेकिन देवरों की दुलारी भौजी इस कसक से अनजान अब निश्चिंत हो गई। अब तो साल-छह महीने के लिए नैहर जा सकती है। दोनों देवरानियों की जिठानी है।

एक और खुशी से परिवार चहक उठा, बड़की दुलहिन के बच्चे की आमद है। उसके प्रति परिवार की चिंता-फिकिर और ध्यान बढ़ गया। मझली के मन में जलन और बढ़ गई। उसका कोई वश नहीं चल रहा था, अब उसने छोटी

को अपनी ओर करने के लिए उसके मन में भी काँटा बोना शुरू कर दिया। लेकिन वह भोली-भाली थी। उसकी समझ में नहीं आ रहा था कि बड़ी दीदी का विरोध क्यों करूँ?

हरिमती तो अपने सरल स्वभाव के साथ सबसे उसी तरह निभा रही थी, जैसे जब ससुराल आई थी।

पर इधर उसके शरीर में आलस भरने लगा। काम-धाम समेटने में थोड़ा अपने शरीर के जरूरत के हिसाब से और कुछ सासजी के कहने पर उसने ढिलाई दे दी। 'दो-दो देवरानियाँ हैं करनेवाली, तुम आराम कर लो,' सासजी ने कहा था। बस यहीं से शुरू हो गया परिवार का चटकना। पति के आते ही मझली रोना लेकर बैठ जाती। हम तो इस घर की नौकरानी हैं बस, जो कुछ भी हैं, तुम्हारी भौजी हैं। उनकी सेवा ऊपर से करूँ, हमारी तो चाहे तबीयत ठीक हो या खराब। किसी को कोई मतलब नहीं, आपको भी नहीं। अपने बड़े भाई को देखकर उनसे तो कुछ सीखो। और अब तो ताला-कुंजी सब बड़ी जनी के हाथ में अम्माजी सौंप दी हैं। तेल-साबुन, क्रीम के लिए भी पैसा माँगना पड़े। और फिर उनको हिसाब भी दो। जैसे कि वही एक ईमानदार हैं, बाकी सब बेईमान।

देवर ने आकर हरिमती से यह बात हँसते हुए बता दी, पत्नी के सामने नहीं। "भौजी! हमरी दुलहिन कै तनिक ज्यादा खयाल किया करिए। उसको पैसा दें तो हिसाब न माँगें।"

हरिमती ने भी हँसकर उत्तर दिया—"जो हुक्म देवर राजा।" पर मझली का तो पारा चढ़ गया। रात को बोली, "हमको कैसे प्यार करते हो, यह भी अपनी भौजी को बता देना और कभी यहीं बुलाकर उनको दिखा भी देना।" बेचारा देवर हक्का-बक्का रह गया।

दूसरे दिन से भाभी के साथ की चुहलबाजी, हँसी-मजाक खत्म।

मझली का मुँह भी चढ़ा देखा तो हरिमती समझ गई। उसने सास के पास जाकर चाभी लौटाते हुए कहा, "अम्माजी! अब हमसे ई सब ना सँभारत बने। आप मझली को चाभी दै देंय।"

सास की अनुभवी आँखें समझ गईं। यद्यपि हरिमती ने कुछ बताया नहीं था। वह महसूस कर रही थीं कि जो सहजता बड़ी में है, वह मझली में नहीं। बात और बिगड़े न, इसलिए उन्होंने चाभी अपने पास ही रख ली और सबको सुना दिया कि "हरिमती की तबीयत ठीक नहीं है इन दिनों। अब ताला-कुंजी हमारे पास है, जेकाँ जिस चीजन क जरूरत होय हम्मैं बतावै।"

अब तो मझली और जलकर खाक हो गई। ई त उल्टा पासा परिगै। उनसे जो जोरी-बरजोरी, हँसि-खेलिके माँगब आसान रहा, अब अम्माजी से तो···बाप रे बाप!

अपना वार खाली जाने का यह क्रोध भी पति पर ही उतरा। और पति लगातार और बेचारा होता गया। घर की कलह बचाने के लिए चुपचाप पत्नी के सामने हथियार डालता गया।

गर्भ बढ़ने के साथ ही हरिमती का स्वास्थ्य गिरता जा रहा था। और फिर एक दिन वज्रपात हो गया हरिमती के परिवार पर। पति माता-पिता की वर्षों की इच्छा पूरी करने के लिए अमरनाथजी तीर्थयात्रा में लेकर गए थे। वहाँ जबरदस्त हिमपात हुआ। रास्ते बंद हो गए। लोग वापस लौटने लगे। किशनू ने माँ को पीठ पर लादा थोड़ी दूर चला, फिर अपना पाँव जवाब दे गया। थोड़ी दूरी पर पिता भी गिर पड़े थे। कोई किसी की मदद नहीं कर रहा था। जाने कितनी देर लोग पड़े रहे। फिर लौट नहीं सके।

अखबारों में खबरें थीं दिल दहलाने वाली, हफ्तों बाद भी उन यात्रियों के नामों की सूची निकली, जो उस हादसे के शिकार हुए थे। उस जत्थे के लगभग सारे लोग अमरनाथजी की यात्रा में हिम समाधि ले चुके थे। यह दुर्घटना सुनकर हरिमती संज्ञा-शून्य होकर ऐसी गिरी कि अस्पताल ले जाते-जाते हालत बिगड़ गई। बड़ा देवर बैलगाड़ी से लेकर अस्पताल भागा था। फिर वहाँ पहुँचकर गोद में लेकर बदहवाश सा डॉक्टर के पास पहुँचा। भरती किया गया। बच्चे को नहीं बचाया जा सका।

हरिमती की किसी तरह जान बच गई। पर उसे आज तक अफसोस है कि जान क्यों बची?

दोनों देवरों और छोटी देवरानी ने बहुत सेवा की इस दुःख की मारी की। पर मन में जीने की इच्छा ही नहीं रह गई थी। देवरों ने पुकारा—"भौजी! अब तुम्हीं तो हो हम सबको सँभालने वाली। तुम न धोखा देना।" वह भाभी के कलेजे से लगकर फूट-फूटकर रो पड़ा था।

हरिमती थोड़ी ठीक होने लगी। सास-ससुर और पति की जिम्मेदारी निभाने के लिए जीने की कोशिश करने लगी। सबकुछ सँभल रहा था। हरिमती सबको जोड़े हुए थी, पर मझली ने उसका जीना हराम कर दिया था।

कभी कहती कि यह राँड़ जब तक घर में रहेगी, घर में सुख नहीं रहेगा। पति को भी जली-कटी सुनाती। एक दिन माता-पिता और भाई की याद में

विसूर रहे देवर को सांत्वना देने के लिए भौजाई ने अपनी गोद में उसका सिर रख लिया। इसी बात पर मझली ने ऐसी-ऐसी बातें कहीं कि सहना मुश्किल हो गया और हरिमती को लगा कि यह सब सुनना भी महापाप है।

देवर-भाभी के पवित्र रिश्ते पर वह लांछन लगाती हुई विष उगल रही थी—''मुझे मेरे मायके पहुँचा दो, इस राँड़ को लेकर घर बसा लो। मैं इसकी तरह सुंदर नहीं हूँ न?''

यह सुनकर उसके पति ने इतना कसकर चाँटा मारा कि वह तिलमिला उठी। उसके दाँत से खून निकलने लगा था। वह बकने लगी। पूरा गाँव जुट आया।

यह कह रही थी—''मैं तो थाने जा रही हूँ, रपट लिखा दूँगी। मेरे पति को इस राँड़ ने फँसा रखा है। इसी के कहने पर मेरे पति ने मुझे मारा है।''

हरिमती हाथ जोड़कर उसके सामने खड़ी हो गई थी—''दुलहिन! मैं यह घर छोड़ दूँगी। तुम थाने मत जाओ। जो स्वर्ग चले गए हैं, उनकी इज्जत बची रहने दो।''

और हरिमती आ गई थी वापस अपने पिता-माता के पास। जिस घर में डोली आई थी, वहाँ से अरथी भी निकले उसकी यह चाह नहीं पूरी हो सकेगी, ऐसा उसने सोच लिया।

पर माता-पिता बेटी के दुःख से इतने टूट गए थे कि पहले पिता, फिर तीन महीने बाद माँ, दोनों ही संसार से विदा हो गए।

अब हरिमती भाई-भाभी के आश्रय में थी। भाई तो दुःखी बहन के प्रति आदर-सम्मान का भाव रखता था, एक तरह से उसकी कच्ची गृहस्थी को बहन ने ही सँवार दिया था। माता-पिता गुजरे तो भाई नाबालिग था। उसे पढ़ाया-लिखाया। प्राइमरी स्कूल में टीचर हो गया। उसका विवाह किया। भौजाई आई तो सोचा कि अब बाहर की जिम्मेदारी ही रहेगी। भीतर रसोई-पानी भाभी कर लेगी। लेकिन उन्हें फुरसत नहीं मिली। घर से बाहर रात-दिन खटती रहती थी हरिमती। भौजाई की तीन-तीन बार सौरी में भाभी व बच्चे का लालन-पालन किया। उन्हीं में अपना गम भूलने की कोशिश करती रही।

किंतु भाभी को लगता कि मेरा पति अपनी बहन को पाल रहा है। क्यों नहीं वह जाकर अपने देवरों से हिस्सा लेती। यही रहे, मगर खेत, बाग-बगीचा, घर बेचकर पैसा ही ले आए। यह सब मैं अपने लिए नहीं, उन्हीं के भले के लिए कह रही हूँ।

आज गोबर पाथते और हाँफते हुए घर लौटते समय हरिमती सोचने लगी

थी। सच ही तो कहती है, ननकउ की बहुरिया।

जब माँ-बाप नहीं रहे तो मायका कैसा? भाई का मोह बाँधे था। भाई को बच्चों को कोख जायों सी ममता दी थी। उस ममता के मोह बंधन में फँसी थी हरिमती। वरना अब तो दुनिया के मोह से मुक्ति देकर परमात्मा की शरण में ही शांति थी।

आज वह सोचती जा रही थी—लोग कहते हैं, अब माता-पिता की संपत्ति में बेटी-बेटा दोनों का बराबर का हक है तो यहाँ भी मैं अपना ही हक तो खा रही हूँ। पर नहीं, अगर इज्जत के साथ जीना है तो सचमुच अपनी ससुराल की संपत्ति का हिस्सा भी लेना चाहिए। मुट्ठी में कुछ दौलत चाहिए। अब हारी-बीमारी में, अस्वस्थ होने पर क्या होगा। मुझे वहाँ से इस तरह नहीं आना चाहिए था। सुना है, मझली ने छोटे देवर का भी काफी हिस्सा मार लिया है। अपने पति को भी वह पाँव की जूती ही समझती है। नहीं-नहीं मुझे न्याय करना ही होगा। वह चल पड़ी।

शाम को नन्हकू के आने पर हरिमती ने कहा, ''मुझे अपने घर जाना है।'' नन्हकू उनका मुख देखने लगा। ''दीदी! कौन सा घर? यह घर तुम्हारा नहीं है क्या? जहाँ सारी जिंदगी काट दी।''

''हाँ भाई! जिंदगी आगे जो बची है, उसके लिए अपने घर जाना ही पड़ेगा। अब मैं बूढ़ी हो गई हूँ।''

नन्हकू ने कहा, ''दीदी! मैं साथ चलूँ।'' उन्होंने मना कर दिया।

इतने लंबे अंतराल के बाद वह फिर वापस वहाँ जाएँगी, उन्होंने सोचा भी नहीं था। अपनी सगी देवरानी ने ही, जिसको उन्होंने बड़ी बहन की ममता दी थी, उसके घर छोड़ने का कारण बनी थी। वह घर जहाँ उनके आलता-मेहँदी रचे पाँवों के चिह्न पड़े थे, वह घर जहाँ की देहरी ने उनका स्वागत किया था और वापस आते समय उसे सदा के लिए प्रणाम करके वह आ गई थी।

बस उन्हें लेकर तेजी से चली जा रही थी। उनका मन उससे भी तेज गति से कभी पीछे भाग रहा था, कभी आगे। कैसा लगेगा वहाँ पहुँचना? अब तो सब लोग भूल ही गए होंगे कि इस घर का एक हिस्सा कटकर कहीं दूर जा पड़ा है। 'घर' हाँ, स्त्री को घर भी कहा गया है, महल कहा गया है। क्योंकि घर को वही जोड़ती है। स्कूल में मास्टरजी यही बताते थे।

हरिमती सोच रही थी—मैंने अपना घर बचाने के लिए ही तो स्वयं को उससे काट लिया था। उस घर को लेकर जितने सपने थे, वे सब आँखों में उभरकर उसे

और टीस दे रहे थे। इतने दिनों तक हरिमती को अपना घर कितना याद आता रहा, उस परिवार का विछोह कितना सालता रहा, सबकुछ आज आक्रामक रूप से उसकी यादों में आ रहा था।

उसने सुना था, गाँव तक अब बस जाने लगी है। कई बार मन उमड़ा था कि जाकर वह द्वार, आँगन, कोठरी देखूँ, जहाँ सुख के थोड़े ही सही पर अमरत्व वाले पल गुजरे थे। बसंत शुरू होते ही पतझड़ शुरू हो गया उसके जीवन में और ऐसा विहंग किया कि नई कोपल निकले ही नहीं।

सबकी भरी-पूरी गृहस्थी देखकर उन्हें अपने सपने याद आते, पर किसी से कहती नहीं थीं। कहीं मेरी नजर न लग जाए किसी के सुखी जीवन में। यह सोचकर वे सहम जाती थीं।

पर इधर कई वर्षों से मन सपाट हो चला था। बस सबके सुख के लिए, आराम के लिए अपने बूते से अधिक मेहनत करके जीवन बिता रही थीं। रूखा-सूखा, जो मिल गया, जीवन जीने भर को खा लिया। एक जोड़ा धोती-अँगरखा इसलिए जरूरी था कि रोज नहाना-धोना था। धुले कपड़े में पूजा-पाठ करती थी, रसोई बनाती थी।

माँ-पिता की याद आती। रसोई बनाते समय उनके स्वर कानों में गूँजते—'हरिमती! तूँ पढ़ाई कर बिटिया। चूल्हा-चौका में समय न खराब कर। ससुराल जाते समय तेरी माई तुझे सब सिखा देगी। थोड़ा-बहुत कमी होगी तो सास से सीख लेना।'

सास की प्रसंशा भरी आवाज कानों में गूँजती—'हमरी बहुरिया के हाथ की रसोई जो खाए, अंगुली चाटता रह जाए। पूरी अन्नपूर्णा है हमारी दुलहिनिया, इसके बनाने से रसोई में बरक्कत हो जाती है, चाहे जेतना जने आकर खा जायँ।'

वही हाथ हैं, वही तरीका है, पर भौजाई कभी भी बिना मुँह सिकोड़े नहीं खाती।

कभी तबीयत खराब होती, काँखती-कूँखती उठकर उन्हें ही बनाना पड़ता है, भले ही खुद न खाएँ।

महीने में जाने कितने तो उनके व्रत-उपवास होते, जिसमें सबकी रसोई बनाते, साफ-सफाई करते, वह इतना थक जातीं कि अपने लिए कुछ फल-फरहार बनाने की हिम्मत ही चुक जाती। शरीर शिथिल होता जा रहा है, पर काम करने में कहीं भी शिथिलता नहीं आने दे रही हैं।

यह जीवन क्षय के लिए ही ईश्वर ने दिया है, ऐसा विश्वास उनके मन में

बैठ गया है, वरना इस तरह सबकुछ न छीन लेते।

बस रुक गई थी। सारे यात्री उतर गए, वह अपने सोच में डूबी, बैठी ही थी। कंडक्टर ने कहा, ''माँजी! यह आखिरी स्टाप है। आप को उतरना नहीं है?''

वह हड़बड़ाकर उठीं। ''हाँ बेटा! क्या अर्जुनगंज आ गया?''

''हाँ माँजी! आपको किस गाँव जाना है?''

''मुझे 'पुरवा' जाना है बेटा!''

''पुरवा? किसके यहाँ माँजी! मैं भी उसी गाँव का हूँ।'' हरिमती ने ध्यान से देखा, उस लड़के में छोटे देवर की छवि दिखी।

''तुम किसके बेटे हो?''

प्रश्न का उत्तर जो मिला, वह उनकी कल्पना के अनुसार ही था। वह उनके छोटे देवर का ही पुत्र था।

''तुम कंडक्टर की नौकरी कर रहे हो, बेटा। पढ़ाई कहाँ तक की?''

''पढ़ाई छूट गई। मझली माँ ने आगे पढ़ने नहीं दिया। आप कौन हैं माँजी?''

''मैं तुम्हारी बड़ी माँ हूँ, बेटा!'' कहकर उसे ऐसे लिपटा लिया, जैसे अपने बछड़े से बिछुड़ी गाय हो। उसका मन हुआ, इसी तरह छाती से लगाए बैठी रहे। आज उन्हें एहसास हो रहा था कि अपना घर छोड़कर उन्होंने कितनी बड़ी भूल की। उसने अपने दायित्व से पलायन किया था, किसी एक की स्वार्थ भरी खुशी के लिए। अपने स्वर्गीय सास-ससुर के द्वारा छोड़ी जिम्मेदारी से मुख मोड़ा था।

और कंडक्टर हक्का-बक्का सा उनके छोड़ने पर उन्हें ताकता हुआ खड़ा था। फिर उनका झोला उठाकर, उनका हाथ पकड़कर घर की ओर चल पड़ा। उसके कदमों में आज थकान नहीं थी। उसका मन हो रहा था कि बड़ी माँ को गोद में लेकर दौड़ता हुआ घर पहुँच जाए। अपने माता-पिता और मझले ताऊजी से सुना था, बड़ी माँ के बारे में कि बड़ी माँ उनके सपनों में आने लगी थीं। आज उसे विश्वास नहीं हो रहा था कि बड़ी माँ वापस आ गई हैं।

कई बार उसने अपनी माँ को पिता से कहते सुना था—'बड़ी दीदी लक्ष्मी थीं, वे घर छोड़कर चली गईं तो लक्ष्मी रूठ गई। इतनी जर-जमीन, बाग-बगीचा होते हुए भी अब घर में दरिद्दर वास करता है।'

उसने रिक्शा किया। आज ही उसे पगार मिली थी। बड़ी माँ के आने की खुशी में वह गाँव भर में बताशे बाँटना चाहता था।

रिक्शा रुकवाकर उसने बताशे खरीदे। हरिमती को चलते समय भाई ने दो सौ रुपए बस में बैठाकर थमा दिए थे। और बोला था—''दीदी! लौट आना।

तुम्हारे बिना मैं और बच्चे नहीं रह पाएँगे। मैं जानता हूँ कि तुम्हारी भौजाई का स्वभाव बहुत ही खराब है, पर दीदी! जैसे मैं सहन कर रहा हूँ, बच्चे सह रहे हैं, तुमने अब तक सहन किया, आगे भी कर लेना मेरे लिए।''

हरिमती ने बताशे के दाम बेटे के हाथ में थमा दिए, उसने मना किया तो अधिकार भरे स्वर में उसे डाँट दिया—''माँ हूँ तेरी, मेरी बात तो माननी ही होगी।''

वह घर पहुँची। पूरे गाँव में तुरंत खबर हो गई। दरवाजे पर भीड़ जुट गई।

ससुराल पहुँची तो छोटी आकर लिपट गई। ''दीदी! अब हम लोगों को छोड़कर मत जाना।'' अपने छोटे बेटे को उनकी काँख में डालते हुए बोलीं, ''इसकी खातिर यहाँ रुक जाओ। हमारी गृहस्थी सँवार दो।''

मझली ने सुना तो धमक के साथ आई और बोली, ''बड़ी ठसक के साथ गई थीं। सुना है कि भौजाई के यहाँ नौकरानी ऐसी खटती है। फिर भी चार बात सुना के रोटी देती है।''

हरिमती आज सचमुच आक्रोश से भर उठीं, बोलीं, ''हाँ मझली! सही कहा तुमने। मैं क्यों किसी की चाकरी करूँ, किसी की चार बात सुनकर क्यों रोटी तोड़ूँ? मैं आज अपना हक लेने आई हूँ। अब जाँगर नहीं है खटने का। अब तो आराम करने का समय आ गया है।''

मझली सारी हेकड़ी भूल गई। पर अब तो तीर हाथ से निकल चुका था।

पंचायत बुलाई गई। बँटवारा हुआ।

मझली के लेखपाल भाई ने बेईमानी की थी, उसका खुलासा हुआ। पूरी संपत्ति के तीन हिस्से हुए। दो भाई और एक भाई की बेवा के नाम।

हरिमती ने अपने हिस्से में चार भाग किए। एक-एक भाग दोनों देवरों को दिया। यह कहकर कि इससे जो आमदनी होगी, उसका आधा भाग मुझे देंगे। उसी से स्कूल और वृद्धाश्रम का खर्चा चलेगा। और एक में ग्राम-सभा को इस शर्त के साथ कि यहाँ स्कूल और वृद्ध जनों का बसेरा बनेगा। मैं भी उसी में आकर रहूँगी। कुछ संपत्ति उसने बेचकर पैसा लेना चाहा, क्योंकि अब वह तीर्थयात्रा पर जाना चाह रही थी। तीर्थ में भी तो पैसा चाहिए और आगे की महायात्रा के लिए भी। आखिर वैतरनी पार कराने के लिए भी तो धन की जरूरत पड़ेगी।

□

पत्थर

भोर में मुँह अँधेरे ही दरवाजे की कुंडी खड़की। महरी आई होगी। आशा की आँख खुल गई रोज की भाँति, पर उठने का मन न हुआ।

पूरी रात नींद भी तो आँख-मिचौली करती रही थी। वह रोज चार बजे उठने की आदी थी। पर आज उसका तन और मन दोनों ही अलसाया था। कल की एक छोटी सी घटना ने उसके मन में प्रश्नों के अंबार भर दिए थे।

आशा माता-पिता की दुलारी बेटी थी। चार-चार भाइयों की इकलौती छोटी बहन। चारों भाई अपनी-अपनी गृहस्थी बसा चुके थे और अलग-अलग शहरों में अपनी आजीविका और परिवार के साथ रह रहे थे। माता-पिता के साथ केवल आशा रह गई थी।

पिता को अवकाश प्राप्त किए आठ वर्ष बीत चुके थे। माँ का शरीर लगातार अस्वस्थता से जर्जर होता जा रहा था, आशा ही उनके सहारे की एकमात्र आशा थी।

लड़के कभी त्योहारों पर या किसी विशेष अवसर पर आते और अपने परिवार के साथ जल्दी ही लौट जाते। सब अपनी नौकरी, अपने खर्चों में व्यस्त, परेशान। माता-पिता के लिए मन में दर्द जरूर रहा होगा, पर वे कुछ कर नहीं पाते थे।

पिता को पेंशन इतनी कम मिलती थी कि मुश्किल से रोटी-दाल चल सकती थी। ऊपर से माँ का इलाज। आशा माता-पिता के लिए चिंतित रहती।

बी.ए. करने के बाद आशा ने टाइपिंग स्कूल में दाखिला ले लिया। यद्यपि उसकी इच्छा थी कि एम.ए. करके शोध-कार्य करे और कहीं अच्छी नौकरी प्राप्त करे। बचपन से ही उसने सपना पाला था कि वह किसी महिला कॉलेज में प्रवक्ता बनेगी। उसे लड़कियों के बीच रहना, उन्हें पढ़ाना, सिखाना अत्यंत प्रिय था। पूरे टोले की लड़कियाँ उसकी सहायता पाती थीं पढ़ने-लिखने में।

पर अपना सोचा हुआ कहाँ पूरा होता है! माता-पिता की दयनीय आर्थिक

स्थिति के कारण वह आगे पढ़ नहीं सकती थी। कहीं कोई भी छोटी-मोटी नौकरी करके उनका हाथ बँटाना चाहने लगी वह।

टाइप स्कूल में थोड़े ही दिनों में वह इतनी पटु हो गई कि स्कूल के व्यवस्थापक ने उसे प्रशिक्षक नियुक्त कर दिया। वह वेतन के अतिरिक्त कुछ टाइप का कार्य करके भी अर्थ लाभ करने लगी।

अब पिता की पेंशन मिलाकर घर का खर्च चलने लगा। माँ को भी उपयुक्त इलाज मिला। जिस घर में आशा माता-पिता के साथ रह रही थी, वह पिता के जन्म के पहले से इनके पास था। बहुत कम किराया था। पर इधर मकान मालिक कई वर्षों से खाली करने का आग्रह कर रहा था। क्योंकि वह इसे बेचना चाह रहा था। इसी तरह के कई लोग उसके मकान में विगत सत्तर-अस्सी वर्षों से रह रहे थे।

मकान मालिक के कहने से किसी ने खाली नहीं किया तो उसने मुकदमा दायर कर दिया था, सभी किरायेदारों पर। आए दिन अदालत के नोटिस आने लगे। माँ की बीमार आँखें चिंता से भरने-झरने लगतीं तो आशा का मन व्यथित हो जाता। पिता की आह और मकान के प्रति विवश बड़बड़ाहट उसे दुःखी कर देती।

पिता ने चारों बेटों को पत्र लिखा कि चाहे एक ही कोठरी बने, कहीं सिर छुपाने के लिए बनाना जरूरी है। पर चारों का उत्तर निराशाजनक ही रहा। चारों के सामने अपने बच्चों की शिक्षा, विवाह आदि की समस्याएँ मुँह बाए खड़ी थीं। चारों ने सहानुभूतिपूर्वक अपनी समस्याएँ अपने-अपने ढंग से लिख भेजी थीं।

पिता-माता रात-रात भर सो न पाते। बेचैनी से करवटें बदलते। आशा का विवाह करने की चिंता उनके सामने पहले से ही थी, अब सिर छिपाने की जगह की चिंता और बोझ बन गई। आशा को माता-पिता की चिंता सहन नहीं होती थी, पर वह क्या करे? रात-दिन उधेड़बुन करती रहती थी।

टाइप स्कूल के व्यवस्थापक श्री राजेश सरीन अत्यंत सहृदय व्यक्ति थे। आशा की कर्तव्यपरायणता और निष्ठा से वे अत्यंत प्रभावित थे। एक दिन आशा को चिंतित देखकर उन्होंने उसे बुलाकर कारण पूछा। आशा उनके प्रति अत्यंत कृतज्ञ थी। उनके सहानुभूति भरे प्रश्न को सुनकर उसका मन भर आया। उसने अपनी चिंता का कारण उनसे कह डाला।

श्री सरीन उनकी समस्या सुनकर गंभीर हो उठे और उसे समझाते हुए बोले कि मैं तुम्हारे लिए कुछ प्रयत्न करूँगा। ईश्वर ने चाहा तो तुम्हारी समस्या का कुछ समाधान मिल ही जाएगा। उस दिन आशा का मन उनके वात्सल्य भरे आश्वासन से अत्यंत हल्का हो उठा।

श्री सरीन के प्रयत्नों से आशा को एक जगह बैंक में अच्छी नौकरी मिल गई। अब वह दस से पाँच तक अपनी नौकरी करती और प्रातः सात बजे से नौ बजे तक टाइप स्कूल में अध्यापन करती। सुबह चार बजे उठकर घर का सारा काम निपटाती। शाम को पाँच बजे के बाद लौटकर फिर घर का काम करती। रात में दस बजे उसे समय मिलता तो टाइप का मिला हुआ कार्य पूरा करती। श्री सरीन ने अपने स्कूल का एक टाइपराइटर उसे घर ले जाने के लिए दे दिया था। ग्यारह बजे आशा जब बिस्तर पर जाती तो एकदम बेसुध सो जाती।

पिता का गाँव पास में ही था। वहाँ थोड़ी जमीन पड़ी थी, आशा ने पिता से कहा कि हम शहर में नहीं, गाँव की जमीन पर अपना एक छोटा मकान बनवाएँगे। अपने विवाह के लिए उसने दृढ स्वर में कह दिया कि मुझे विवाह नहीं करना है। मैं आप लोगों की सेवा करूँगी और समाज में स्त्रियों के साथ जो अन्याय हो रहा है, उसके प्रति कुछ कार्य करूँगी, जिससे उन्हें न्याय मिल सके। आशा का आत्मविश्वास देखकर माता-पिता को अच्छा भी लगा, पर एक हूक भी मन में पैठ गई कि इस कुसुमकली को हम डोली में बैठाकर विदा नहीं कर सके।

आशा को मकान बनवाने के लिए कर्ज मिल गया। सब तय हो गया। मकान बनना शुरू हो गया। पिता रोज देख-रेख करते। अब आशा का एक काम और हो गया। शाम को कार्यालय से लौटते समय मकान देखते हुए लौटती। अवकाश का पूरा दिन मकान की देख-रेख, व्यवस्था में बीतता।

माँ कहती, ''आशा! तू काली होती जा रही है बेटी। थोड़ी अपनी भी परवाह कर। घर का काम मैं किसी तरह निपटाऊँगी।''

पर वह माँ से कहती, ''माँ फिर बीमार पड़ना है क्या? डॉक्टर ने तुम्हें पूरा विश्राम करने को कहा है।''

महीने पर महीने बीतते गए, मकान बनकर तैयार हो गया। घरभोज (गृह प्रवेश) की तिथि तय हो गई। चारों बेटों को सूचना भेज दी गई थी। वे घरभोज के एक दिन पहले सपरिवार पहुँचेंगे, यह सूचना मिल गई थी। घरभोज की सारी तैयारी भी आशा ने बड़े मनोयोग से पूरी कर ली थी। मकान में केवल नाम का पत्थर लगना शेष था। मिस्त्री ने आशा के नाम का पत्थर बड़े प्यार से बना दिया था। वह आशा के प्रति आदर और वात्सल्य से भर गया था। श्री सरीन भी प्रायः मकान देखने आते थे। एक दिन मिस्त्री और श्री सरीन ने ही आपस में तय किया कि मकान के मुख्य द्वार पर आशा के नाम का पत्थर लगाया जाएगा। दोनों ही उसकी तपस्या और त्याग से अभिभूत थे। वे आशा को अचानक पत्थर लगाकर,

दिखाकर अचंभित करना चाह रहे थे।

पत्थर बनाकर एक कोठरी में बोरी से ढककर रख दिया गया था। दूसरे दिन आशा के आने से पहले ही लगाने का उनका कार्यक्रम था।

आशा अपने माता-पिता के साथ मकान पर पहुँची। घूमते-घूमते उस कोठरी में पहुँचे ये लोग। बोरी से कुछ ढका देखकर पिता ने बोरी हटा दी। पत्थर देखकर आशा आश्चर्यचकित रह गई।

"अरे यह कब बन गया?"

पिता ने पूछा, "कब दिया था बनने को?"

आशा ने स्पष्ट किया, ""मैंने तो दिया ही नहीं।"

माँ चुप रहीं, पर लगा कि वे कुछ सोचने लगी हैं। वे लोग घर लौट आए।

माता-पिता शाम को बैठे थे, आशा रसोई में थी।

माँ ने कहा, "क्या मकान पर बेटी के नाम का पत्थर लगाना ठीक होगा?"

पिता ने पूछा, "क्यों क्या बुरा है? बनवाया तो उसी ने है।"

माँ ने आह भरकर कहा, "पर यह भी सोच रहे हो कि नहीं कि समाज क्या कहेगा? बेटी का विवाह नहीं किया, उसकी कमाई पर माँ-बाप ऐश कर रहे हैं। लड़कों ने पूछा नहीं, लड़की ने घर बनवा दिया। अपने स्वार्थ के कारण बेटी का विवाह नहीं किया, यह बात कोई कहेगा तो कैसा लगेगा?"

पिता को एक झटका लगा, पर वे अब क्या करते? कैसे आशा से कहें? और फिर आशा ने यह कहा था कि उसे मालूम नहीं कि पत्थर कैसे बना? आशा के बिना कहे तो बन नहीं सकता था। आशा के मन में क्या है, जो उसने झूठ कहा? अचानक उनके मन में पत्नी की बात का औचित्य पैठ गया और उन्होंने आशा को आवाज दे दी।

आशा आई। माँ ने कहा, "बेटी, हमें समाज को भी देखना है। यदि तुम बुरा न मानो तो मकान के पत्थर पर अपने पिता का ही नाम डालने दो। तुम्हें तकलीफ तो होगी, पर हमारी प्रतिष्ठा बच जाएगी। लोगों को कुछ कहने का मौका हम क्यों दें?"

आशा एकदम अवाक् हो गई। वह समझ नहीं पा रही थी कि क्या उत्तर दे। उसे प्रधान मिस्त्री ने ही कल अलग से बता दिया था कि श्री सरीन साहब ने यह पत्थर बनवाया है।

आशा क्या बोले, बस इतना ही कह सकी, "जो ठीक समझो, करो माँ! मुझे क्यों बुरा लगेगा।"

प्रधान मिस्त्री को नया पत्थर बनाकर लगाने का आदेश दे दिया गया। आज पत्थर लग जाएगा। आज भाई अपने परिवार के साथ आएँगे। कल घरभोज हो जाएगा। भाई अपने परिवार के साथ चले जाएँगे! आशा अपनी मशीनी जिंदगी के क्रम में बँध जाएगी।

आज दरवाजे की कुंडी खोलने के लिए उठने में आशा को बड़ा आलस्य आ रहा है। वह बहुत थक गई है। आज उसने अपने बालों में जाने कितने चाँदी के तार भी देख लिए हैं। उसे लग रहा है कि बोरी से बँधा वह पत्थर अनेक प्रश्नों को अपने साथ लिये उसके हृदय पर जमकर बैठ गया है।

□

पुरस्कार

वह गला फाड़-फाड़कर चीख रहा था—

"बनवा लो, टूटा-फूटा बरतन बनवा लो।"

अपने-अपने घरों की खिड़कियों और दरवाजों से कुछ आकृतियाँ प्रकट हुईं। कुछ आवाजें उभरीं—"ए बरतन वाले! जरा ठहरो।"

उसके चेहरे पर राहत झलक आई। आज सुबह से एक भी काम नहीं मिला था। सुरसतिया बुखार में तप रही है। उसको दवा चाहिए। माई की खाँसी जोर पकड़ रही है। ठंड आ रही है, उसके लिए कुछ ओढ़ना, कथरी, झुलवा का जुगाड़ भी करना है। पारसाल मरते-मरते बची है। यह मुई ठंड आती है तो अपने साथ ढेर सारे सोच भी गरीब मनई के लिए लाती है और नोहरी कह रही थी कि घर में अनाज बिल्कुल नहीं है। लकड़ी-गोइंठा भी नहीं है।

कंधे का झोला रखकर बैठ गया। बैठते हुए लगा, पिंडलियाँ बहुत थक गई हैं। चलते रहो तो पता ही नहीं चलता कि थकान कितनी है। अब तो प्यास-भूख भी लग आई है।

'बँगला तो काफी अच्छा है। बड़े लोग हैं। कुकुर, बिलार, खरगोश आदि पाले हैं।' उसकी आँखों में एक चमक आ गई और साथ ही भूख भी और जग गई। माँगूँ, शायद एकाध रोटी पड़ी हो।

'पर नहीं, अभी नहीं। काम कर लूँ, फिर कहूँगा कि बहूजी! पानी पिला दीजिए।' सब बड़े मनई कठोर नहीं होते। कितनों में तो बड़ी दया-माया होती है। हो क्यों नहीं, भगवान् का दिया सब भरा है।

अरे, बहूजी आ रही हैं। कैसे सरग की अप्सरा की नाई रूप है। घर मा यतना बढ़िया कपड़ा पहिने है कि नजर बिछल जाए।

ठीक इसी समय चीकट चिथड़ा बनी धोती पहने हुए अपनी औरत की

आकृति आँखों में घूम गई। सुंदर तो वह भी कम नहीं थी, पर गरीबी की मार सबसे पहले चेहरे पर ही पड़ती है।

सोच की धारा फिर मुड़ी कोठीवाली बहूजी की ओर, 'जैसा रूप है, वैसा ही सुभाव भी तो होगा।'

गृह-स्वामिनी ने पीछे मुड़कर नौकर को आवाज दी, "रामेश्वर, बाल्टी ले आओ।"

'आहा! आवाज भी कितनी मधुर है और नौकरों के साथ व्यवहार भी अच्छा दिखता है। कैसे कायदे से 'रामेश्वर' कह रही हैं। और कोई होता तो कहता रमेसर या रमेसुरा।' अब मेरा ही देखो, नाम तो यज्ञेश्वर है, पर कोई जग्गू कहता है, कोई जगेसर तो कोई जगेसरा। अरे, मैं खुद भी तो नहीं जानता था कि मेरा असली नाम क्या है। मैं तो जगेसर को ही सही समझता था, परंतु वकील बाबू के बड़े लड़के जोगिंदर बाबू ही तो एक दिन हँसते हुए बोले थे—अरे जगेसर, तुम्हारे और मेरे नाम को लोगों ने बिगाड़ दिया है, तुम यज्ञेश्वर से जग्गू, जगेसर बन गए और मैं योगेंद्र से जोगिंदर।

बहूजी की आवाज से वह फिर सचेत हुआ, "कितने पैसे लोगे?"

उसके मन में आया, अपनी व्यावसायिक आवाज में कह दे, 'दो रुपए होंगे, मालकिन, केवल रांगा से काम नहीं चलेगा, नीचे पेंदा छन्नी हो गया है। टिन का चिणक लगाकर ऊपर से राँगा धर दूँगा।' पर रुपए वाली बात के अलावा और बाकी सब कह गया, इतना और जोड़कर, 'जो वाजिब समझें' दे दीजिएगा।

पतली-पतली मुलायम गेहूँ की रोटियाँ और खुशबूदार मसालेवाली सब्जी के चटपटे स्वाद की कल्पना उसकी जीभ गीली कर रही थी।

"नहीं भाई, तुम पहले बता दो, नहीं तो बाद में तुम लोग झिकझिक करते हो।"

"अरे बहूजी, आप तो खुद समझदार हैं, मेहनत समुझि के दे दीजिएगा।"

सहसा उसे लगा कि कहीं बाद में सौदा पटाने में मेमसाहब का मिजाज बिगड़ न जाए, इसीलिए पहले ही पानी पीने को माँग लूँ।

उसने बाल्टी अपनी ओर सरकाते हुए कह ही दिया, "बहूजी, बड़ी तेज प्यास लगी है, पानी पिलवा दीजिए।"

बहूजी की कृपा बरसाती हुई आवाज फिर सुनाई दी, "अरे रामेश्वर! जरा बाल्टी वाले को पानी पिला दो।"

अब उसकी उत्कंठा रामेश्वर के उस हाथ की ओर केंद्रित हो उठी, जिसमें

वह केवल एक लोटा पानी लेकर आ रहा था। वह उदास हो गया।

'क्या बेहया बनकर रोटी माँग लूँ? आँतें चीख रही थीं। हाँ-हाँ, माँग ले, पर विवेक डाँट रहा था, क्या तू भिखारी है रे, मेहनत करके खाता है। फिर कहीं तू जीभ के मुलाहिजे में अपनी मजूरी न कम अँकवा ले। फिर सुरसतिया की दवाई, अनाज, लकड़ी-गोइंठा, माई के कपड़े।' पर अभी तो और ग्राहक भी आएँगे, क्योंकि आवाज तो दो-तीन खिड़कियों से आई थी। हाँ, बाल्टी और बक्सों की खटर-पटर हो तो रही है, 'अरे, ये एक बहनजी तो बाल्टी लेकर इधर ही आ रही हैं, दूसरी अपने दरवाजे पर निकालकर रख रही है।

'अब वक्त बेकार करना ठीक नहीं। अभी दो मील चलना पड़ेगा। कहीं चक्कर खाकर गिर गया तो कौन सी दवाई, अनाज, कपड़े आ जाएँगे। जान है तो जहान है।' उसने रोटी माँगने के लिए हिम्मत बटोरी, "बहूजी! सरकार! बहुत जोर की भूख लगी है। खाली पेट में पानी गोली की माफिक लगेगा। एकाध रोटी बची हो तो"

बहूजी ने गंभीर आवाज में सिर हिलाकर आश्वासन देते हुए रामेश्वर से कहा, "रामेश्वर, देखो कुछ बचा हो तो लेते आओ।"

रामेश्वर दो रोटी पर सब्जी के कतरे रखकर ले आया।

जग्गू की भूख उस स्वाद को पाकर लगा कि और जग गई। पर अब और माँगना तो बेहयाई ही होगी। उसने पानी से अतृप्त पेट को तृप्त करने की कोशिश की।

गमछे से हाथ-मुँह पोंछकर जग्गू काम में जुट गया। बहूजी ने भी पैसे के लिए मोल-भाव नहीं किया। जग्गू ने सोचा, 'सुभाव अच्छा है, स्वयं ही दे देंगी। बड़े लोगों से छोटी बात न करो तो वे खुश रहते हैं।'

अब तक अड़ोस-पड़ोस की कई बाल्टियाँ और बक्से जमा हो गए थे। जग्गू खुश था। बोहनी अच्छे लोगों की हो जाए तो दिनभर कमाई-ही-कमाई है।

फिर सोचने लगा, 'कितना देंगी बहूजी। दो रुपए मैं माँगता तो बात पटते-पटते सवा रुपए पर आ ही जाती। अब तो अपने मन से जो देंगी, वही लेना पड़ेगा। उन्होंने पहले ही कह दिया है कि बाद में झिकझिक करते हो तुम लोग।'

अब कुछ-कुछ पछताने लगा, दो रोटी के पीछे देखो कितना मुलाहिजा करना पड़े।

उसे सुरसतिया की कराह सुनाई देने लगी, 'बापू, कपार फटा जात है।'

नोहरी की बड़बड़ाहट भी कानों में गूँज रही है। 'जब कमाई क बूता नाय

रहा तौ का करे क मेहरी लरिका कै लिह्या (जब कमाने की सामर्थ्य नहीं थी तो औरत-बच्चे क्यों कर लिये)।

वह उसके संकोची स्वभाव को भी बार-बार कोसती है, 'तुम्है सरम लागथै भाव-ताव करै मा। जैसे सारी दुनिया दया-माया के मारे तोहरे हाथे मा खजाना सौंपि देई। अरे चंदुआ तोहँसे कम काम करथै मुला साँझ कै बीस से कम कब्बो नाय लावत। ओकर मेहरी लरिका हमरी नाय झंखतै नाय। अरे ऊ तो बाल्टी बक्सा बनावत हैं तौ वह मेंन कौनो ढील जरूर छोड़ि देत हैं, जौने फिर बनावै क बोलावा जाए। और एक ठू तू हया कि ऐसन पोखता बनउबा कि फिर बजरौ के मारे न टूटै-फूटै।' (तुम्हें भाव-ताव करने में शर्म लगती है। जैसे कि सारी दुनिया दया करके तुम्हारे हाथ में खजाना सौंप देगी। अरे, चंदुआ तुमसे कम काम करता है, पर कभी भी साँझ को बीस रुपए से कम नहीं लाता। उसकी औरत और बच्चे मेरी तरह झींकते-पछताते नहीं। वह तो बक्सा-बाल्टी बनाने जाता है तो कोई-न-कोई ढील जरूर छोड़ देता है, जिससे कि फिर जल्दी टूटे तो फिर बनवाए। पर एक तुम हो कि ऐसा पुख्ता बना दोगे कि वज्र की मार से भी न टूटे।)

मन हुआ, राँगा एक तरफ पतला रख दे। दो महीने तक तो बाल्टी चल ही जाएगी। फिर आऊँगा, फिर दो रोटी, स्वाद वाली सब्जी और ठंडा पानी। पर नहीं, यह तो धोखा है। चंदुआ दे धोखा, मैं क्यूँ दूँ? और फिर अन्नदाता को धोखा दूँगा तो वहाँ क्या जवाब दूँगा। बकने दो नोहरी को, जोरू का सुभाव ही चिनचिनहा है।

पर पहले तो ऐसी नहीं थी। बात-बात पर शरमाती थी, पूजा-पाठ धरम-करम करती थी, भगवान् की दुहाई देती थी, पर जब से बाबू गुजरे, उनके किरिया-करम में उसके गले की चाँदी की हँसुली बिक गई, तब से वह बदल गई। सुरसतिया के जनम के समय मैंने डरते-डरते 'पछेला' बेचने को कहा तो पहली बार खौखिया उठी थी। 'सरम नाहीं आवत माँगत कै, एक्को सूत गढ़ावै कय बूता नाय। जौन बाय उहौ नोचि-खसोटि ल्या। हम्मे सोंठि मसाला के भूखि नाहीं न, पछेला ना देबै।'' (शर्म नहीं आती माँगते। एक भी सूत गढ़ाने की तो सामर्थ्य नहीं। जो है, वह भी नोच-खसोट लो। हमें सोंठ मसाले की भूख नहीं है, पछेला नहीं दूँगी।)

पर वही नोहरी मेरी बीमारी में अपना सारा कुछ धीरे-धीरे लच्छू सोनार के यहाँ दे आई।

मरा तपेदिक का रोग, कहते हैं, पहले बड़ों को, राजा-बाबुओं को होता था,

पर अब तो गरीबों से उसने दोस्ती कर ली। राजा-प्रजा सबको जब एक बराबर करने की कोशिश है, फिर रोग ही काहे भेदभाव करे। रोग तो ठीक हो गया, पर कमजोरी इतनी छोड़ गया कि चलता हूँ तो चक्कर आते हैं। डॉक्टर कहते हैं कि आराम करो, खूब खाओ-पिओ। गरीब भला आराम भी करे और खाए भी, ऐसा कैसे हो सकता है? अरे, रूखी रोटी तो इतनी मशक्कत के बाद मिलती है।

नोहरी जब-जब अलमारी की खाली शीशियों को देखती है तो उसके मुँह से एक आह निकल जाती है। शायद उन शीशी-बोतलों के पीछे उसे अपने जान से प्यारे गहने नजर आ जाते हैं। मैं देखकर भी कुछ नहीं कहता।

बाल्टी बन गई थी। पर जग्गू उस पर तन्मय भाव से राँगा चढ़ाए जा रहा था। पड़ोस की बहूजी इन बहूजी से कह रही थी, ''बड़े मन से बाल्टी बना रहा है यह बाल्टीवाला। पिछली बार तो एक आया था, मरा ऐसी बना गया कि पंद्रह दिन भी बाल्टी नहीं चली।''

जग्गू को लगा कि उसकी ईमानदारी का उसे पुरस्कार मिल गया। अब उन बहूजी के साथ भी कुछ रियासत करनी पड़ेगी। आखिर कितने लोग ऐसे होते हैं, जो खुले दिल से किसी की तारीफ कर सकें।

''लीजिए बहूजी, बाल्टी बन गई।''

''रामेश्वर, जरा देखो ठीक बनी है?'' बहूजी की इस आवाज से कुछ भीतर-ही-भीतर टूट गया।

रामेश्वर ने बाल्टी की परीक्षा की, फिर कहा, ''ठीक है।''

बहूजी ने कहा, ''आठ आने दे दो, रामेश्वर!'' और उठकर चल दीं।

रामेश्वर की दी हुई अठन्नी उसकी हथेली पर चमक रही थी।

दूसरी बहनजी अपनी तीन बाल्टियों का हिसाब डेढ़ रुपया बता रही थीं। रेट तय हो चुका था, अब जग्गू कैसे बढ़ा सकता था?

सड़क पर बाल्टियों और बक्सों का जमाव होता जा रहा था, पर जग्गू की आँखों में अँधेरा छाने लगा था। उसकी साँस और फूलने लगी थी। पिंडलियाँ उकड़ूँ बैठे रहने के कारण दर्द से ऐंठने लगी थीं। कानों में माई की खाँसी, नोहरी के ताने, सुरसतिया की कराहें, दवा की दुकान, कपड़े की दुकान, अनाज मंडी आदि कई दृश्य गड्डमड्ड होने लगे थे।

□

काशीवास

वृंदा के सामने बरतनों का ढेर लगा था। उसके हाथ बरतन मल रहे थे, पर मन था कि विगत की ओर भागता चला जा रहा था।

आज किसी भाग्यवान की पुण्यतिथि थी। पूरे वृद्धाश्रम में सबको भोजन और वस्त्र बाँटा जा रहा था। वह पुण्यात्मा निश्चय ही तृप्ति का अनुभव कर रही होगी। पत्नी, बेटे, बहुएँ मनुहार करके भोजन परोस रहे थे। तरह-तरह के पकवान थे—फल, मिठाइयाँ, वस्त्र सभी कुछ।

वृंदा को इस आश्रम में आए या यों कहिए कि लाए गए एक वर्ष से ऊपर हो रहा था। वह सड़क के किनारे अचेतावस्था में पड़ी थी। किसी भले मानस की गाड़ी उधर से निकली। उन्होंने अपने बोतल से पानी छिड़का, चेत आने पर पानी पिलाया, थरमस से चाय पिलाई और उसका घर-ठिकाना पूछा था।

वह क्या बताती? कैसे बताती कि वह तीन देवरों की भाभी है, दो पुत्रों की माँ है और केवल एक व्यक्ति के चले जाने से अनाथ हो गई है। जब ब्याहकर आई तो तीनों देवर छोटे-छोटे थे। सास को लकवा मार गया था। उनकी सेवा, ससुर और देवरों की देखभाल को अपने अनभ्यस्त हाथों से उसने सँभाल लिया था। विवाह के बाद से छह वर्ष तो ऐसे बीत गए जैसे अस्पताल की नर्स हो। सास बोल नहीं सकती थीं, उनकी आँखों के इशारे से हर बात वृंदा समझ लेती।

ससुरजी एक दिन खलिहान से लौटे तो तेज बुखार से उनका शरीर तप रहा था। बाहर जबरदस्त लू थी। आते ही पानी माँगा। वृंदा ने कहा, ''दादा! धूप से आए हैं, थोड़ा समथाय लीजिए। हाथ-मुँह धोकर कुछ खाकर तब पानी पीएँ।'' पर वे प्यास से छटपटा रहे थे। लोटा भर पानी गटागट पी गए। पानी पीते ही जोर की उबकाई आई और सारा पानी उलट दिया।

वृंदा घबरा गई। तीनों देवर स्कूल गए थे, पति माँ की दवा लेने कस्बे में

गए थे। किसी तरह उन्हें पकड़कर बिस्तर पर लिटाया। इलायची मुँह में डाली और भागती हुई पड़ोस में गई। किसी के घर में कोई पुरुष नहीं था। उसने स्वयं सहारा देकर उन्हें बैलगाड़ी में बिठाया, बैलों को नाधकर चल पड़ी कस्बे के डॉक्टर को दिखाने।

सासजी के पास पड़ोस की एक लड़की को बैठा उनका खाना-पानी सबकुछ उसे समझा आई थी।

एक घंटे में बैलगाड़ी डॉक्टर के यहाँ पहुँची। उसने पति के बारे में डॉक्टर से पूछा तो उन्होंने बताया कि वह दवा लेकर अभी-अभी जा चुके हैं। सुमेर साइकिल से आए थे। पगडंडी के छोटे रास्ते से चले गए थे। इसीलिए रास्ते में भेंट नहीं हुई। डॉक्टर ने सुई लगाई और ड्रिप चढ़ा दी थी। बताया कि इन्हें आज रातभर यहीं रखना पड़ेगा। वृंदा की समझ में नहीं आ रहा था कि क्या करे। हाँ, इतनी तसल्ली जरूर थी कि सुमेर घर पहुँचकर माँ को देख लेंगे।

डॉक्टर के बताए अनुसार वह शाम तक बर्फ की थैली ससुर के माथे पर रखती बैठी रह गई थी। सुमेर माँ की दवा लेकर लौट रहे थे। आधे रास्ते में थे, तभी साइकिल की चेन टूट गई। साइकिल तेज थी। सुमेर खुद को सँभाल नहीं सके और गिर पड़े। सिर के पीछे चोट लगी, ब्रेक का रॉड टूटकर, छटककर उनकी आँख के पास लग गया। खून गिरने लगा। वह समझ नहीं पा रहे थे कि खून आँखों से गिर रहा है कि भौंह की चोट से। पर खून भर जाने से आँख से कुछ भी दिख नहीं रहा था। जेठ की दुपहरिया गनगना रही थी।

एक हाथ से आँख दबाए दूसरी से किसी तरह देखते वह आगे बढ़ रहे थे। सिर के पीछे गुम्मा निकल आया था। घर जाएँ कि वापस डॉक्टर के यहाँ, कुछ समझ में नहीं आ रहा। फिर घर की ओर स्वत: पाँव बढ़ने लगे। कोई साथ होगा तो ठीक रहेगा। वहाँ से घर कस्बे से अधिक निकट था। साइकिल छोड़कर जाने पर फिर मिलेगी नहीं, उसकी भी चिंता थी, ले जाने लायक हालत नहीं थी। कुछ कदम चलकर पेड़ के नीचे बैठ गए। आस-पास कहीं पानी भी नहीं था। पीने के साथ घाव धोने के लिए भी पानी की जरूरत थी।

बगल में ही नहर थी, पर सूखी पड़ी थी। हताश वह सोच रहे थे। गाँव की जिंदगी भी कितनी कठिन है।

सुमेर का गमछा खून से तर हो गया था। उसी से आँख दबाए-दबाए खून का बहना रुक गया था, पर आँखों में चुभन बढ़ गई थी। घर की चिंता अलग सता रही थी। माँ की दवा का समय हो गया था। वृंदा परेशान होगी। बाबू को

खलिहान में छुट्टी देनी थी। बिना नहाए-धोए कुछ खाते-पीते नहीं। सोच में डूबे वह दर्द के बावजूद सो गया।

इतने में उससे छोटे भाई ने साइकिल खड़ी करके पूछा, "अरे भइया! क्या हो गया आपको?" गमछा खून से सना देखकर वह घबरा गया कि भाई को गहरी चोट लगी है।

तुरंत उन्हें साइकिल पर बैठाकर घर की ओर भागा। घर पहुँचकर पानी से हाथ-मुँह, घाव धुलाकर पानी पिलाया और लिटा दिया।

अब सुमेर कुछ बात करने की स्थिति में हुआ तो उसने पूछा, "तुम्हारी भौजी कहाँ है?"

विजय बोला, "भइया! मैं तो आपको और भौजी को ढूँढ़ने ही निकला था। स्कूल से आया तो पता चला कि बाबू की तबीयत बहुत खराब हो गई थी। बिट्टू को भाई के पास बैठाकर भौजी बैलगाड़ी पर बाबू को लादकर खुद ही हाँककर कस्बा ले गईं। हम लोग तो यही समझे कि वहाँ भौजी आपको मिल गई होंगी। पर भइया, आपकी साइकिल कहाँ है? आप वहाँ जमीन पर पड़े मिले, कुछ बोल भी नहीं पा रहे थे।"

अब सुमेर को होश आया। बोले साइकिल टूट गई, वहीं पड़ी है। तुम मुझे अपनी साइकिल से लेकर चलो। बाबू को लेकर वही डॉक्टर के यहाँ गई होगी तुम्हारी भौजी। वह बेचारी समझ रही होगी कि मैं वहाँ मिल जाऊँगा। पर मैं तो छोटे रास्ते से मेंड़-मेंड़ निकल आया था।

विजय चाहता था कि भाई को भी डॉक्टर को दिखा दे। पर धूप में डबल सवारी और घबराहट ऊपर से लू भरी धूप में आने से एकदम पश्त हो गया था। छोटे दोनों भाई एक तो छोटे थे, दूसरे माँ के पास भी रहना जरूरी था। भइया की साइकिल भी लानी थी।

वह बिट्टू से बोला, "दीदी! आप अपने घर से किसी को हमारे साथ जाने को बोल दीजिए। भइया की साइकिल रास्ते से उठाकर लानी है, नहीं तो कोई उठा ले जाएगा।"

उसे मालूम था कि साइकिल खो गई तो भइया को बहुत दुःख होगा। अपनी पढ़ाई के साथ-साथ ट्यूशन पढ़ाकर उन्होंने साइकिल खरीदी थी।

बिट्टू के दोनों भाई खबर सुनते ही अपनी साइकिल लेकर आ गए। सब लोग साथ ही चले। रास्ते में साइकिल पड़ी थी। बिट्टू के छोटे भाई को साइकिल लेकर वापस घर भेज दिया गया।

डॉक्टर के यहाँ सब लोग पहुँचे तो बाहर बैलगाड़ी देखकर तसल्ली हुई। पुराने सधे बैल थे। वृंदा ने जुआ खोलकर पेड़ से बाँध दिए थे। वही बैठे थे। वे भी भूखे-प्यासे बेहाल थे। सबने पिता की हालत में सुधार देखा तो संतोष हुआ।

सुमेर को भी डॉक्टर ने इंजेक्शन लगाया, घाव साफ कर टाँके लगाकर पट्टी बाँधी। भौंह के ऊपर गहरा घाव था। आँख बच गई थी। पीछे गुम्मे में भी दवा लगाकर पट्टी बाँध दी।

विजय ने बैलगाड़ी में लटकी बाल्टी में हैंडपंप से पानी भरकर बैलों को पिलाया। डॉक्टर ने वृंदा की प्रशंसा करते हुए कहा कि इन्होंने बहुत हिम्मत का काम किया। खुद बैलगाड़ी हाँककर लाई। समय पर इलाज हो गया तो आपके पिता की जान बच गई। इन्हें डिहाइड्रेशन हो गया था। सुमेर से डॉक्टर बोले, "तुमको भी आराम की जरूरत है। अब आप लोग जा सकते हैं।"

वृंदा ने डॉक्टर से हाथ जोड़कर कहा, "आप तो हमारे लिए ईश्वर का रूप हैं। हम आपका ऋण कभी नहीं अदा कर पाएँगे।"

सुमेर ने डॉक्टर से दवा आदि का खर्च पूछा तो, पर इस समय उनका हाथ खाली था।

डॉक्टर ने कहा, "आपकी पत्नी ने पैसे दे दिए हैं, आप परसों आकर अपनी पट्टी बदलवा लीजिएगा और पिताजी का हाल बताकर दवा ले जाइएगा।"

सब लोग बैलगाड़ी में सवार हो गए। रास्ते में गाड़ी रोककर बैलों को घास का गट्ठर खरीदकर खिलाया।

सुमेर अभी तक समझ नहीं पा रहा था कि वृंदा के पास पैसे कहाँ से आए, जरूर किसी से उधार लेकर आई होगी। पर जब वृंदा ने बताया कि जब कहीं से भी उसे सगुन या उपहार में जो रुपया मिलता था, तो वह सब बचाकर रखती थी, आज वही काम आए।

पूरे परिवार की श्रद्धा बढ़ गई थी वृंदा पर। पूरा गाँव उसके व्यवहार की सराहना करता था। सास अपनी अशक्त जिंदगी से ऊब चुकी थीं। बहू की सेवा से संतुष्ट थीं, पर लगता था कि मेरे कारण इसे बहुत कष्ट है। अब वह अपनी मुक्ति की प्रार्थना करने लगी थीं। ससुर बहुत सीधे थे। पति भी अपने पिता की अनुकृति था। एक तरह से घर का पूरा संचालन वृंदा के हाथ में था।

भौतिक दृष्टि से परिवार बहुत संपन्न नहीं था, पर घर में सुख-शांति थी, प्रेम था। वृंदा उस घर की परिधि में सुखी थी और स्वयं को भाग्यशाली मानती थी।

एक दिन सास ने इशारे से पूरे परिवार को पास बुलाया। वृंदा उनका हाथ

थामे बैठी थी। सासजी ने बड़े प्रयास से कुछ कहना चाहा, वृंदा समझ गई—माँ कह रही थीं कि तुम्हीं अब सबकी माँ हो, तुम्हीं को सँभालना है, और माँजी ने आँखें मूँद लीं।

वृंदा सचमुच ससुर, पति और तीनों देवरों की माँ बन गई थी।

फिर साल भीतर ही जुड़वाँ बेटों की माँ बनी तो माँ की ममता की साकार विग्रह बन गई।

ससुरजी जुड़वा पोतों के जन्म से निहाल हो उठे। बेटों और पोतों के कंधे पर हुलसता हुआ जाऊँगा। इनका कथन सच हो गया। साल भीतर ही वे भी चले गए।

इतनी बड़ी गृहस्थी के साथ दो-दो बच्चों को गर्भ में, फिर बाहर आने पर सँभालना, वह भी बहुत अच्छे ढंग से सँभालना, कर्मठता का अनन्य उदाहरण बन गया। लोग अपनी बहू-बेटियों के सामने उसका आदर्श प्रस्तुत करते। और यही उदाहरण प्रस्तुत होना वृंदा के जीवन में विष-बीज बो गया।

वृंदा की देवरानियाँ आईं, माँ बनकर वृंदा ने उनकी सौरी सँभाली, बच्चों को सँभाला। बच्चे अपनी माँ से अधिक बड़ी अम्मा की सेवा पाते रहे। पर देवरानियों के मन में काँटा कसकता रहा। हमारे बच्चे हमसे अधिक बड़ी अम्मा को मानते हैं।

फिर एक ही मंडप में एक ही दिन दो सगी बहनों से अपने जुड़वाँ बेटों का विवाह किया वृंदा और सुमेर ने।

बड़ी बहन, जो बड़ी बहू बनी अत्यंत सुशील और सौम्य थी और छोटी एक दम विपरीत। जुड़वा भाइयों में बड़ा तो क्रोधी निकला और छोटा अत्यंत सहनशील विवेकी।

यह कैसा संयोग था, वृंदा को अपने छोटे बेटे पर तरस आता। उसका ममतालु मन उसके लिए हुमक-हुमक उठता।

छोटे बेटे पर स्वाभाविक रूप से वह अधिक ध्यान देने लगी। उसकी पत्नी अपने में ही मगन रहती थी, पति की भूख-प्यास की चिंता ही नहीं रहती थी। माँ यदि उसके लिए कुछ करे तो बड़े बेटे को भी पक्षपात लगे और छोटी बहू तो जैसे बिच्छू सी डंक उठाए फनफनाने लगे। उसके शब्दों के डंक वृंदा के मन की शिरा-शिरा झनझना देते। पर वह मौन रहती, इसलिए कि घर में शांति बनी रहे। किंतु उसके मौन को उसकी कमजोरी समझकर वह और बदतमीज होती जा रही थी।

वृंदा ने समझाने के अंदाज में कुछ कहने की कोशिश कभी भी की तो वह

इसे अपना अपमान समझती। गाँव की निरक्षर अनपढ़ औरत मेरी जैसी ग्रेजुएट को सिखाने चली है, उहँ।

उसका यह उहँ इतना कड़ुवा होता कि वृंदा का मन दोबारा उसे समझाने का हुआ ही नहीं।

सुमेर तीनों भाइयों और दोनों बेटों के साथ जी-जान से खेती में जुटे रहते थे। कुछ जमीन खरीद भी ली सड़क के किनारे। वहाँ छोटा बाजार बनने लगा था। इसलिए दो दुकानें एक लाइन से बनवा लीं। कुछ व्यापार भी साथ होगा तो आर्थिक प्रगति होगी। दो छोटे प्लाट भी खेती से लोन लेकर ले लिये। बड़ा बेटा मेडिकल का विद्यार्थी था। यहाँ डिस्पेंसरी खोल सकता है। छोटा कंपटीशन की तैयारी कर रहा था। कुशाग्र बुद्धि थी। प्रशासनिक सेवा में आना उसका सपना था। सुमेर भाइयों के बच्चों को भी उनकी रुचि के अनुसार पढ़ने का पूरा अवसर दे रहे थे। पति-पत्नी दोनों ने परिवार को एक माला में जोड़ रखा था।

पर नियति कोई और खेल रच रही थी। सुमेर को जबसे सिर में चोट लगी थी, कभी-कभी चक्कर आ जाता था और सिर में तेज दर्द भी होता था। पर वह मेहनत-मशक्कत वाला आदमी कभी इन सब बातों की परवाह नहीं करता था। वृंदा के बार-बार कहने पर भी वह डॉक्टर को दिखाने नहीं गया।

एक दिन सड़क के किनारे क़मरा बनवा रहे सुमेर सिर थाम कर बैठ गए। वृंदा ने पानी पिलाया हाथ-मुख धुलाया, पंखी झलने लगी, पर सुमेर दर्द से बेचैन थे। बड़ा बेटा घर आया था। दौड़कर उसे बुलाया। वह चिंतित हो उठा।

माँ से बोला, ''माँ! पिताजी को शहर ले जाकर दिखाना होगा।''

वृंदा ने कहा, ''आज ही चलो बेटा!''

और शहर जाकर चेकअप हुआ। डॉक्टर ने रिपोर्ट देखकर पूछा, ''क्या इन्हें कभी सिर में चोट लगी थी।'' वृंदा ने हाँ कहा।

बेटा गुस्साते हुए बोला, ''माँ! तुमने कभी बताया ही नहीं कि उन्हें कभी सिर में चोट लगी थी।'' वृंदा उसके क्रोध से सहम जाती थीं। धीरे से बोलीं, ''कभी इन्होंने किसी तकलीफ की शिकायत नहीं की।''

डॉक्टर ने कहा, ''इन्हें ब्रेन ट्यूमर है। ऑपरेशन करना पड़ेगा।''

वृंदा पर तो पहाड़ टूट पड़ा। अपनी सारी जमा पूँजी खर्च करके अपने सुहाग को बचाने की उसने प्राणपण से कोशिश की। रात-दिन सेवा की, पर ईश्वर को तो उसे दुःख की और गहरी आँच में तपाना था।

तीन वर्षों की अनवरत कोशिश, वृंदा की तपस्या, सबकुछ को व्यर्थ सिद्ध कर दिया उसके दुर्भाग्य ने।

लोग कहते—'वृंदा जैसी भली औरत की भगवान् जरूर सुनेंगे।' पर ऐसा नहीं हुआ। लेकिन वृंदा भगवान् को दोष नहीं देती। अपने कर्म को दोष देकर उसने ईश्वर का दिया वैधव्य दुःख स्वीकार कर लिया। और पति, सास-सुसर सबकी जिम्मेदारी को अपने में केंद्रित करके अपना कर्तव्य निभाती जा रही थी।

पर पति के जाते ही दुनिया कितनी बदल गई कि उसकी आस्था ही टूटने लगी।

देवरों ने पत्नियों के प्रभाव में आकर बँटवारा करा लिया। सुमेर के इलाज के लिए वृंदा ने एक प्लाट बेच दिया था। उसकी एवज में देवरानियों ने सुमेर के हिस्से की उतनी जमीन को बँटवारे में शामिल करा लिया।

वृंदा टूटती चली गई, इसलिए नहीं कि उसकी संपत्ति कम हुई, बल्कि अपनी ममता की निरर्थकता पर। पर जब कगार टूटने लगते हैं तो नदी का बहाव यह नहीं देखता कि कहाँ-कहाँ से कितना टूट रहा है। उसका तो काम होता है तोड़ना, ढहाना और बहा ले जाना।

वृंदा तन-मन-धन तीनों से टूट चली थी। ऊपर से परिवार की अशांति ने रही-सही कसर पूरी कर ली। छोटा बेटा पत्नी के कलहपूर्ण आचरण से गुमसुम होता जा रहा था, उसके मन की एकाग्रता भंग होती जा रही थी। वह हताश होता जा रहा था।

वृंदा का मन अब घर-गृहस्थी से पूरी तरह उचट गया था। सबकी घर-गृहस्थी सँभल गई थी। केवल उसके छोटे का भविष्य अनिश्चित था। उसके मोह में बँधी वृंदा अपनी अवहेलना, अपमान, अभाव सबकुछ झेलती जा रही थी।

लेकिन उस दिन ऐसा कुछ हुआ कि वृंदा सह नहीं सकी।

छोटे बहू के शब्द उसके कानों में आज भी गरम शीशा डालते रहते हैं—'यह राँड़ न मरेगी, न मेरे घर में कुछ शुभ होगा। मेरी कोख न हरी होगी, न इनको नौकरी मिलेगी, जब तक इस मनहूस का साया इस घर पर रहेगा। दुनिया की बेवाएँ काशीवास को जाती हैं, पर इन्हें तो ऐशो-आराम चाहिए। वहाँ चार बार खाने को कहाँ मिलेगा?'

ये सारी बातें वृंदा को सुनाकर कही गई थीं। वह तमाम ऊहापोहों में तीन दिन, तीन रातें उस घर में पड़ी रही। अन्न का एक दाना मुख में डालने की इच्छा

न हुई, न किसी ने आकर पूछा।

क्षोभ से मन विह्वल था। सारा जीवन जिनके लिए होम कर दिया, रात को रात, दिन को दिन नहीं समझा, वही भरा पूरा परिवार है, पर किसी को मेरी सुधि लेने का होश नहीं।

बड़ा बेटा परीक्षा देने गया था। बड़ी बहू मायके में थी, अपनी बीमार माँ की तीमारदारी में। मन हुआ कि बड़ी बहू से अपनी व्यथा बताऊँ। पर वह माँ की बीमारी से स्वयं परेशान थी। अपनी छोटी बेटी की करतूत से बीमार माँ और व्यथित होगी। इसलिए चुप रह गई।

देवरानियों ने अलग होने के बाद आँगन में दीवारें खड़ी कर ली थीं। ये दीवारें पारदर्शी नहीं थीं, न मन ही पारदर्शी रह गए थे।

वृंदा ने मन में संकल्प ले ही लिया था। सच मुझे अब काशीवास करना ही चाहिए। कब तक ढोती रहूँगी सबकी चिंताओं का भार। अब सब सक्षम हैं। जो नहीं है, उसका मैं ही क्या कर लूँगी। अब तो मेरे पास शरीर के सिवाय कुछ भी नहीं रह गया है।

वह निकली तो थी काशी जाने के लिए, पर मूर्च्छित होकर कहाँ गिर गई और कौन उन्हें यहाँ पहुँचा गया, उनका नाम पता क्या था? वह नहीं जानती, पर उन्हें उनका रोम-रोम आशीशें देता था।

उन्होंने किसी को अपना पता-ठिकाना नहीं बताया था, अभी तक। आश्रम की अधीक्षिका ने बहुत पूछा कि आप कहीं जाना चाहती हैं, किसी को संदेश देना चाहती हों तो बता दें। पर उन्होंने मना कर दिया था। हाँ, उन्होंने इतनी प्रार्थना की थी कि जब तक मेरे शरीर में सामर्थ्य है, मैं कुछ काम करके यहाँ रहना चाहती हूँ। अपना नाम पूछे जाने पर उन्होंने बताया था—सेवा।

सेवा वृद्धाश्रम में बरतन धोती थीं, रसोई का काम करती थीं, बदले में दो वक्त का भोजन मिलता था। और अपनी इच्छानुसार वे आश्रम भर में घूमकर सबका सुख-दुःख जान सकती थीं, मदद कर सकती थीं। उन्हें लगा कि प्रभु ने मेरे लिए काशीवास इसी रूप में सुनिश्चित किया था।

सेवा-सेवा के नाम की पुकार हो रही थी। उनके लिए भी खाने का पैकेट, कपड़े का पैकेट देने के लिए दिवंगत आत्मा की पुत्रवधू खड़ी थी। वह हाथ धोकर वहाँ पहुँची। उस भद्र महिला ने बड़े आदर से उन्हें भोजन, वस्त्र देकर प्रणाम किया। सेवा ने उसे सादर स्वीकार कर लिया, पर वृंदा को याद था कि

आज मेरे पति की पुण्यतिथि है। वह आश्रम के बाहर निकलीं।

एक विक्षिप्त सी स्त्री जूठे पैकेटों में से जूठन बीनकर खा रही थी। वृंदा ने उसे पकड़कर उठाया। ले जाकर बंबे पर नहलाया, उसके चिरकुट कपड़े उतारकर आज मिली हुई नई साड़ी, पेटीकोट, ब्लाउज उसे पहनाया और खाने का पैकेट खोलकर उसके सामने रख दिया। वह दोनों हाथों से खाती हुई खिलखिला रही थी।

वृंदा को संतोष हुआ। अपने पति की पुण्यतिथि पर मैंने भी तर्पण किया है। मेरा काशीवास पूरा हो गया। उन्होंने उस दिन उपवास करके अपार शांति प्राप्त की।

□

भूले-फिरें भँवर

सूर्यास्त की अंतिम किरणें गुलमुहर की फुनगी को सहलाकर विदा ले रही थीं, पक्षियों के झुंड अपने नीड़ की तलाश में लौट रहे थे। वीना का मन रोज साँझ को जाने क्यों अनखा जाता है और तब वह बरामदे में बैठकर इसी दृश्य पर अपनी आँखें टिका देती है, पर मन है कि उन लौटती किरणों और पक्षियों के साथ कहीं दूर लौट जाना चाहता है। वहाँ, जहाँ अपने नीड़ का एहसास हो सके, बस अपने नीड़ का।

फाटक पर ताँगा रुकता देखकर उसका मन लौट आया, फिर इसी बँगले के बरामदे में, जहाँ से उसे आनेवाले अतिथि के सत्कार के लिए उठकर फाटक तक जाना है। फाटक खोलते ही अपनी चचेरी बहन माधुरी को देखकर उसका मन सहज प्रसन्न हो उठा। माधुरी उसी तरह खिलखिलाती हुई अपने तीन पुत्रों और एक पुत्री के साथ ताँगे से उतरी और उतरते ही वीना के गले से लग गई।

छह वर्षों के बाद माधुरी से भेंट हुई थी, पिछली बार मिली थी, तब एक पुत्र गोद में था और एक कोख में। पर माधुरी की जीवंतता में तब भी कहीं कोई कमी नहीं आई थी और आज चार बच्चों की माँ होने पर भी नहीं। वही खिलखिलाती गुलाब सी हँसी। कपड़ों, गहनों का शौक अपनी उसी चरम सीमा पर था। हाँ, मोटी जरूर हो गई थी। ताँगे पर से अब उसका भारी-भरकम बक्सा उतर रहा था।

माधुरी हँस-हँसकर सबके हाल पूछ रही थी। और बिना उत्तर का इंतजार किए अपने हाल बता रही थी। मायका, ससुराल, नाते-रिश्तेदारी में कौन कितनी आमदनी कर रहा है, किसकी बेटी ब्याही गई, किसकी ब्याहने को पड़ी है, किसने कितना दहेज दिया, किसकी बहू कहने में है, किसकी नहीं, कौन माँ के पीछे बहू की औकात उतार देता है और कौन बहू के जादू में फँसकर वृद्धा

माँ को भूल बैठा है, आदि-आदि। सारी सूचनाएँ जलपान के बीच बिना पूछे ही वीना को प्राप्त हो गईं।

वार्त्तालाप के बीच किसी की वृद्धा माँ का जिक्र आते ही अचानक वीना के मन में दादी की छवि कौंध गई और उसने माधुरी से पूछ लिया। 'तुम गाँव कब गई थीं, दादी कैसी हैं?'

अचानक इस प्रश्न से माधुरी सन्न रह गई। उसकी सारी उल्लासमयता जाने कहाँ तिरोहित हो गई और दबी जुबान से वह बोली, ''वीना! दादी तो चल बसीं।''

वीना को धक्का लगा—''कब?''

''आज करीब डेढ़ महीना हुआ। मैं वहीं से आ रही हूँ।''

वीना को माधुरी का वह उल्लास, जिस पर वह बलिहारी जा रही थी, अब अचानक उसके प्रति मन वितृष्णा से भर उठा। माधुरी वहीं से आ रही है और दुनिया भर की बड़-बड़ कर गई, पर इतनी महत्त्वपूर्ण और दुःखद सूचना पूछने पर दी। क्या माधुरी के मन में इस बात की ग्लानि अब होगी या उसे सचमुच यह लगा होगा कि दादी इतनी सार्थक नहीं थीं, जिनकी मृत्यु की सूचना देकर अपनी यात्रा का उल्लास कम कर दिया जाए।

जो भी हो, वीना के लिए यह सूचना अनेक दृष्टियों से बहुत ही कष्टकर थी।

वीना ने अपने आँसू और नहीं छलकने दिए, कोठरी में आकर लेट गई। मुख पर आँचल रख लिया। वीना के लिए दादी स्नेह का सागर थीं, बहुओं को लाड़ करनेवाली, नाती-पोतों पर आशीर्वाद बरसाने वाली, पुत्रों-पुत्रियों पर ममता बिखेरने वाली।

वीना किसी के प्रसव की सूचना पाती तो चट से व्यस्त दादी की छवि आँखों में झूल जाती। कोई कहीं बीमार है, दादी दवा घोंट रही हैं, काढ़ा या जूस पिला रही हैं। अचार, पापड़, बड़ियाँ देखते ही वीना को धूप में झुका दादी का चेहरा याद आ जाता। कोई त्योहार हो, शादी-ब्याह हो, कड़ाही के पास पाटा डाले दादी, किसी घर देवी माता (चेचक) की शंका हो तो पहचान के लिए दादी बुलाई जातीं, फिर पहचान होने पर शीतला माता को खुश करने के लिए क्या-क्या सावधानी, सफाई, बचाव हो, इसकी हिदायतें भी दादी देती थीं। कोई मर गया हो, उस समय मृतक के परिवार को सांत्वना और ढाढ़स देने के साथ-साथ जीवन-मृत्यु के गूढ़ रहस्य समझाती हुई दादी। दादी की स्मृति में वीना को संस्कृत का वह श्लोक सदैव याद आता—

वदनं प्रसादसदनं सदयं हृदयं सुधामुचो वाचः।

करणं परोपकरणं येषां त्वं सदैव वन्दनीया: ॥

(एक कांतिमय दमकता चेहरा, दयावान हृदय, अमृत तुल्य वाणी जो सदैव सबकी सहायता के लिए तत्पर रहती थी, आप सदैव सबके द्वारा वंदनीय हैं।)

एक साथ दादी के जीवन में रिश्तों के, कर्तव्य के कितने-कितने रूप समाए थे, यह देखकर वीना चकित हो उठती थी। वह दादी अब इस संसार से चली गईं, अब कभी भी देखने को नहीं मिलेंगी।

वीना चार सौ किलोमीटर की दूरी भर लाँघकर उन्हें देखने तक नहीं जा सकी। उसके मायके वाले उसे सूचित न कर सके कि आओ, उस दादी का अंतिम दर्शन कर जाओ, जिसके वात्सल्य और देख-रेख के प्रति तुम्हारे शरीर का रोम-रोम ऋणी होगा।

हो सकता है, दादी ने अंतिम समय में याद भी किया हो, पर किसी को इतना जरूरी नहीं लगा होगा कि मुझे खबर करे या बुला ले जाए। एक क्षण के लिए वीना के मन में क्षोभ जगा, फिर खो गया, हताश होकर उसने सोचा, कौन जाने सूचना पाकर मैं आ न सकूँ, और तब मुझे और कष्ट होगा, यह सोचकर न भेजा हो संदेश। क्योंकि यह निश्चित नहीं था कि मैं सूचना पाती तो जा ही सकती थी।

पति राजीव भारत सरकार के मंत्रालय में ऊँचे पद पर हैं। उनके दौरे का कोई ठिकाना नहीं, कब जाने कहाँ जाना पड़े। दो बच्चे हैं, दोनों बाहर रहकर अध्ययनरत हैं। घर, नहीं-नहीं बँगला छोड़कर जाने के पहले कितनी ही व्यवस्था करनी होती है। शायद यह सूचना पाकर भी वह न जा पाती। वीना का मन अपनी बेबसी पर सिसक उठा। इतना सारा वैभव, सम्मान, पद, मर्यादा, इनको सँभालने के लिए जबरन ओढ़े दायित्व, आभिजात्य के मुखौटे, शिष्टाचार निर्वाह की मुसकान, सबकुछ उसे अपने ऊपर थोपा सा लगता।

वह एक साधारण किसान परिवार से आई थीं। उसके अद्भुत रूप लावण्य और मौन शालीनता पर मुग्ध होकर जब राजीव ने उसी से विवाह करने का निर्णय अपने माता-पिता को सुना दिया था, तभी से सास-ससुर के मन में एक दरार पड़ गई थी। वे अपने इकलौते बेटे के लिए लाखों का दहेज लेकर आनेवाली बहू का सपना देख रहे थे।

कितना समझौता करना पड़ा था, वीना का नए घर परिवार में, नई परिस्थितियों में। अपनी कर्तव्यपरायणता, शालीन आचरण और परिश्रम से सास-ससुर की प्रिय तो बन गई थी, पर उनके मन की वह हूक नहीं निकाल सकी थी, जो दहेज

विहीन शादी के कारण उनके हृदय में बैठ गई थी। वह सोचती इतनी संपन्नता के बाद भी लोभ? क्या इसकी कोई सीमा नहीं है?

राजीव बहुत जिद्दी थे। जिस बात की भी जिद सवार हो, वह पूरा करा करके ही मानते थे, यह उनके माता-पिता जानते थे, इसीलिए पुत्र से तो चल नहीं पाती थी, बहू पर समय-समय पर खीझ के रूप में पछतावा प्रकट होता रहता था।

वीना मन-ही-मन इस ढोंग से भी आहत होती, जो पुत्र को दिखाने के लिए बहू के प्रति प्यार के रूप में प्रकट होता और उस खीज से भी चोट खाती, जो पति के पीछे उसे दी जाती। धीरे-धीरे कुछ सामान्य होता गया, पर जब पति के व्यवहार से उसे यह आभास मिलता कि उसे उपकृत किया गया है, वरना यह सारा वैभव सम्मान उसके नसीब में कहाँ था? यह सोचकर, महसूस कर वह मर्माहत हो उठती।

उसकी छोटी बहनें उसकी अपेक्षा साधारण परिवारों में गई हैं, लेकिन कितनी सहज और प्रसन्न हैं। वे अपने घर में राज कर रही हैं, यद्यपि कहने को तो कहा जाता है कि वीना राज कर रही है।

माधुरी को देखकर वीना को खुशी कि होती, पर कभी-कभी अव्यक्त ईर्ष्या उसे अंदर तक मर्माहत कर जाती है। उसका पति उस पर न्योछावर था। वह महीनों मायके रह आती तो वह अपने हाथ से पकाकर या होटल में खाकर भी गुजर कर लेता।

माधुरी वीना के भाग्य पर बलिहारी जाती। ''दीदी! क्या तुमने सोचा था कभी सपने में भी इतने बड़े अफसर की बीवी बनोगी? मोटर, बँगला, इतने नौकर चाकर? तुम पढ़ने में तेज तो थीं, पर ज्यादा-से-ज्यादा किसी मास्टर को ब्याह दी जातीं। तकदीर की बली थीं कि जीजा की निगाह तुम पर पड़ गई।''

राजीव ने भी कहा था, ''मेरे लिए लड़कियों की कमी कहाँ थी, पर चाहता था कि ऐसी सीधी-सादी सुंदर लड़की ब्याहूँगा, जो मैं कहूँ 'आम' तो 'आम', मैं कहूँ 'इमली' तो वह कहे 'इमली' और संयोग से तुम मिल गईं।''

उस समय वीना को पति की प्रशंसा भरी इस उक्ति के पीछे उसकी अहमता नहीं, उसका न्योछावर भाव ही समझ में आया था।

दादी ने बचपन में वीना का हाथ एक ज्योतिषी को दिखाया था। उसने कहा था, इसके भाग्य में तो राजयोग है। यह बड़ी अफसर बनेगी।

वीना क्या जानती थी कि वह राजयोग इस तरह घटित होगा। उसने सोचा था कि वह स्वयं परिश्रम करके अफसर बनने की योग्यता हासिल करेगी। इतने

अच्छे रिश्ते को ईश्वर की अनुकंपा मानकर माता-पिता ने एम.ए. की परीक्षा दिला देने का धैर्य भी नहीं रखा। अकेली दादी ने परीक्षा दिलाकर विवाह करने की वकालत की थी, पर उनकी सुनी नहीं गई। आगे पढ़ने और नौकरी करने की बात करना तो इस परिवार के तथाकथित सम्मान के विरुद्ध बात थी।

वीना के पास सबकुछ था—धन-वैभव, पति, पुत्र-पुत्री। फिर भी उसका मन जाने, क्यों बार-बार कुहासा-कुहासा हो जाता था। अपने व्यक्तित्व का बौना होते जाना देखना उसके लिए एक त्रासदी थी। पिता के घर के सहज खुले वातावरण की स्मृतियाँ इतनी गहराई तक मन में घर जमा चुकी थीं कि वह आज तक इस घर से अपने को उस अपनाव भरे लहजे में जोड़ नहीं पाई थी, जितना कि प्राय: लड़कियाँ शादी के बाद जोड़ लेती हैं।

दादी की मृत्यु के समाचार ने आज बुरी तरह उन स्मृतियों को खुरच दिया था। इन स्मृतियों में दर्द था, पर अपने शरीर के फोड़े को दबाने के सुख जैसा, जिसे दर्द के बावजूद भी बार-बार छूने को जी चाहता है।

ऐसी ही स्मृतियों की पीर उसे पति और सास-ससुर की अहंमन्यता को झेलते हुए होती थी। वह सारा अनुताप अपने मायके से मिले प्यार के मरहम के सहारे झेलती रहती थी। ऐसा नहीं कि उसके मन में विद्रोह नहीं उठता था, पर वह विद्रोह भी दादी की कहानियों, गीतों की छाँह में सरक, दुबक जाता था।

दादी की हर कहानी के नायक-नायिकाएँ विषम परिस्थिति में भी हार नहीं मानते थे। अंत में जीत उसी की होती थी, जो सबसे अधिक उपेक्षित और विपत्तियों में झोंक दिया जानेवाला होता था। वीना आज भी हारने लगती तो कहानियों के ये नायक-नायिकाएँ मुसकराते हुए उसे थाम लेते। दादी के कंठ स्वर में विवाह-गीत की पंक्तियाँ कानों में गूँजने लगती, जिनका भाव होता था—"हे बेटी! चिंता न करो तुम्हें जो नहीं आता, वह सब धीरे-धीरे सीख लेना। सास-ससुर तुम्हारे भाई, पिता को जो भी ताना दें, बुरा-भला कहें, आँचल पसारकर, माथ झुकाकर ले लेना।"

कभी-कभी वीना झुंझला उठती—दादी यह कैसी सीख है, सारे अन्याय को स्वीकार, प्रतिकार की आवाज को दबा देना, क्या आत्महंता बनने की स्थिति नहीं है?

वीना विचार सागर में में डूबती-उतराती परेशान हो उठी, दादी का हमेशा प्रफुल्ल रहनेवाला चेहरा, मुसकराती आँखों से वर्जना कर उठा—"बिन्नू बिटिया, घर तौ औरतन कि चलाए चलत है। मर्द जो कुदारी से गोड़े तबो न गोड़ि पावे,

औरत जो सुई से गोड़े त गोड़ि डारे। आपन घर के गोड़े चाही बतावा त?'' (बिन्नू बेटी! घर तो स्त्री के चलाने से चलता है। पुरुष यदि कुदाल से भी गोड़े तो घर को नहीं गोड़ (खोद) सकता, पर स्त्री यदि सुई से भी गोड़ना चाहे तो घर को गोड़ डालेगी, लेकिन अपना 'घर' कौन स्त्री गोड़ना चाहती है, बताओ तो?) और तब वीना को प्रतिकार भरा विद्रोही भाव काफूर हो जाता है।

इधर पति की अहंमन्यता भरी जिद दिन-पर-दिन बढ़ती जा रही है। वीना जानती है, वह उसे बहुत प्यार करते हैं, पर वह उसे अपनी अमूल्य वस्तु के रूप में सुरक्षित रखना चाहते हैं। इससे वीना का दम घुटने लगता है। उसका अपना व्यक्तित्व कसमसाने लगता है। पति के स्वभाव में बालहठ का उग्र रूप, जब भी वह देखती है, उसे दादी का वाक्य याद आ जाता है। दादी ने इन्हें देखकर कहा था—''एकदम बालक स्वभाव है दुलारे दामाद का। हँसी-मजाक पर ऐसा तुनक गया कि भोजन को ही नहीं उठ रहा था।''

दादी ने विदा के समय उसे अँक में समेटे हुए बरसती आँखों से दामाद से चिरोरी की थी—''बच्चा, हम अपनी बछिया सी भोली-सीधी कन्या को आपके साथ भेज रहे हैं, उसका ध्यान रखना। अपनी माँ से कह देना कि बहुत प्यार दुलार में पली है, कोई गलती हो जाए तो क्षमा कर दें।''

वीना की आँखें आज भी उस विदाई के दृश्य को और दादी के कंठावरोध भरे वाक्य को याद कर छलक उठती हैं।

माँ जब भी कहीं जाती थीं, उसके दिन दादी के सहारे बड़े आराम से हँसते-खेलते बीतते थे। उन दिनों दादी मेरा विशेष ध्यान रखती थीं। दादी गाँव भर की लड़कियों को कसीदे काढ़ना सिखती थीं। मोनी, डलवा, बेनिया-पंखी के कितने डिजाइन उरेहती, सिखाती रहती थीं दादी। पलक झपकते ही दिन बीत जाते थे।

आज इतने बड़े बँगले में अकेले दिन काटे नहीं कटता। कहाँ तक रंग-बिरंगी मैगजीन पढ़े कोई! वही आधुनिक गृह सज्जा की बातें, पति के लिए सजने-सँवरने के लिए विविध उपाय, नए-नए फैशनों की आकर्षक रंग-बिरंगी प्रस्तुति देख-देखकर वीना का मन ऊब जाता था। वैसे ही नारी को स्वयं को वस्तु बनाकर प्रस्तुत होने की नियति क्या कम है, ऊपर से ये सारे प्रलोभन। राजीव महिलाओं के लिए छपने वाली पत्रिकाएँ ही लाते थे। वीना की पसंद पूछने की उन्होंने जरूरत ही नहीं समझी थी।

वीना को फिर याद आया, अपने मायके का वह आँगन, जहाँ एक पंक्ति में चारपाइयाँ बिछी रहती थीं। शाम को जब सारे बच्चे इकट्ठे हो जाते तो वैसा

ही कलरव होता, जैसा शाम घर लौटते पक्षियों का होता है। गाना, रोना, हँसना, छीना-झपटी, मारपीट, बातचीत सब दादी की एक आवाज में शांत हो जाता था—"अब जिसको-जिसको किस्सा सुनना हो, चुप हो जाए। नहीं तो बाहर बाबा के पास चला जाए।"

पर बाबा के पास जाने को कोई नहीं तैयार होता था, क्योंकि बाबा उपदेश देने लगते थे—बच्चों को कैसे रहना चाहिए? बड़ों का आदर करना, सवेरे जल्दी उठना, सफाई का ध्यान रखना, मेहनत करना आदि-आदि। बच्चे बाबा की नकल उतारते तो उन्हें देखकर दादी हँस देती थीं।

अब वह बड़ा आँगन दादी के बिना कैसा लगता होगा, सोचते ही वीना को धक्का लगा। अरे! वह आँगन अब बड़ा कहाँ रह गया? चाचाताऊ के बँटवारे के बाद उसमें दीवारें पड़ गई थीं। ताऊजी के बड़े लड़के अलग हुए तो उसी आँगन में जगह घेरकर उन्होंने अपनी कोठरी बना ली।

पिछले वर्ष छोटी बहन की शादी में घर गई थी तो दादी इस बात को लेकर कितनी उदास थीं कि अब आँगन में जगह न होने के कारण मंडप बाहर गाड़ना पड़ा था। बाहर मंडप में रखे दीपक को गिराकर कुत्ता तेल चाट गया तो दादी हताश सी हो गई थीं। दादी बोली थीं, "साँझा जगाने के बाद भोर जगान तक दीपक जलते रहना चाहिए था।" ठाकुर बाबा को बैठी मनाती रह गई थीं दादी रात भर।

दादी ने बहुत उदास होकर वीना से धीरे से कहा था—"बड़े खराब दिन आनेवाले हैं, अब जो नई बहुएँ आ रही हैं, वे तुलसी, नीम के चौरे पर न जल चढ़ाती हैं, न साँझ को दीया-बाती करती हैं। वे बिना नहाए चप्पल पहनकर रसोई बनाती हैं, बताओ, कैसे ठाकुरजी को भोग लगाएँ?

दादी हारती तो थीं ही नहीं, उन्होंने इसका भी रास्ता निकाल लिया था। वे ठाकुरजी को सत्तू का भोग लगातीं या चने-चबैने और गुड़ का अथवा मौसम के फल आम, बेर, अमरूद, जो भी मिल जाए, वही भोग लगाकर खुद भी खाकर रह जाती थीं।

बहुओं ने जब दादी का बिना टीका-टिप्पणी का यह सत्याग्रह देखा तो स्वयं ही अपनी आधुनिकता पर लज्जित हो गईं और फिर सबकुछ वैसा ही चलने लगा, जैसा दादी चाहती थीं।

वीना अतीत की स्मृतियों में डूब-उतरा रही थी। माधुरी कमरे के दरवाजे पर आकर खड़ी हो गई थी, उसने धीरे से पुकारा, "बिन्नू दीदी! उठो, हम लोगों

को शाम की ट्रेन से जाना है! अभी रिजर्वेशन भी करवाना है।''

वीना झट से उठ गई। उसकी आँखें और चेहरा देखकर माधुरी सन्न रह गई। वह बोल उठी, ''चाची ने कहा था कि वीना को दादी के मरने की खबर कर दी जाए। दादी ने तुम्हारा नाम भी कई बार लिया था, नाइन काकी बता रही थीं, पर चाचा चुप रह गए थे। मुझे भी कैसे पता लगता, वह तो मैं पहले से ही शहरवाले मकान में आई थी तो माँ और पिताजी के साथ गाँव भी चली गई थी। वे दादी की बीमारी की बात सुनकर उन्हें देखने जा रहे थे। जब हम लोग वहाँ पहुँचे तो दादी मर चुकी थीं। गाँव की नाइन व पंडिताइन काकी उनकी सेवा में थीं। एक दिन पहले ही तो खत मिला था हम लोगों को। चाचाजी और चाचीजी एक दिन पहले ही पहुँच गए थे। वे तब तक अचेत हो चुकी थीं। चाचाजी कह रहे थे, माँ से कितना कहा था शहर चलकर साथ में रहें, पर मानती ही नहीं थीं। कहती थीं कि वहीं सब लोग हैं ही देखभाल करनेवाले। मैं ठाकुरजी का मंदिर छोड़कर नहीं जाऊँगी।''

माधुरी बताती जा रही थी—''नाइन बता रही थी कि मरने के एक घंटा पहले तक दादी बोलती रहीं। स्वयं ही सबसे कहती रहीं, राम-राम कहो! स्वयं ही कह दिया था कि मुझे चारपाई से उतार दो। तुम सब लोग खाना खाओ, तब आकर बैठो मेरे पास।''

दादी ने पंडिताइन काकी को संदूक की चाभी देकर कहा था—''मेरे बच्चे, जब आ जाएँ तो मेरी रीत पूरी करा देना और सबको मेरा आशीर्वाद कह देना, सब सुखी रहें। हाँ, किसी को यहाँ दीया जलाने के लिए जरूर रख देना।''

वीना जानती है, पिताजी ने क्यों नहीं मुझे संदेश भेजने दिया होगा। वे दामाद के एहसान के बोझ से दबे हैं। बहन की शादी में बड़ी मुश्किल से दो दिन के लिए वीना को भेजा था। राजीव स्वयं नहीं जा सके थे। बच्चो को धूल-धक्कड़, बीमारी के डर से नहीं भेजा था। पिताजी को लगा होगा, क्यों दामादजी को तकलीफ दें।

दादी की, पिताजी की बातें यादकर और वीना की रक्ताभ आँखें देखकर माधुरी की आँखें भी भरने लगी थीं। वीना के गले लगकर वह भी रो पड़ी थी।

तभी गाड़ी का हॉर्न और फाटक खुलने की आवाज सुनाई दी। साथ ही नौकरों में एक सतर्कता बाअदबी व्याप्त हो गई। माधुरी ने अपने बच्चों को सोफे पर ठीक से बैठने का निर्देश दिया और जीजा के स्वागत में खड़ी हो गई।

वीना का मन विरक्ति से भरा हुआ था। वह इस समय एकांत चाहती थी।

केवल दादी को याद करना चाहती थी। पति के आने से जो हड़कंप मच जाता है, जो सतर्कता बरतनी पड़ती है, उससे वह बहुत थक जाती है। एक दिखावे की संस्कृति, शिष्टाचार में बँधा हुआ सबकुछ। खान-पान, बातचीत एक नियोजित ढंग से करने की आदत।

उसका मन हुआ, वह जोर से रो पड़े—'दादी-दादी! पुकारकर', पर यहाँ रोना भी एक मर्यादित ढंग से चल सकता था। उसे याद आया गाँव की स्त्रियों का उन्मुक्त रुदन, जो उसे भी असभ्य या गँवार लगता था, पर आज उसी के लिए मन हुलककर रह गया। वह अपने कमरे में लौट गई। उसका मन कर रहा था कि आज पति के आने पर वह उनके सीने से लगकर जोर-जोर से रो पड़े।

वह जानती है, राजीव को इस तरह की भावुकता पसंद नहीं है। वह उपदेश देने लगेंगे, वह भी अंग्रेजी में—"मरना-जीना तो प्रकृति का नियम है।" वह जानती है कि यदि वह मायके जाने की बात करेगी तो वह कहेंगे कि अब वहाँ जाने से क्या होगा, तुम्हारी दादी लौट तो आएँगी नहीं। व्यर्थ में यहाँ-वहाँ सभी को परेशान करोगी।

वह सोचने लगी, संभवत: अब तक माधुरी ने अपने जीजा से मेरा मन ठीक न होने का कारण बता दिया होगा। वीना कमरे में निराश प्रतीक्षा करती रही, शायद राजीव भीतर आए, पर थोड़ी देर बाद स्वयं को सांत्वना देकर आदतन उठ जाना ही उसे उचित लगा। दादी के गीत की एक पंक्ति उसे बार-बार याद आ रही थी। अपने उदास क्षणों में वह यह भजन गुनगुनाकर राहत पाती थी। आज फिर वही पंक्ति मन में गूँज उठी—'भूले-फिरे भँवर राह ना पावैं।'

दादी कहा करती थीं—"संसार एक भँवर है, इसमें फँसकर आदमी भूला-भूला फिरता है, इससे निकलने की राह नहीं मिल पाती। जब राह मिलती है, तभी वह मुक्त हो जाता है।"

उसे लगा, दादी को राह मिल गई। सभी को राह मिल ही जाती है। दादी ने तो जाने कितनों को राह दिखाकर राह पाई है। उनके लिए रोना क्यों? वे तो जाकर भी नहीं गई हैं। दादी तो वीना के ही नहीं, और भी न जाने कितनों के मन के पोर-पोर में समाई हैं। वीना ने अपना मन कड़ा किया और बाहर आ गई।

□

बनदेई

दुबली छरहरी देह, गेहुँआ रंग, बड़ी-बड़ी आँखें, पतले गुलाबी होंठों वाली 'बनदेई' गौरैया सी फुर्र-फुर्र पूरे गाँव में उड़ा करती थी। उसकी लँगड़ी माई और बुढ़िया नानी उसकी चंचलता से परेशान थीं। वह कब किसके खेत में मटरफली तोड़ने पहुँच जाएगी, किसके खेत से गन्ना तोड़कर लाएगी, उन्हें कुछ पता न लग पाता। पता तब चलता, जब उलाहना आता। उसकी लँगड़ी माई कहती—'राम-राम, यह तो कुँवर कन्हैया हो गई है, हमको जसोदा मैया की तरह रोज उलाहना सुनना पड़ता है।'

बनदेई किसी की फुलवारी में फूल खिला देखती या जंगली झाड़ियों में, सब पर अपना समान अधिकार समझती। घर लौटती तो फूल उसके कानों पर, बालों में, नथुनों में, हाथों में, जेबों में ठुँसे रहते और देह में काँटों के चुभने से खून छलछलाया रहता। उसकी नानी ने एक दिन उसे फूलपरी की कहानी सुनाई थी, तब से वह फूलपरी बनने का अवसर ढूँढ़ती रहती थी। बनदेई स्वयं भी तो जंगल का फूल थी।

एक दिन ढोर चराते लड़कों ने देखा कि जंगल में दो कुत्ते किसी पड़ी हुई वस्तु के पास चौकन्ने से बैठे हैं। लड़के निकट पहुँचे तो कुत्ते भौंकने लगे, पर परिचित लड़कों को देखकर शांत हो गए।

चरवाहों ने देखा, वह कोई वस्तु नहीं है बल्कि कपड़े में लिपटा एक मानव शिशु आँखें मूँदे धरती पर पड़ा है। यह जीवित है कि मरा, यह जानने के लिए एक ने उसकी अंगुली छुई तो शिशु कुनमुनाया।

दो लड़के वहाँ रुक गए, दो दौड़कर गाँव आए। गाँव के सरपंच ने थाने में खबर की और कुछ लोग लड़कों के साथ वहाँ पहुँचे। सबके आने पर दोनों कुत्ते वहाँ से हट गए। लोग आश्चर्य कर रहे थे कि भगवान् ने इन कुत्तों को इस

शिशु की रक्षा के लिए भेजा था, वरना कोई जानवर ही खा जाता। धन्य हो प्रभु! मारने वाले से बचाने वाले के हाथ बड़े हैं, लोग बातें कर रहे थे।

सिपाही ने शिशु को हाथों में उठा लिया। शिशु कन्या थी। उसके गले में रस्सी कसे जाने का निशान था। लगता है, अभागिन माँ के हाथ बेटी की गरदन कसते हुए काँप गए थे। भीड़ में से एक आवाज आई—'अरे भइया! लड़की है, तभी बच गई, लड़का होता तो न बचता। लड़कियाँ अमृत की घरिया पीकर आती हैं।'

सिपाही नवजात शिशु को लेकर थाने जा रहा था, बीच में हमारा गाँव पड़ता था, पीछे से दर्शकों की भीड़ थी।

सिपाही ने पूछा, "कोई इस बच्ची को लेना चाहे तो हम पंचनामा करा देंगे।"

लोग एक-दूसरे की ओर देखने लगे। एक सेठजी के संतान नहीं थी। सेठाइन रोज देवी-देवता को पूजती थीं, पर अभी कोई फल नहीं मिला था। भीड़ में से किसी ने कहा, लालाजी! शायद भगवान् ने सेठाइन की प्रार्थना सुन ली है और उन्हीं के लिए इसे भेज दिया है।

लाला चुप रहे। सेठाइन भी घूँघट काढ़े उधर से झाँक रही थीं, धीरे से सरक गईं। लड़का होता तो ले भी लेती। लड़की लेकर क्या करेंगे। वह अपने बगल की स्त्री को फुसफुसाकर, लालाजी को सुनाकर चल दीं।

सिपाही शिशु को लेकर चलने लगा, तभी गाँव की एक अनाथ वृद्धा स्त्री दौड़ती हुई आई। उसके पीछे उसकी जवान लँगड़ी बेटी भी पैर घसीटती आ रही थी। वृद्धा ने कहा, "सिपाहीजी! इसे मेरी बेटी को दे दीजिए। हम इसे पाल-पोसकर बड़ा कर लेंगी।"

सिपाही ने पंचनामा कराकर शिशु को उसे सौंप दिया। 'बूढ़ी बनियाइन' और 'लँगड़ी बनियाइन' के नाम से जानी जाने वाली उन दोनों स्त्रियों के सूखे मन में ममता के फूल लहलहा उठे। उस दिन उनके आँगन में ढोलक गमक उठी थी। माँ-बेटी कई दिनों तक सोहर गाती-गवाती रहीं। नटिन और ब्राह्मणियों को सोहर गवाई का नेग अपनी जोड़-गाँठ कर रखी टूटी-फूटी सपत्ति से देते हुए हर्ष-विभोर हो उठी थीं। लँगड़ी बनियाइन ने बेटी को चूमकर कहा था, इसे देकर वनदेवी ने हमारी झोली भरी है। हम इसका नाम 'बनदेई' रखेंगे।

बनदेई के लिए बकरी पाली गई। इसका दूध पीकर और नानी माँ की ममता से नहाकर वह जंगल का फूल खिलता गया। बनदेई सबकी जबान पर 'बनदेवी' बन गई। वह गाँव के स्कूल से कस्बे के स्कूल गई। माँ-बेटी रात-दिन परिश्रम

करके उसके भविष्य को सँवारने में लगी थीं।

पहले उसकी जो दुकान बंद हो गई थी, वह दिन दूनी, रात चौगुनी बढ़ने लगी। वे मानती थीं कि यह बनदेई के चरणों का ही प्रताप है। उन्होंने अपना ढहता घर फिर से नया बना लिया।

बड़े सुख से सपने देखते दिन बीत रहे थे। बनदेई के विवाह के लिए दोनों संपत्ति जुटाने लगी थीं। उनके यहाँ कोई पुरुष तो था नहीं। वर की तलाश भी उन्हें ही करनी थी। माँ-बेटी को ईश्वर पर भरोसा था। जैसे 'बनदेई' आई, वैसे ही भगवान् उसके लिए वर भी भेजेंगे।

पर बनदेई के जन्म की कथा बहुचर्चित, बहुश्रुत थी। उसकी माँ-नानी ने जिन वैश्य परिवारों में चर्चा चलाई भी, उन लोगों ने साफ-साफ कह दिया, "देखो जी, आपकी अपनी लड़की होती तो हाँ करने में आपकी गरीबी आड़े न आती, हम इधर-उधर दोनों तरफ का खर्चा उठाकर धूमधाम से शादी कर देते। लेकिन आप बिरादरी की बात जानती हैं। बाप-दादों के कुल में कहीं अभी तक ऐसा नहीं हुआ है कि लोगों को अँगुली उठानी पड़े। जान-बूझकर तो मक्खी निगली नहीं जाती।"

बनदेई जब सत्रह साल की हो गई तो उसके कानों में भी ये खबरें पड़ने लगीं। उसकी माँ-नानी जाने क्या गुपचुप बातें करतीं और उसे देखकर चुप हो जातीं, इसे सुनकर उसे उलझन होने लगी। फिर उसे लगने लगा कि जैसे उनकी आँखों में अब ममता के स्थान पर चिंता और अनिश्चय के भाव भर गए हैं।

एक दिन वह तब झुंझला उठी, जब उसकी माई और नानी जाने लगीं और उससे बोलीं कि हम शाम तक आएँगी, तुम घर पर ही रहना, कहीं जाना नहीं।

बनदेई ने पूछ लिया, कहाँ जा रहीं हैं आप दोनों। नानी तुनक गई—"कितनी बार कहा है, कहीं जाते समय मत टोका करो, पर यह लड़की मानती ही नहीं।"

अब बनदेई भी बोल उठी—"आप दोनों से मैं साफ कह दे रही हूँ, मुझे विवाह-शादी नहीं करनी है। बेकार की भागदौड़ न करो।"

उसकी माँ दुखी होकर बोली, "देखो इसके लक्षण। यह शादी ही नहीं करेगी। शादी नहीं करेगी तो हम दोनों के बाद किसके सहारे रहेगी, यह तो सोच? हम दोनों कितने दिन रहेंगी। जिंदगी का कोई ठिकाना है क्या?"

बनदेई ने जब माँ को प्यार से समझाते हुए कहा, "देखो माई! तुम नानी का सहारा थीं और नानी तुहारा सहारा थीं। अब मैं तुम दोनों का सहारा हूँ। जब तक तुम दोनों हो, तुहारा सहारा मुझे भी है। आगे भगवान् तो सबका सहारा है।

क्या उस समय भगवान् ने सहारा नहीं दिया था, जब मुझे जंगल में मरने को फेंक दिया गया था।''

उसकी नानी और माँ दोनों अवाक् हो गईं। वे समझती थीं कि बनदेई को अपने जन्म की कथा नहीं मालूम। उन्होंने अड़ोस-पड़ोस में सबसे कह रखा था कि कोई मेरी बनदेई को यह सब न बताए। पर ऐसा कहाँ हो सकता था। खेल-खेल में जब बच्चे पिता की सौगंध खाते—'बाप क माथ छू' तो बनदेई भी कह देती। लड़के-बच्चे ठहाका लगाते—''तेरे बाप का पता ही नहीं है, किसका माथ छुएगी?''

बनदेई माँ और नानी से पूछती—''मेरे बाप क्यों नहीं है?''

वे कहतीं—''वह सबको छोड़कर चला गया।''

बनदेई पूछती—''कहाँ चला गया?''

नानी कहती—''पता नहीं, ऊपर वाला जाने।''

बनदेई जब यह सब कुछ समझने लगी तो उसने गाँव के बच्चों से ही एक दिन पूछा, ''अच्छा तुम्हीं बताओ, मेरे बाप क्यों नहीं है?''

बच्चे हँस पड़े—''अपनी माँ से पूछो न।''

तब उसने माँ से भी पूछा था। माँ रोने लगी थी और कहा कि ऐसा फिर कभी मत पूछना। माँ को दुख न पहुँचे, इसलिए उसने यह सवाल फिर कभी घर में नहीं पूछा था। पर उसे अपने साथियों से अपने जन्म की घटना ज्ञात हो गई थी।

उसकी नानी ने उसे पुचकारते हुए पास बैठा लिया और बोली, ''देख बेटी! हम तेरे लिए ऐसा लड़का देख रहे हैं जो हमारे साथ ही आकर रहेगा। बेटी, हमारे मन तरस रहे हैं कि हमारे घर में भी कोई औलाद हो, तुहारे नाना की वंश-बेल आगे बढ़े।''

बनदेई हँस पड़ी—''नानी! तू अपने मन की कर ले, पर यह होने वाला नहीं। इसी आशा में तो तुमने माई को भी ब्याहा था, पर वह तुम दोनों का जेवर लेके भाग गया। माई अभी तक उसके नाम का सिंदूर लगाए बैठी है, पर वह लौटा नहीं। मेरे साथ भी यही हुआ तो?''

माँ ने घुड़की दी—''अरी, जो भी मुँह में आ जाता है, बकर-बकर बोले जाती है, शुभ-शुभ बोल पगली।'' बनदेई चुप हो गई।

बनदेई ने कस्बे के कॉलेज से इंटर की परीक्षा प्रथम श्रेणी में उत्तीर्ण कर ली। वह मन में एक सपना पाल रही थी डॉक्टर बनने का। माँ और नानी से उसने अपनी इच्छा बताई तो दोनों भौचक्की रह गईं।

"क्या ऐसा हो सकता है, बेटी?"

वनदेवी ने उत्तर दिया—"हाँ माई! ऐसा ही होगा। लेकिन तुम दोनों ही मुझे वचन दो कि मेरी शादी के लिए अब किसी बनिए के आगे गिड़गिड़ाओगी नहीं।"

और बनदेई का विश्वास जीत गया। वह पी.एम.टी. परीक्षा में चुन ली गई। अपने परिश्रम से और माँ तथा नानी की शुभकामना व आशीर्वाद से उसने अपना सपना पूरा कर लिया। उसकी नानी ने उसे बिना बताए अपनी जमीन भी बेच दी थी। माँ-बेटी दोनों रात-दिन मेहनत करती थीं, किसी तरह बनदेई की साध पूरी हो।

बनदेई डॉक्टर बन गई। माँ-नानी ने घूम-घूमकर सारी मनौतियाँ पूरी कीं। जिस दिन डॉक्टर की पोशाक बनदेई ने पहनी, नानी ने राई-नोन उतारा, माँ ने छोटी सी काली बिंदी लगाई। "हाय! कौन कहेगा कि यह हमारी बनदेई है।" काली चौरा पर कड़ाही चढ़ाई गई कि मेरी बनदेई की रक्षा करना—काली माई!

बनदेई के सहपाठी डॉक्टर कहते—"यह क्या सोलहवीं सदी का नाम रखा है बनदेई। इसका संशोधन कर दो न। हम तुम्हें मिस 'वन्या या वनकन्या' के नाम से पुकारना चाहते हैं।"

बनदेई हँस देती—आप लोग जो भी पुकारना चाहें पुकारें, पर यह नाम मैं नहीं बदल सकती। यह नाम मुझे सदैव याद दिलाता रहेगा उस अपमान का, जो मेरी जननी ने मेरा किया था; उस अत्याचार का, जिसके कारण मेरी जननी को मेरा त्याग करने को विवश होना पड़ा। समाज की उस व्यवस्था का, जिसने मुझको पालने वाली मेरी नानी और माँ को अपमानित किया था। मैं हमेशा याद रख सकूँ कि 'बेटी' के रूप में जन्म लेना अपराध नहीं जन्मसिद्ध अधिकार है। मैं याद रखना चाहती हूँ कि मैं असीम हूँ, मुक्त हूँ। मैं किसी कुल, वर्ग, जाति के बंधन में नहीं हूँ। मैं जंगल का फूल हूँ। मैं किसी के ड्राइंगरूम के गुलदस्ते में सजा बासी फूल न बनूँ, मेरे लिए शुभकामना करना।

लबी तन्वंगी सी बनदेई की सादी वेश-भूषा है। रात-दिन ड्यूटी करने पर भी थकान का चेहरे पर नाम नहीं। सभी उसे पसंद करते हैं। उसके साथ ड्यूटी करने वालों को कभी बोर होने या थकने का वह मौका नहीं देती। सभी उसके सौजन्य से अभिभूत रहते हैं। आज बनदेई को डॉक्टर वन्या या डॉक्टर वनकन्या के नाम से जानने वाले बहुत हैं। लोग प्यार से उसे 'वनी' भी कहते हैं। वह हर मरीज की एक ऐसी हमदर्द है कि सभी उसी की ड्यूटी चाहते हैं। सचमुच जंगल के फूल की तरह उसकी यश-सुरभि सर्वत्र फैल रही है। पर उसकी नानी

सदैव रट लगाए रहती थी—'बेटी, ब्याह कर ले न।'

एक दिन एक सुदर्शन डॉक्टर मित्र ने मुसकराकर बनदेई से पूछ लिया—"क्या जंगल के फूल को मैं अपने कोट में लगा सकता हूँ?" बनदेई ने भी सकुचाते हुए मंद स्मिति के साथ जवाब दिया—"हाँ, लेकिन खुली हवा में रखना होगा।"

बनदेई उसके सौम्य व्यवहार पर मुग्ध रहा करती थी।

बनदेई ने माँ और नानी से बता दिया। डॉक्टर घर आया। दोनों ने साथ-साथ नानी और माँ के पैर छुए। वह बोली, "माँ! ये डॉक्टर साहब हड्डी के डॉक्टर हैं। कह रहे हैं कि आपका पैर ठीक कर देंगे।"

वह निहाल हो उठी—"बेटी! मैं तेरी औलाद के जन्म पर नाच सकूँ, केवल इतनी देर के लिए पैर चाहती हूँ।" बनदेई ने माँ को अंक में भर लिया। नानी ने डॉक्टर का माथा चूमते हुए आशीर्वाद दिया और बोली, "अब मैं इस बावरी को तुम्हारे भरोसे छोड़कर सुख से मर सकती हूँ, बेटा।"

बनदेई ने नानी को अँकवार में समेट लिया। "नानी! मरने की बात करोगी तो अभी मैं डॉक्टर को वापस कर दूँगी।"

और बनदेई की हँसी के साथ तीन और खिलखिलाहटें जुड़ गईं।

सुमिरन बहू

सुमिरन बहू का असली नाम क्या था, ससुराल में शायद कोई नहीं जानता। वह पक्के पानी की हँसमुख स्त्री थी। चेहरे की बनावट की सौम्यता में पतली सुतवाँ नाक और आँखों की श्यामलता का अधिक महत्त्व था। जन्म से ही दुखों की आँच में तपने पर भी उसके मन ने हार नहीं मानी थी। काम में अपने को झोंक देना ही उसके दुखों का उपचार था।

मैं उसके यहाँ पहुँची तो खलिहान से आई राशि को सहेजकर धरा लेने के बाद सुमिरन बहू दरवाजे से ही अपनी सास से कह रही थी—"हे देवान जू! मैं ठकुराइन अइया के घर जा रही हूँ। उनकी भी राशि आ रही होगी, उसे रखा आऊँ, आखिर उनकी भी नतोहू हूँ न?"

दृष्टि विहीन वृद्धा सास दर्दीली हँसी हँस पड़ी। "जा रे जा, पर दरवाजा ठीक से बंद कर जाना। मरी बिल्ली घुस आती है।"

तब तक मैं उसकी दालान में प्रवेश कर चुकी थी, मेरे साथ मेरी छोटी बहन भी थी। दरअसल कल रात में ही मेरी पीठ में हूक चढ़ गई थी। उसी ने कहा था कि सुमिरन बहू से उतरवा लो, वह उल्टी पैदा हुई थी। माँ कहती है कि जन्म के समय जो बच्चा सिर के बजाय पैर की ओर से धरती पर गिरे, वह अपने पैर से छू दे तो कैसा भी पीठ का दर्द हो, ठीक हो जाता है।

मेरी बहन बोली, "सुमिरन बहू! मेरी बुआ की पीठ में दर्द है, लात मार दो।"

सुमिरन बहू ने मुझे दीवाल की ओर मुँह कराकर पाटे पर बिठाया और मुँह से कुछ जपते हुए बार-बार अपने पैरों से मेरी पीठ पर छुआ। पाँचवीं बार लात जोर से पड़ी, मै आगे को झुक गई।

मेरा दर्द सचमुच कम हो गया था। पीठ सीधी होने लगी थी। उसने चारपाई डाल दी, बैठाया और कुछ खाकर जाने का आग्रह किया। मेरे लिए गाँव के खाद्य

पदार्थों का विशेष आकर्षण है, यह वह किसी से सुन चुकी थी। थोड़ी ही देर में लइया, सोंठ गुड़ का लड्डू, चिउड़ा, भरा मिरचा—सब एक थाली में करके आ गए। मैं उसके आतिथ्य को पूरा तो ग्रहण नहीं कर पाई, पर थोड़ा-थोड़ा चखा अवश्य। उसने कहा कि एक बार और झाड़ना पड़ेगा, इसलिए कल आने की बात करके मैं वहाँ से चलने को हुई।

सुमिरन बहू बाल विधवा है, यह सुन रखा था। माँ-बाप के बहुत कहने पर भी वह दूसरी जगह नहीं गई थी। उसके पिता दूसरे गाँव के सपन्न चौधरी थे। उसकी दूसरी शादी के लिए एक से एक रिश्ते मिल सकते थे, पर लड़की ने आसमान सिर पर उठा लिया कि मुझे मेरी बूढ़ी सास के पास भेज दो। लाचार चौधरी को उसे ससुराल भेजना पड़ा और तब से अपनी अंधी सास की आँखों की रोशनी बन गई थी वह।

मेरे साथ वह भी यह कहकर चल दी कि मुझे भी ठाकुर की बखरी तक जाना है, चलो साथ ही चलते हैं। मेरा घर आ गया था, पर मैं भी ठाकुर दादा के यहाँ मिलने जाना चाहती थी।

मैंने कहा कि मैं जरा माँ को बता दूँ तो तुहारे साथ मैं भी उनके यहाँ चलूँगी।

माँ से कहकर मैं सुमिरन बहू के साथ चल दी।

दरवाजे पर सुमिरन बहू को देखते ही ठाकुर दादा की बेटी ने हाँक लगाई—"बिल्लू की दुलहिनिया आ गई।"

फिर मुझे देखकर वह झेंप गई और अंदर मेरे आने की सूचना देने भागी। मैं 'बिल्लू की दुलहिनिया' और सुमिरन बहू का सास से कहा गया वाक्य—'ठकुराइन की नतोहू हूँ' को जोड़कर चकित हो रही थी।

वह दालान पार कर ठकुराइन दादी के तख्ते तक पहुँच गई थी और उन्हें आँचल से प्रणाम कर रही थी। बारी-बारी से उसने सभी के चरण छुए और जहाँ अनाज की राशि रखी जा रही थी, वहाँ जाकर काम में व्यस्त हो गई।

सब लोग मेरा हाल-चाल पूछने लगी थीं। कब आई, कितने दिन रुकना है? आजकल कहाँ हो? मेरी माँ मेरे लिए कितनी चिंतित रहती है। गाँव के लोग मेरी कितनी याद करते हैं आदि।

मैं उनके प्रश्नों का उत्तर देती जा रही थी। पर मेरे मन में 'बिल्लू की दुलहिनिया' शब्द घूम रहा था।

मैंने उसी लड़की से पूछ लिया—"तुम बिल्लू की दुलहिनिया किसे कह रही थीं?"

वह शरमा गई।

तख्त पर बैठी दादी ने आह भरकर कहा, "उसकी एक कहानी है बेटी! है तो हँसने वाली, पर मुझे रोना आता है।" कहते हुए उनकी आँखें भर आईं।

फिर जो घटना उन्होंने सुनाई तो लगा कि कोई कहानी हो, पर वह सुमिरन बहू का यथार्थ था।

बीस वर्ष पहले की घटना है—छह बरस का बिल्लू बुआ की शादी देख रहा था। हर क्रिया-कलाप पर उसके अगणित प्रश्नों की झड़ी का उत्तर लोग हाँ-हूँ में देकर टाल रहे थे। बिल्लू बहुत खीझ रहा था। आज किसी को फुरसत ही नहीं है उससे बात करने की। वह खिन्न हो गया। पर मंडप के दृश्य उसे वहाँ से चले जाने से रोक रहे थे। वह मंडप का बाँस पकड़े खड़ा-खड़ा देख रहा था। कल तक जो बुआ सिर खोले उसे गोद में लिये हुए घूमा करती थी। उसके साथ गोट्टी खेला करती थी, अपनी गुड़ियों की शादी में उसे बराती बनाती थी, आज वह स्वयं सिर से पाँव तक दुलहिन बनी बैठी है।"

गाँव की पँड़ाइन, तिउराइन अइया गीत पर गीत गाए जा रही हैं। बिल्लू सोच रहा था—नाइन बुआ को पीछे से पकड़कर क्यों बैठी हैं, बुआ खेलने के लिए भाग न जाएँ, शायद इसलिए।

बिल्लू देख रहा था—अरे यह तो मुकुट लगाए दूल्हाजी हैं, जिसको दादी ने कहा था कि मेरे फूफा हैं, उठकर खड़े हो गए हैं। उनके हाथों में लाल-लाल शिवाले जैसा क्या है? अरे यह क्या कर रहे हैं? बुआ के चारों तरफ परदा घेर दिया गया है।

बिल्लू उचककर उस परदे के पास पहुँच गया। अब उसे परदे के भीतर का दृश्य दिख रहा था। उसने देखा कि दूल्हे ने शिवाले जैसी डिबिया खोली, उसमें से गोल-गोल कुछ निकालकर हाथ में लिया और उसे सिंदूर में डुबोकर बुआ के सर में डालने लगे।

बिल्लू से अब रहा नहीं गया। उसने नाउन अइया से पूछा, यह क्या कर रहे हैं? नाइन बहुत ही विनोदप्रिय थी, उसने बता दिया कि यह जिसके सिर में डाल दोगे, वह तुम्हारी दुलहिन हो जाएगी। तुम भी शादी करोगे?

बिल्लू प्रसन्न हो उठा, नाइन की बगल में बैठ गया। अब उसकी निगाह शिवाले जैसी उस डिबिया पर थी। दूल्हे के हाथ से लेकर नाइन ने डिबिया पूजा की थाली में रख दी।

जाने कब सबकी आँख बचाकर बिल्लू ने डिबिया अपनी टोपी में रख ली

और वहाँ से खिसक लिया। अब वह दुलहिन की तलाश कर रहा था।

सुमिरन बहू घूँघट निकाले अंदर आ रही थी। आँगन के कोने में आकर औरतों के बीच वह बैठ गई। गरमी बहुत थी। और उस समय वहाँ कोई पुरुष नहीं था, इसलिए उसने अपनी पिछौरी उतारकर घूँघट थोड़ा ऊपर कर लिया। तब तक टोपी में रखे डिबिया के सिंदूर से बिल्लू ने मुट्ठी भर ली थी। उसने देखा कि और औरतों के सिर में तो सिंदूर लगा है, पर सुमिरन बहू की माँग बुआ की माँग की तरह उजली है। बस उसने अपनी मुट्ठी सुमिरन बहू की माँग में खोल दी। सुमिरन बहू हक्का-बक्का रह गईं। पास में बैठी औरतें उसकी ओर निहारने लगीं।

बिल्लू ताली पीटकर हँस रहा था। मेरी दुलहिनियाँ, मेरी दुलहिनियाँ कहते हुए सुमिरन की दुलहिन का घूँघट उसने खींच दिया।

यह खबर बड़ी ठकुराइन यानी बिल्लू की दादी तक पहुँच गई। वे उस जगह आ गईं। देखा, सुमिरन बहू की आँखों में आँसू भर आए हैं। क्रूर नियति ने जो सिंदूर पोंछ दिया था, आज एक अबोध बालक ने उसी से उसकी माँग भर दी थी।

बड़ी ठकुराइन बिल्लू को मारने दौड़ीं, पर सुमिरन बहू ने बिल्लू को पकड़ लिया और बोली, "मत मारिए इन्हें। एक ने एक दिन एक चुटकी सिंदूर पहनाया था, उसका ऋण चुकाने के लिए उनकी बूढ़ी माँ की सेवा करती आ रही हूँ। अब इस चुटकी भर सिंदूर से उरिन होने के लिए आज से मैं जीवन भर इस घर की चाकरी करूँगी। परंतु बदले में मजदूरी कुछ नहीं लूँगी। इसके लिए मुझे मजबूर मत करना।" कहकर वह बड़ी ठकुराइन के पैरों पर गिर पड़ी।

ठीक उसी समय मंडप में सुहाग गीत के बोल सुनाई पड़ रहे थे—"हटियन सेन्हुरा महँग भए बाबा चुनरी भई अनमोल रे! यहि रे सेन्हुरवा के कारन बाबा छोड्यों मैं देस तुहार रे!"

उस दिन से आज तक वह नित्य नियम से आकर कुछ देर इस घर में काम करके अपना ऋण अदा करती आ रही है।

दादी ने यह घटना सुनाकर अपनी आँखें पोंछ ली थीं। वे बोली थी, सच कहूँ बिटिया! लगता है कि पिछले जनम में यह इस परिवार की कुछ थी जरूर। जितनी सेवा-टहल यह मेरी करती है, उतनी अपनी सगी बहुएँ भी नहीं कर सकतीं। लगता है, इसका जन्म ही सेवा के लिए हुआ है। इसकी बूढ़ी सास अंधी-लाचार है। पर उसके बदन पर मक्खी नहीं बैठती। उन्हीं की नींद यह सोती है, उन्हीं की नींद जगती है।

मेरी निगाह गलियारे में गई। जहाँ सुमिरन बहू बैठी गेहूँ के बिखरे दाने चुन रही थी। यहाँ के एक-एक दाने से इतना मोह था उसे, जबकि उसको इसी घर में देकर उसे जाना था।

मेरा मन हुआ कि उस नटखट बिल्लू को देखूँ।

मैंने दादी से पूछा, ''बिल्लू है कहाँ?''

वह मुसकराकर बोलीं, ''वह तो शहर में पढ़ रहा है।''

मेरे मन में अचानक एक प्रश्न कौंधा। क्या शहरी संस्कृति के बीच पलने वाला बिल्लू सिंदूर से जुड़ी सुमिरन बहू की इस पागलपन भरी भावना और त्याग का मखौल उड़ाने से स्वयं को रोक सकेगा?

प्रश्न मेरे मन में ही रह गया।

अभी सुमिरन बहू को यहाँ देर लगेगी। मैं अपने घर जाने के लिए उठ खड़ी हुई थी, एक और नया प्रश्न मन में लेकर। बिल्लू तो विदेशी संस्कृति में पल रहा है, पर हम भारतीय संस्कृति में पलने वाली सिंदूर से रोज माँग भरने वालियों में भी क्या सुमिरन बहू की भावना का शतांश भी शेष रह गया है?

मैं शहर लौट आई। नए-नए फैशनों की रोशनी के इर्द-गिर्द घूमने वाली किशोरियों, युवतियों के निखरे परिवेश में ब्यूटी पार्लर जाकर सजने-सँवरने वाली सुहागिनों की दुनिया में, जहाँ सिंदूर तनिक सा माँग में भरकर उसे छिपा लिया जाता है। वह इसलिए कि कोई उन्हें पुरातनपंथी या दकियानूसी न समझ ले।

एक दिन मेरे एक परिचित बुजुर्ग सज्जन ने मुझे बताया कि मेरी पत्नी और बहू में बन नहीं रही है। उसका कारण है कि पत्नी कहती है सिंदूर लगाना सुहागिनों के लिए जरूरी है, न लगाने से तुम मेरे बेटे का अपशकुन कर रही हो। उधर बहू का कहना है कि मैं अपने पति के साथ ज्यादा अच्छी तरह निभा रही हूँ, अपेक्षाकृत उनके, जो रोज माँग भरती हैं और पति से लड़ती हैं अथवा मार खाती हैं।

ये बातें सुनकर अचानक मुझे सुमिरन बहू की याद आ गई। मैं बहुत दिनों से गाँव नहीं गई थी। एकाध बार गई थी तो इस आपाधापी में मैं उसे भूल ही गई थी। यह देन थी आज के परिवेश की और मशीनी व्यस्त जिंदगी की।

आज उसकी याद आई तो उसका चेहरा आँखों के आगे घूमता रहा। कुछ दिन बाद चचेरे भतीजे के विवाह में शामिल होने के लिए गाँव गई। वहाँ जाकर माँ से सुमिरन बहू की व्यथा-कथा सुनी तो मन उदास हो गया। सुमिरन की माँ मर गई थी। उसकी बहू ने लगातार आठ वर्षों तक अपाहिज-अंधी सास की सेवा की थी। उसी के छह महीने के बाद ठकुराइन अइया भी चल बसीं। उनको

गठिया बाई थी। सुमिरन बहू रात-दिन उनकी सेवा करती रही थी।

ठकुराइन अइया ने अपनी बहुओं, पौत्रवधुओं को अपने जेवर बाँट दिए थे। बस एक सोने की हँसली सुमिरन बहू को दी थी। और बोली थीं—"यह अपने गाढ़े दिन के लिए रखना दुलहिन! मैं तो चाहती थी कि तुझे कुछ जमीन भी दे दूँ। पर तेरे दादा होते, तभी यह कर सकते थे। लड़के आपस में ही जमीन-जायदाद को लेकर लड़ रहे हैं। तुझे लिख भी दूँ तो मिलेगी नहीं। उल्टे तेरी जान के कई दुश्मन हो जाएँगे।" वे रुककर फिर बोली थीं—"यह हँसुली इसलिए भी दे रही हूँ कि यह पुराने फैशन की है। इसको जिसे भी दूँगी, वह तुड़वाकर दूसरा जेवर बनवा लेगी। यह हँसली मेरी कई पीढ़ियों से ददिया सासें पौत्र बधुओं को पहनाती आ रही थीं। मैं तुझे कुछ सुख न दे सकी, बस लेती ही रही।"

फिर आह भरकर बोली थीं—"जानती हूँ कि यह हँसली तू किसी को नहीं पहना पाएगी। पर यह परंपरा भी तो मेरे बाद से खत्म हो रही है। अब कौन पहनेगा यह परंपरा की हँसली? तू भी पहन नहीं पाएगी। अपने पिता के यहाँ रखवा देना। तेरी जरूरत पर कभी काम आएगी।"

सुमिरन बहू तबसे मायके नहीं जा सकी थी। अपने प्राणों की तरह सहेजकर वह हँसली उसने अपनी एकमात्र बची कोठरी में अनाज के कुठले में छिपाकर रख दी थी।

बिल्लू दादी के अंतिम कार्य में घर आया था। पिछले साल उसकी शादी हुई थी। उसकी बहू सुमिरन बहू की कहानी सुन चुकी थी।

वह अकसर बिल्लू से, जो अब वीरकांत के नाम से पुकारा जाता था, मजाक किया करती थी—"अरे साहब! तुम्हारी मैं ही तो हूँ नही। एक पहले से पाल रखी है। देखो, कहीं तीसरी लाकर मुझे भी सुमिरन बहू सी मत बना देना।"

वीरकांत इस प्रकरण से चिढ़ता था। वह जितना ही चिढ़ता था, उसकी पत्नी को उतना ही उसे चिढ़ाने में मजा आता था।

एक दिन वीरकांत की माँ अपनी बहू से बोलीं, "परिवार में एक रिवाज था। ददिया सास अपनी पौत्र वधू को मुँह दिखाई में एक हँसुली देती थी। मेरी सास ने तुम्हें नहीं दी, उस सुमिरन बहू को दे दी। वह तेरा हक था।"

बहू ने पूछा, "माँजी, कितने की होगी वह हँसली?"

सास बोली, "पूरी भरतू थी, खूब भारी थी। एक दिन पहनी थी मैंने तो लगता था कि गरदन ही टूट जाएगी।"

बहू बोली, "क्या उसे तुड़वाकर एक सेट बन जाता?"

सास ने कहा था, ''बनता ही नहीं, कुछ बच भी जाता, पगली। पर उस बुढ़िया को इस राँड़ ने ऐसी घुट्टी पिला दी थी कि उसने साफ कह दिया कि यह हँसली और किसी को नहीं दूँगी। सुमिरन बहू ने मेरी इतनी सेवा की है, इसे ही दूँगी।''

सुमिरन बहू ठकुराइन अइया के श्राद्ध-कर्म तक उनके यहाँ काम करने जाती रही थी। सास-बहू की यह बातचीत उसे सुनाकर ही कही गई थी।

उसकी इच्छा हुई कि अभी जाकर हँसली लौटा दे। उसके किस काम की है? पर याद आया कि ठकुराइन अइया ने कसम दी थी कि इसे तू नहीं लेगी तो मेरी आत्मा भटकती रहेगी तेरे कर्ज के बोझ से। इसे किसी को मत देना, अपनी जरूरत के लिए रखना।

दूसरे दिन सुमिरन बहू मेरी माँ के सामने बदहवास सी खड़ी थी। उसके हाथों में एक पोटली थी, आँखों में आँसू।

माँ के बहुत पूछने पर धीरे से उसने बताया कि आज रात कोई मेरे घर में घुस आया था। पूछा था कि हँसली कहाँ है, दे दो नहीं तो जान की खैर नहीं।

उसने चुपचाप हँसली की जगह बता दी थी। जाते-जाते उस व्यक्ति ने उसके मुँह में कपड़ा ठूस दिया था। उसे चारपाई पर बाँध दिया था। पर वह चोर अनाड़ी था। सुमिरन बहू ने अपना हाथ खोल लिया था। मुख में ठूसा कपड़ा भी निकाल लिया था।

माँ ने बहुत पूछा कि तूने पहचाना नहीं कि वह कौन था? वह कुछ बोली नहीं, लगातार रोती रही।

माँ के मुँह से निकल गया... ''मैं समझ गई रे! पर उस मूर्ख को क्या पता कि तेरी जुबान तो वैसे भी नहीं खुलेगी। कपड़ा ठूसने की क्या जरूरत थी?''

माँ की इतनी बात सुनकर उसने माँ के पैर पकड़ लिये थे। यह बात किसी से कहिएगा नहीं। हँसली की चोरी की बात भी किसी से नहीं कहिएगा।

उसने पोटली खोलकर दिखाई। ठकुराइन अइया की माला और उनकी एक पुरानी धोती उसमें बँधी थी। यह धोती उसने उनके मरने के दिन धोई थी। माला किसी ने बाहर डाल दी थी। वहाँ से उसने उठा ली थी।

वह बोली थी, ''उनकी निशानी लेकर जा रही हूँ। बाकी के दिन अपने पिता के यहाँ गुजार दूँगी। अब यहाँ किसके लिए रहूँ?''

और सुमिरन बहू चली गई थी।

□

बेटियों की माँ

सिवान जिले के नरेंद्रपुर गाँव में स्थापित तक्षशिला फाउंडेशन के अतिथि-गृह में एक भोली मुसकान ने हाथ जोड़कर प्रणाम करते हुए मेरा स्वागत किया। मैं उस संगोष्ठी के एक दिन पहले ही वहाँ पहुँच गई थी, क्योंकि ट्रेन में आरक्षण एक दिन पहले का ही मिल सका था।

श्री रंजन कुमार सिंह 'पात्र से मिलिए' संगोष्ठी के संयोजक थे। उन्होंने फोन पर बताया कि मैं स्वयं शाम को पहुँच रहा हूँ, किंतु आपको कोई कठिनाई नहीं होगी। श्री सुनील कुमार सिंह आपको लेने स्टेशन आएँगे।

सिवान स्टेशन से नरेंद्रपुर तक जाने के मार्ग में मैं श्री सुनील कुमार सिंह से गाँव के बारे में काफी जानकारी प्राप्त कर चुकी थी। सबसे अधिक चिंता मुझे बिजली की थी, क्योंकि मुझे अपने मोबाइल की बैटरी की चिंता थी। उन्होंने आश्वस्त किया कि यहाँ बिजली रहती है।

मेरी कल्पना में गाँव के जो दृश्य थे, उनसे बिल्कुल अलग परिवर्तन और 'पात्र से मिलिए' के बड़े-बड़े बैनरों से सजे फाटक के भीतर जब कार ने प्रवेश किया तो समझ में आया कि यहाँ गाँव के परिवर्तन का बड़ा प्रमाण देखने को मिलेगा।

साफ-सुथरा भव्य अतिथि-गृह सारी सुविधाओं से संपन्न था और वहाँ के लोग, जिस तरह आव-भगत कर रहे थे, लगा कि वे सभी इस परिवार के ही अंग हैं। यह तक्षशिला फाउंडेशन मात्र संस्था नहीं, एक बड़ा परिवार है। जिसमें तमाम तरह के कार्य लोकहित में किए जा रहे हैं। गाँव की जागरूकता के पीछे नेपथ्य में जो व्यक्ति है, उनका नाम है श्री संजीव कुमार।

जब मैं पहुँची तो पूरे अतिथि-गृह में अकेली थी। सरयू नामक एक युवक ने मेरे चाय-पानी का प्रबंध तत्काल कर दिया, पर मैं पहले स्नान करके, तभी

कुछ लूँगी, ऐसा कहकर स्नान करने चली गई।

स्नान व संक्षिप्त पूजा करके उठी ही थी कि एक सुंदर तन्वंगी स्त्री ने हमारे कमरे में प्रवेश किया। उसके हाथ में डंडे में पोंछा था, वह सफाई करने आई थी।

उसकी निष्छल मुसकान में जो आकर्षण था, उसने तुलसी बाबा की पंक्ति की याद दिला दी—

मोह न नारि नारि के रूपा, पन्नगारि यह चरित अनूपा।

किंतु मैं स्पष्ट कह दूँ कि मैं उसके रूप और उसकी हँसी पर मुग्ध हो गई थी। मैंने उससे उसका नाम पूछ लिया।

उसने बताया कि मेरा नाम तो बेबी है। ऐसा कहकर फिस्स से हँस पड़ी।

मैंने पूछा, यह तो प्यार से बुलाने का नाम होगा, असली नाम क्या है, जो स्कूल में लिखा गया है, वह बताओ?

वह बोली, ''स्कूल गए होते तो आज पोंछा थोड़े लगा रहे होते,'' कहकर वह फिर हँसकर बोली, ''सबके प्यार से बुलाने के दूसरे नाम होते हैं और असली दूसरे। पर हमारा तो प्यार की पुकार का नाम ही असली नाम हो गया। हम जानते हैं कि बेबी तो बच्चे को कहते हैं, पर हम तो बड़े होकर भी बेबी बने रहे।'' कहकर वह फिर हँस पड़ी।

उसकी पल-पल की हँसी देखकर जाने क्यों लगा कि वह अपने अभावों का मजाक बनाकर उन्हें हँसकर उड़ा रही हो। उसमें उसका अल्हड़ बचपन अभी भी साबित बचा हुआ है। मुझे उसकी हँसी के पीछे के दर्द और संघर्ष का आभास हो गया। मेरे पूछने पर कि परिवार में और कौन-कौन हैं? यहाँ कब से नौकरी कर रही हो? घर कहाँ है? उसने बताया, ''यहाँ से 4 किलोमीटर पर मेरा घर है। वहाँ से रोज-सवेरे आती हूँ और शाम को चली जाती हूँ। दो बेटियाँ हैं। उन्हें अच्छी परवरिश देकर पढ़ाना चाहती हूँ, इसलिए जो भी काम मिल गया, वह करती हूँ। यहाँ के साहब बहुत दयालु हैं। यहाँ कोई डर नहीं है।''

मुझे लगा कि मैं उसके जीवन में कुछ ज्यादा ही दखल दे रही हूँ, लेकिन पूछ ही लिया—''तुम्हारे पति क्या करते हैं?''

वह बोली, ''पति नहीं हैं।''

मैंने उसके माथे की बिंदी और नाक के ऊपर माथे पर लंबा लगा सिंदूर देखा तो पूछ लिया, ''कहाँ गए?''

मुझे लगा कि वह उदास होकर कोई अपने दिल का दुःख कहेगी। पर वह उसी तरह हँसकर बोली, ''वे चले गए।''

मेरा प्रश्न था, ''कहाँ चले गए?''

''पता नहीं!'' उसका उत्तर था।

''तुमने पता नहीं किया?'' मैंने फिर पूछ लिया।

वह बोली, ''पता किया था, मालूम हुआ कि गुजरात में कमा रहे हैं।''

''पता लगा तो तुम वहाँ गई नहीं?'' मेरा प्रश्न था।

''नहीं गई। जब वे पता नहीं देना चाहते, आते नहीं तो मैं भी नहीं गई।''

मुझे लगा कि मैं उसकी दु:खती रग को छू-छूकर कष्ट दे रही हूँ। किंतु स्पष्ट पूछ ही लिया—''क्या उसने दूसरी शादी कर ली है?''

''हाँ।''

''क्या उसके भी बच्चे हैं?''

''हाँ, दो लड़के हैं।''

मैं चुप हो गई। तो वह स्वयं ही आगे बोली, ''मेरी बेटियों से उन्हें चिढ़ थी। वे बेटा चाहते थे। मैंने आगे और बच्चे पैदा करने से साफ मना कर दिया। इस पर वह नाराज हो गए, और बोले कि तुम्हें अपने पति की मरजी की कोई चिंता नहीं है? बिना बेटे के वंश कैसे चलेगा?''

मैंने कहा, ''मैं अपनी दोनों बेटियों को पढ़ा-लिखाकर उतना ही काबिल बनाऊँगी, जितना लोग बेटे को बनाते हैं।'' लेकिन वह नहीं माने और मुझे छोड़कर चले गए।

पहले तो मैं बहुत घबरा गई थी कि कैसे अकेले दोनों बेटियों को लेकर रह पाऊँगी? कैसे अपनी और बच्चियों का पालन-पोषण करूँगी? उन्हें पढ़ाने-लिखाने का सपना पूरा करना तो बहुत दूर की बात है।

जाने के बाद उन्होंने न कोई चिट्ठी लिखी, न अपना पता भेजा और न लौट के आए।

मैंने उसे चुप देखकर फिर पूछ लिया—''क्या तुम्हारे पास कोई पूँजी थी या खेती बाड़ी? कैसे चलाया, फिर अपनी गृहस्थी का खर्च?''

वह बोली, ''छोटा सा एक कमरे का कच्चा मकान है। उसी में रहती हूँ। खेती-बाड़ी ज्यादा थी नहीं। जो थी भी, उसे भी पता नहीं कब उन्होंने बेच दिया, मुझे मालूम ही नहीं हुआ। मैं गाँव के बड़े घरवालों के यहाँ काम करके अपना गुजारा करती रही और बच्चियों का स्कूल में नाम लिखा दिया। फीस लगती नहीं, थोड़ा-बहुत जो खर्चा कॉपी-किताब का है, उसका इंतजाम यहाँ से साहब करा देते हैं।''

"तुम यहाँ कब से काम करने लगी?"

"हमारे गाँव की कुछ औरतें यहाँ ट्रेनिंग लेने आती थीं और जाकर यहाँ के बारे में बताया तो मैं यहाँ नौकरी की तलाश में आ गई। बाबू साहब ने मुझे गेस्ट-हाउस में काम करने के लिए रख लिया। मैं किचन में काम करती थी। फिर वहाँ कोई और जो छुट्टी पर गए थे, आ गए तो मुझे काम छूट जाने की चिंता हुई। लेकिन मुझे और काम मिल गया और मेरी नौकरी बच गई।

"माताजी! समय सबकुछ सिखा देता है। मुझसे लोगों ने कहा कि तुम झाड़ू-पोंछा लगाओगी तो नाते-रिश्तेदारी में बदनामी होगी। पर मुझे लगा कि यह सब बेकार की बातें हैं। यहाँ आकर मुझे ऐसा महसूस हुआ कि कोई भी काम छोटा-बड़ा नहीं होता। यहाँ के बाबू साहब लोग कहते हैं कि काम ही पूजा है। गीता-रामायण की बात कहकर समझाते हैं कि भगवान् ने भी यही कहा है कि अपना कर्तव्य ईमानदारी से पूरा करो, वही सबसे बड़ा धर्म है।

"अब मैं यहाँ काम करती हूँ तो नए-नए लोगों से मिलने, उनकी बातें सुनने, समझने का मौका मिलता है। यहाँ आकर अपना दुःख और सारी चिंताएँ भूलकर केवल काम को पूरा करने में लग जाती हूँ, क्योंकि देखती हूँ कि यहाँ कोई खाली नहीं बैठता। अब मुझे खर्चा चलाने भर को मिल जाता है और थोड़ा-थोड़ा बच्चों के नाम बैंक में भी डाल देती हूँ। यह सुझाव भी साहब ने ही मुझे दिया था।"

मैंने पूछा, "तुम्हें कैसे पता चला कि तुम्हारे पति ने दूसरी शादी कर ली?"

वह फिर हँसते हुए बोली, "कई वर्षों बाद मेरे भाई ने अहमदाबाद में उसे देखा और पीछा करते हुए घर पहुँचा तो वहाँ एक स्त्री और दो बेटों के साथ वह खाना खाते हुए मिला। भाई ने न अपना परिचय दिया और न उनसे मिला। चुपचाप वहाँ से आकर मुझे सारी बात बता दी थी। मुझे दुःख तो जरूर हुआ था, लेकिन अब दुःख सहने की आदत पड़ गई है।"

"क्या तुम्हें मालूम है कि एक पत्नी के होते हुए दूसरी शादी करना जुर्म है। तुम उसके खिलाफ मुकदमा दायर करके अपने और बच्चियों के भरण-पोषण का खर्चा माँग सकती हो।"

वह बोली, "उन्हें अपने बेटों के लिए कमाकर रखने दीजिए। मुझे भगवान् ने हाथ-पैर दिए हैं। मैं इन बच्चियों के लिए उनके बाप के सामने हाथ नहीं फैलाऊँगी। जब उन्होंने हमसे नाता तोड़ दिया तो फिर खर्चे के लिए नाता जोड़ने की कोई जरूरत मुझे नहीं लगती। वे अपने बेटों में खुश हैं और मैं अपनी बेटियों को खुश देखने की कोशिश में खुश हूँ।"

आगे मेरे पूछने पर उसने बताया था कि सास-ससुर, माता-पिता सभी पहले ही ईश्वर को प्यारे हो गए थे। मायके-ससुराल में भाई-भतीजे, जेठ-देवर सब हैं। सबकी अपनी-अपनी गृहस्थी है। अपने खर्चे हैं। मैं किसी पर बोझ नहीं बनना चाहती, इसलिए कहीं नहीं गई।

मैं सोचने लगी थी कि जब कोई भी दुःख भीतर बोझ बनकर रह जाता है, बाहर नहीं निकलता, तब मन तो बेचैन रहता है, किंतु हँसकर सारे दुःख सहना सिखा देता है।

मैं यह भी सोच रही थी कि क्या नारी विमर्श का यह रूप किसी अत्याधुनिक नारी विमर्श की थोथी वकालत से कम आँका जा सकता है?

मैं बात करते-करते चाय नाश्ता पूरा कर चुकी थी। वह पोंछा लगाकर, हाथ धोकर खड़ी हो गई थी। मैं नहाकर आई थी। उसने मेरी ओर देखकर कहा, "आप मुझसे बातें करने में गरम कपड़े पहनना भूल गईं। आप लेट जाइए, मैं कंबल ओढ़ा देती हूँ।"

उसने कंबल खोलकर ओढ़ा दिया, जैसे मैं भी उसकी छोटी बेटी हूँ। लोग कहते है कि बच्चे और बूढ़े दोनों एक बराबर की सँभाल चाहते हैं। शायद यही भाव उसके मन में आया होगा और वह अपनी ममता से मुझे ऊष्मा देकर चली गई।

मैं सोच रही हूँ, 'कहना, लिखना, उपदेश देना कुछ और है और उसी विचार को जीना कुछ और।'

बेबी, तुम ऐसी ही हँसती रहना। तुम्हारी हँसी सबको छूत की तरह लगती रहे, यही ईश्वर से प्रार्थना करती हूँ।

यदि आशीर्वाद में कोई शक्ति होती है तो मैं तुम्हें रोम-रोम से आशीर्वाद देती हूँ कि ऐसे ही हँसी बाँटती फिरना।

□□□